Johannes Voss

Von Wölfen lernen

Johannes Voss

Von Wölfen lernen

Effektiv und souverän im Projekt

HANSER

Bibliografische Information der Deutschen Nationalbibliothek
Die Deutsche Nationalbibliothek verzeichnet diese Publikation in der Deutschen Nationalbibliografie; detaillierte bibliografische Daten sind im Internet über http://dnb.d-nb.de abrufbar

1 2 3 4 5 11 10 09 08 07

www.hanser.de
Lektorat: Lisa Hoffmann-Bäuml
Herstellung: Ursula Barche
Umschlaggestaltung: Büro Plan.it, München
unter Verwendung eines Bildmotivs von Fotosearch
Gesamtherstellung: Kösel, Krugzell
Printed in Germany

ISBN 978-3-446-40979-8

Vorwort

Wie kommt man nur auf die Idee, das Verhalten von Wölfen und Menschen miteinander zu vergleichen? Vor einigen Jahren, als ich das erste Mal ein Wolfsrudel intensiv beobachtete, fiel mir auf, dass mich so manche Verhaltensweise an meine damaligen Mitarbeiter erinnerte. Ich ging dieser Spur nach und entdeckte mit der Zeit immer mehr Verhaltensweisen und Eigenschaften bei den Wölfen, die ich als vorbildlich für den Menschen bezeichnen würde, insbesondere für unsere Arbeitswelt. Wölfe sind einfach unglaublich gute Teamplayer.

Seit dieser Zeit beobachte ich mehrmals im Jahr Wolfsrudel an den unterschiedlichsten Orten Europas, um die Verhaltensweisen der Wölfe zu studieren. Es handelt sich dabei um die Beobachtung von Gehegewölfen, von daher ist nicht alles auf frei lebende Wölfe übertragbar, aber als ich die Beobachtungen verschiedener Verhaltensforscher bei frei lebenden Wölfen auswertete, offenbarten sich viele Gemeinsamkeiten.

Einige der Fragen, die mich dabei am meisten interessieren, sind folgende: Warum jagen Wölfe überhaupt gemeinsam? Was hält das Rudel trotz so mancher Konflikte zusammen? Warum folgen die Wölfe dem Leitwolf, ohne dass er sie bei der Jagd von hinten antreiben muss?

Ebenso wie die Jagd der Wölfe steht und fällt der Erfolg von Projekten mit der Art und Weise, wie die Beteiligten miteinander umgehen und zusammenarbeiten. Klare Vorgaben, ein kooperatives Miteinander und ein konkreter Nutzen für alle Beteiligten sind neben der obligatorischen Fach- und Methodenkompetenz die Grundlage für erfolgreiche Projekte. Genau hier setzt das vorliegende Buch an. Für mich steht fest: Die Jagd der Wölfe birgt so manche Gemeinsamkeit mit der Abwicklung von Projekten in unserer täglichen Arbeit. Sehen Sie selbst, ob diese Metapher auch auf Ihre Projekte zutrifft.

Besonders bedanken möchte ich mich bei meiner Frau Martina, die mich bei all meinen Wolfsbeobachtungen begleitet hat, für die vielen anschließend geführten anregenden Diskussionen. Dank auch an meinen Freund Mark Domachowski, der mich auf die Idee gebracht hat, dieses Buch zu schreiben. Unseren Mitarbeitern und Mitarbeiterinnen und besonders Christina Morgenroth danke ich dafür, dass sie mir während der Manuskriptphase den Rücken freigehalten haben und mich bei der Erstellung des Manuskriptes unterstützt haben. Mein Dank gilt auch Oliver Gorus und Jörg Achim Zoll von der Agentur Gorus sowie Frau Lisa Hoffmann-Bäuml vom Carl Hanser Verlag für die gute Zusammenarbeit.

Ihnen als Leser wünsche ich bei der Lektüre dieses Buches viele interessante Gedankengänge im Hinblick auf Ihre eigene Arbeit. Für die Abwicklung Ihrer Projekte wünsche ich Ihnen viel Erfolg!

Johannes Voss
Ochsenfurt, Februar 2007

Inhalt

1
Hungergefühle
Wie ein Projekt entsteht

Was treibt eigentlich Wölfe dazu, auf die Jagd zu gehen? Natürlich, es ist der Hunger. Wölfe töten nicht aus reiner Lust am Töten, sondern nur, um ihren Hunger zu stillen. Um zu überleben. Nur wenn sie ausreichend Beute machen, sind sie in der Lage, sich fortzupflanzen und den Nachwuchs großzuziehen. Dabei muss die Energiezufuhr durch Nahrungsaufnahme größer sein als der Energieverzehr bei der Jagd. Aus diesem Grunde optimieren die Wölfe ihre Jagdtechniken und jagen in der Regel im Rudel. Nur bei einer ausreichend großen Beute stehen Aufwand und Ertrag in einem sinnvollen Verhältnis. Was nicht heißt, dass ein Wolf nicht auch einmal Jagd auf Kleintiere macht – dies ist aber bei den meisten Wölfen eher die Ausnahme. Lediglich die auf der Arabischen Halbinsel vorkommenden Wölfe jagen ausschließlich Kleintiere, da sie Einzelgänger sind.

Bei Unternehmen ist es ähnlich: Das Überleben eines Unternehmens ist langfristig nur möglich, wenn die angebotene Leistung vom Markt nachgefragt und der Aufwand bei der Leistungserstellung geringer ist als der Ertrag. Genau hier kommen Projekte ins Spiel.

Was aber sind Projekte? Projekte sind laut DIN 69901 „Vorhaben, die im Wesentlichen durch die Einmaligkeit der Bedingungen in ihrer Gesamtheit gekennzeichnet sind, wie zum Beispiel Zielvorgaben, zeitliche, finanzielle, personelle oder andere Begrenzungen, durch die Abgrenzung gegenüber anderen Vorhaben und durch eine projektspezifische Organisation".

Projekte gibt es in den unterschiedlichsten Formen: Forschungs- und Entwicklungsprojekte, Investitionsprojekte und Organisationsprojekte sind drei übergeordnete Klassen, in die man die in den Unternehmen vorkommenden Projekte einteilen kann.

Je nach Branche gilt es, im Rahmen von Entwicklungsprojekten ein marktfähiges Produkt zu entwickeln. Somit dürfen wir zumindest bei komplexeren Produkten von einem Entwicklungsprojekt sprechen. Nun reicht in der Regel die reine Entwicklung eines Produktes nicht aus. Zumindest bei Produktionsunternehmen wird man sich Gedanken über die Herstellung des Produktes machen müssen und damit einhergehend über benötigte Betriebsmittel. Konzeption und Beschaffung bis hin zur Inbetriebnahme ergeben bei entsprechender Komplexität ein Investitionsprojekt. Geht es auch noch darum, geeignete Vertriebsprozesse zu gestalten und Mitarbeiter zu schulen, so können wir von einem Organisationsprojekt sprechen.

Egal, welche Projektart nun vorliegt, es geht stets darum, das jeweilige Projekt so durchzuführen, dass der entstehende Aufwand geringer ist als der erzielte oder zu erzielende Nutzen, der durch das Projekt entsteht. Das hört sich zunächst trivial an, wird jedoch häufig sträflich vernachlässigt. Bei vielen Projekten wird der entstandene Aufwand nicht erfasst. Wie will man dann eine Aussage über den Erfolg eines Projekts machen? Aber betrachten wir erst noch einmal etwas genauer die Gründe, die zu Projekten führen.

1.1 Evolution – Veränderungen im Unternehmen

Seit knapp 100 000 Jahren passt sich das Tier, das wir heute als Wolf kennen, den unterschiedlichsten Umweltbedingungen an. Sowohl auf der extrem heißen Arabischen Halbinsel als auch im sehr kalten Alaska kommen Wölfe vor. Lange vorher gab es schon Vorfahren, die eine wolfsartige Gestalt aufwiesen. Dies belegen Funde, deren Alter auf circa eine Million Jahre geschätzt wird. In diesem Zeitraum haben sich die klimatischen Bedingungen immer wieder stark geändert. Große Flächen des Lebensraumes wurden durch den Menschen besiedelt, der sie als Agrar- oder Weidefläche nutzte. Trotz allem: Der Wolf hat bis heute überlebt. Selbst die sehr intensive Bejagung über Jahrhunderte hinweg hat er überlebt. Dass der Wolf bislang trotz sich ständig ändernder Bedingungen noch nicht ausgestorben ist, hat einen Grund: Er ist sehr anpassungsfähig und sehr lernfähig. Erfahrungen, die Wölfe im Laufe ihres Lebens gemacht haben, werden an nachfolgende Generationen weitergegeben. Dies erklärt auch, warum Wölfe in Europa oder Nordamerika ungleich scheuer und seltener zu sehen sind als Wölfe im sehr dünn besiedelten Alaska.

Ebenso wie der Wolf wird ein Unternehmen von seiner Umwelt beeinflusst. Es muss sich allen veränderlichen Bedingungen kontinuierlich anpassen. Beispielsweise verändern sich Gesetze, Rohstoffe werden knapper und teurer, die Anforderungen und das Kaufverhalten von Kunden ändern sich, der Stand von Wissenschaft und Technik schreitet voran oder die Anzahl von Wettbewerbern auf einem Absatzmarkt nimmt aufgrund der fortschreitenden Globalisierung zu.

Immer schneller wirken wechselnde Einflüsse auf ein Unternehmen ein. Die wenigsten Unternehmen haben heute noch die Zeit, komplexe und statische Strukturen aufzubauen. Es gilt, in kleinen schlagkräftigen Einheiten die anstehenden Aufgaben möglichst effizient und erfolgreich zu bearbeiten. Aus diesem Grunde setzen Unternehmen vermehrt auf temporäre Zusammenarbeit in Form von Projektarbeit. Haben sich die Mitarbeiter erst einmal an diese Form der Zusammenarbeit gewöhnt und sich die nötigen Methoden erschlossen, so können komplexe Aufgaben in sehr kurzer Zeit und mit sehr hohem Erfolg bewältigt werden.

1.2 Hunger, und was dann? – Projekte aus Sicht des Auftraggebers

Ein leerer Magen oder zumindest ein Hungergefühl ist auch bei den Wölfen die beste Motivation für eine Jagd nach Beute. Nachdem Wölfe allerdings sehr sorgsam mit den ihnen zur Verfügung stehenden Ressourcen umgehen müssen, versuchen sie, mit einem Minimum an Aufwand zu ihrer Beute zu kommen. Hierbei ergehen sich die Wölfe nicht in blindem Aktionismus, sondern gehen gezielt und man könnte meinen sogar bewusst geplant vor. Dies belegen auch Beobachtungen bei frei lebenden Wölfen. So beschreibt zum Beispiel der kanadische Biologe Farley Mowat in seinem Buch „Ein Sommer mit Wölfen", wie die von ihm im hohen Norden Kanadas beobachteten Wölfe systematisch eine Herde Karibus jagen.

Unternehmen müssen sich ständig verändern und weiterentwickeln. Aber wie geht man vor, wenn man konkreten Veränderungsbedarf erkannt hat?

Der erste Schritt ist gemacht. Es wurde erkannt, dass ein neues Produkt entwickelt werden muss, eine Organisationseinheit geändert werden muss oder dass es einer Investition in Betriebsmittel bedarf. Allein um zu dieser Erkenntnis zu kommen, sind häufig umfangreiche Vorarbeiten nötig. Märkte müssen analysiert werden, Mitarbeiter interviewt, Kennzahlen ausgewertet oder Produktionsabläufe müssen beobachtet werden. Somit stellt sich die Frage: Wann beginnt ein Projekt eigentlich? Beginnt es in dem Moment, in dem man offensichtlich einen Veränderungsbedarf erkennt? Beginnt es in dem Moment, in dem der Auftraggeber offiziell den Startschuss gibt, oder beginnt es vielleicht in dem Moment, in dem eine Person eine erste Überlegung im Kopf anstellt?

Der Projektstart ist der Zeitpunkt, zu dem alle relevanten Informationen über das Projekt vorliegen und Zielklarheit herrscht.

In Analogie zu unseren Wölfen heißt dies, dass die Wölfe erst das eigentliche Jagdgebiet und die Rahmenbedingungen erkunden. Danach formiert sich die Jagdgruppe und legt fest, mit welcher Strategie sie zum Beispiel einem Rudel Karibus nachsetzt.

Betrachten wir die Startphase eines Projekts, so fallen die folgenden Aufgaben an:

- Ermittlung der Ziele und Zielinhalte,
- Klärung und Gestaltung der Rahmenbedingungen,
- Festlegung und Aufbau einer Projektorganisation,
- Bereitstellung der erforderlichen Ressourcen,
- Zusammenführung der Projektmitarbeiter und Regelung der Zusammenarbeit,
- Erstellung einer ersten Planung,
- Erstellung und Verabschiedung eines Projektauftrages.

Der im Rahmen der Projektstartphase zu treibende Aufwand hängt von der Komplexität des Projekts ab und davon, welche Erfahrungen und Informationen bisher im Unternehmen vorliegen. Ähnlich einem jungen Wolfsrudel, das ein neues Jagdrevier bezieht, wird der Aufwand zu Beginn wesentlich höher sein. Zuerst wird ermittelt, wie groß der potenzielle Beutebestand ist und ob er das Überleben sichert. Ferner gilt es, eine der Beute angepasste Jagdstrategie zu entwickeln. Dieser Aufwand wird wesentlich geringer ausfallen bei einem Wolfsrudel, das seit Langem besteht und das Jagdrevier seit Langem kennt.

Für Projekte ergeben sich die Fragen: Wie häufig haben wir eine solche anstehende Aufgabe schon gelöst? Kann auf bewährte und beschriebene Lösungsmuster und Verfahren zum Beispiel in Form eines Projektmanagementhandbuches zurückgegriffen werden? Also ein Handbuch, in dem der Ablauf eines Projekts detailliert dokumentiert wurde?

1.3 Die Größe der Beute – Projektarten

Bei den Wölfen ist die Größe der Beute entscheidend für die Anzahl der Tiere im Rudel. In Gebieten mit großen Beutetieren, zum Beispiel Karibus oder Elchen, wird das Rudel größer ausfallen als in Regionen mit überwiegend kleinen Beutetieren. Dies ergibt sich aus der Tatsache, dass ein Wolf alleine kaum ein Karibu oder einen Elch erlegen könnte. Der Energieaufwand und das Verletzungsrisiko wären hierbei viel zu hoch. Ebenso würde ein und dieselbe Jagdstrategie kaum sowohl bei kleinen als auch großen Beutetieren zum Erfolg führen. Der Wolf orientiert sich also beim Aufbau seines Rudels und beim Einsatz seiner Mittel an dem zu erreichenden Ziel.

Auch für Unternehmen ist es ratsam, sich zu überlegen, welche Ziele im Rahmen von Projekten verfolgt werden, um dann darauf fußend Projekte zu klassifizieren und die einzusetzenden Mittel beziehungsweise Verfahren und Methoden festzulegen. Die Klassifikation von Projekten kann dabei nach unterschiedlichen Gesichtspunkten erfolgen.

Geografische Gesichtspunkte

Projekte lassen sich zum Beispiel in regionale, nationale oder internationale Projekte gliedern. Hieraus ergeben sich alleine schon sehr unterschiedliche Überlegungen hinsichtlich der Projektbeteiligten. In regionalen und in der Regel auch nationalen Projekten kann davon ausgegangen werden, dass kulturelle Unterschiede nicht oder nur eine kleine Rolle spielen. Ebenso werden Unterschiede in der Gesetzgebung eher gering sein, außer, Sie haben es in Deutschland mit dem Baurecht oder anderen Gesetzen zu tun, die dem jeweiligen Bundesland obliegen. Handelt es sich bei Ihrem Projekt jedoch um ein internationales Projekt, so ist es ratsam, sich mit den kulturellen Unterschieden der Beteiligten oder Betroffenen zu befassen. Läuft doch die Durchführung eines Projekts in Tschechien, Polen oder Frankreich meist anders ab als in Deutschland.

Finanzvolumen

Eine weitere Einteilungsmöglichkeit ergibt sich aus dem Finanzvolumen eines Projekts. Bei einem unserer Kunden aus dem Maschinenbau beispielsweise sprechen wir von kleinen Projekten bei einem Auftragsvolumen bis 100 000 Euro, von mittleren Projekten, wenn das Auftragsvolumen mehr als 100 000 Euro, aber weniger als 300 000 Euro beträgt, und von großen Projekten ab einem Auftragsvolumen von 300 000 Euro. Aus dieser Einteilung ergeben sich Konsequenzen hinsichtlich der Projektabwicklung. Bei kleinen Projekten ist zum Beispiel nur eine reduzierte Risikoanalyse durchzuführen.

Primäre Tätigkeit beziehungsweise Projektobjekt

Projekte lassen sich allerdings auch nach der primären Tätigkeit oder dem Projektobjekt einteilen. Hierbei unterteilt man dann in Forschungs- und Entwicklungsprojekte, Investitionsprojekte und Organisationsprojekte. Wie schon bei den anderen Einteilungen ergeben sich auch aus dieser Einteilung wieder für das Projekt relevante Überlegungen. Forschungs- und Entwicklungsprojekte sind dadurch gekennzeichnet, dass sich der Ressourceneinsatz und das genaue Endergebnis nur schwer und manchmal gar nicht vorhersagen lassen. Hieraus ergibt sich ein erhöhtes Risiko. Schon der Name beinhaltet ja den Hinweis auf das Betreten von Neuland. Lediglich bei Folgeentwicklungen oder Routineentwicklungen ist eine genauere Vorhersage möglich. In der Praxis wird ein grob umrissenes Endergebnis durch den Einsatz eines vorher definierten Ressourceneinsatzes angestrebt. So arbeitet zum Beispiel ein Team von zehn Personen an der Entwicklung einer neuen Steuerungstechnologie für eine Maschinensteuerung.

Im Gegensatz zu F&E-Projekten ist das zu erbringende Endergebnis von Investitionsprojekten klar definierbar. Die eingesetzten Verfahren und Techniken sind bekannt und somit ist das zu erreichende Projektergebnis eindeutig vorhersagbar. Diese Vorhersage bildet letztendlich auch die Grundlage für Investitionsprojekten zugrunde liegende Wirtschaftlichkeitsbetrachtungen.

Organisationsprojekte sind dadurch gekennzeichnet, dass ihre Ergebnisse unmittelbar einen sehr starken Einfluss auf Menschen haben. Durch die Änderung von Aufbau- oder Ablaufstrukturen in einer Organisation soll deren Leistungsfähigkeit erhöht werden. Das Projektergebnis wirkt sich also auf die Mitarbeiter der Organisation aus. Auch wenn vielleicht nur ein Teil direkt betroffen ist, so hat das Projektergebnis häufig doch Auswirkungen auf die gesamte Organisation. Denken Sie nur einmal an die Auswirkungen eines Restrukturierungsprojekts mit dem Ergebnis, dass Personal abgebaut werden muss. Dieses Ergebnis dürfte nicht nur die Motivation der direkt betroffenen Mitarbeiter beeinflussen. Gerade deshalb ist es wichtig, bei Organisationsprojekten mit Widerständen durch die Mitarbeiter zu rechnen. Je nach Projektziel eines Organisationsprojekts kann es schon äußerst schwierig und mühsam sein, alle benötigten Daten im Rahmen einer Istanalyse zu erheben. Häufig versuchen die Mitarbeiter, aus begründeten oder unbegründeten Ängsten Informationen zu verstecken, um sich gegebenenfalls dadurch einen Vorteil zu verschaffen oder gar unersetzlich zu machen. Daher gilt es bei Organisationsprojekten noch viel mehr als bei den anderen beiden Projektarten, Betroffene zu Beteiligten zu machen.

Stellung des Auftraggebers

Auch die Stellung des Auftraggebers hat bei vielen Projekten einen entscheidenden Einfluss auf die Abwicklung und das Ergebnis. Projekte können nach internem oder externem Auftraggeber klassifiziert werden.

Externe Projekte sind durch einen Auftraggeber gekennzeichnet, der nicht der ausführenden Organisation angehört. Dies ist zum Beispiel der Fall, wenn ein Unternehmen bei einem Maschinenbauunternehmen eine neue Fertigungsanlage bestellt. Der Auftraggeber ist im klassischen Sinne Kunde, und es erfolgt zwischen den beiden hier beteiligten Organisationen eine Leistungsverrechnung.

Ein internes Projekt ist dadurch gekennzeichnet, dass der Auftraggeber innerhalb der ausführenden Organisation sitzt. So zum Beispiel bei einem Personalentwicklungsprojekt, das von der eigenen Personalabteilung des Unternehmens konzipiert und durchgeführt werden soll. Hier erfolgt eine Leistungsverrechnung, wenn überhaupt, organisationsintern. Interne Projekte werden häufig als Projekte zweiter Klasse behandelt und dümpeln oft antriebslos vor sich hin. Aus diesem Grunde ist es für den Auftraggeber besonders wichtig, ihnen gebührende Aufmerksamkeit zu schenken und sich über den jeweils aktuellen Projektstand berichten zu lassen.

Risikogehalt von Projekten

Ein Merkmal von Projekten ist deren Neuartigkeit und Komplexität. Da es sich somit bei einem Projekt nicht um eine Routinetätigkeit handelt, ergibt sich ein gewisses Risiko. Nun kann je nach dem Grad der Neuartigkeit und Komplexität das Risiko sehr unterschiedlich sein. Daher ist es hilfreich, auch hier wieder einzelne Klassen zu bilden, in die man die Projekte einteilt.

Bei dem schon genannten Kunden aus dem Maschinenbau kennen wir zum Beispiel drei Klassen von Projekten im Hinblick auf das Risiko: Projekte, bei denen ein hoher Neuheitsgrad vorliegt und deren Komplexität hoch ist, werden mit A gekennzeichnet. Projekte, bei denen beide Merkmale in mittlerer Ausprägung vorliegen, erhalten ein B, und Projekte, die in fast gleicher Form schon einmal durchgeführt wurden, erhalten ein C. Die Einteilung erfolgt am Anfang eines Projekts mithilfe einer Risikocheckliste, die vom Projektleiter und seinem Team abzuarbeiten ist.

Bei diesen Klassifikationen handelt es sich jeweils nur um eine eindimensionale Sicht. Diese spiegelt die Realität nur unzureichend wider. Auch die Wölfe teilen ihre Beute nicht nur eindimensional in kleine, mittlere oder große Beute ein, sondern benutzen noch weitere Kriterien zur Klassifikation. So kann eine große Beute durchaus sehr schnell oder aber auch, zum Beispiel aufgrund einer Krankheit, eher langsam sein. Bei unserem Kunden aus dem Maschinenbau haben wir daher für seine externen Projekte eine zweidimensionale Einteilung gewählt, die die drei Größen prognostizierter Gewinn, ermitteltes Risiko und das Finanzvolumen betrachtet.

In der Praxis kommt es bei diesem Unternehmen immer wieder vor, dass zwar das Finanzvolumen eines Projekts recht klein ist, weil es sich nur um die Lieferung einer kleinen Anlagenkomponente handelt, aber das Risiko relativ hoch ist, da diese Anlagenkomponente in eine bestehende Anlage integriert werden muss, deren Schnittstellen aufgrund mangelnder Dokumentation nur unzureichend bekannt sind.

Die Darstellung aller laufenden oder auch geplanten Projekte in einer einfachen Portfoliodarstellung erhöht die Übersichtlichkeit und gibt frühzeitig Hinweise auf bestimmte Tendenzen (Bild 1.1).

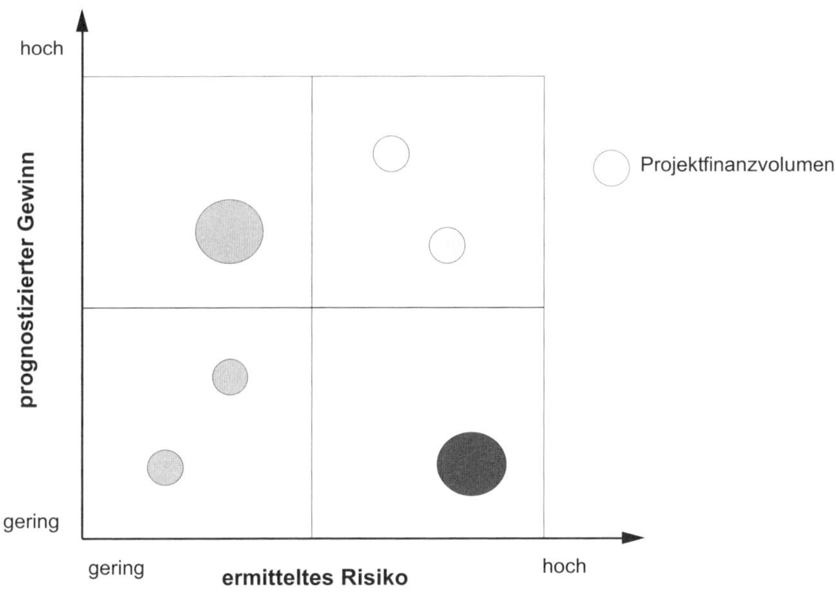

Bild 1.1 Portfoliodarstellung

TIPPS MIT BISS

Beschreiben Sie das von Ihnen angestrebte Projektportfolio und verschaffen Sie sich einen Überblick über Ihre laufenden Projekte mithilfe einer Projektportfoliodarstellung. Ermitteln Sie die Auswirkungen neuer Projekte auf die schon im Portfolio befindlichen Projekte und sichern Sie damit Ihre Entscheidungen ab.

1.4 Jagderfolge – Wer fragt, der führt

Alles, was bei den Wölfen zählt, ist der Jagderfolg. Bleibt er aus, so müssen die Tiere hungern, und langfristig fehlt ihnen dann die Möglichkeit zum Überleben, denn mit schwindender Kraft nimmt auch der Jagderfolg ab. Daher setzen Wölfe alles daran, die Ausgangssituation einer anstehenden Jagd genau zu analysieren.

Was nützt ein Projekt, das zwar methodisch exzellent abgewickelt wurde, dessen Ergebnis aber nicht den Anforderungen des Auftraggebers entspricht? Einer der immer wieder auftauchenden Fehler in Projekten ist, dass am Anfang eines Projekts keine ausreichende Abstimmung zwischen Auftraggeber und Auftragnehmer erfolgt. Vonseiten des Auftraggebers wird unterstellt, dass der gewählte Fachmann oder die gewählte Fachfirma schon weiß, was man meint, und auf der Seite des Auftragnehmers herrscht der Glaube vor, man habe das Gegenüber schon richtig verstanden. Allzu oft begeht man als Projektleiter den Fehler, zu meinen, man wisse schon alles. Diese Fehleinschätzung holt einen dann meist im Laufe des Projekts durch eine Flut von Änderungswünschen des Auftraggebers wieder ein. Nun hat aber der Auftraggeber den Projektleiter beauftragt, damit er als Auftraggeber möglichst wenig Aufwand mit diesem Projekt hat. Andernfalls hätte er ja gegebenenfalls selbst in die Rolle des Projektleiters schlüpfen können.

Für den Projektleiter ergibt sich nun also die Aufgabe, alle relevanten Informationen mit einem möglichst geringen Aufwand für den Auftraggeber zusammenzustellen. Hierbei ist es sehr hilfreich, wenn sich der Projektleiter als Dienstleister versteht und durch ein gezieltes Vorgehen ein möglichst exaktes Bild des vom Auftraggeber gewünschten Endzustandes entwirft, und zwar in Form eines Lastenheftes. Zugegebenermaßen häufig kein leichtes Unterfangen.

In der Praxis werden die Begriffe Lastenheft und Pflichtenheft oft synonym gebraucht. Die DIN 69905 kennt zwei Dokumente, in denen die Leistung eines Projekts in unterschiedlicher Form beschrieben wird. So gibt es einmal das vom Auftraggeber erstellte Lastenheft und zum Zweiten das auf dem Lastenheft basierende detaillierte Pflichtenheft, das vom Auftragnehmer erstellt wird und in dem sich die Realisierungsbedingungen wiederfinden. Bild 1.2 zeigt beispielhaft die Gliederung eines Lastenheftes.

Bei der Erstellung des Lastenheftes haben sich die aus der Fragetechnik bekannten offenen Fragen bewährt. Dies sind Fragen, die mit einem W beginnen und vom Gegenüber nicht nur mit „Ja" oder „Nein" beantwortet werden können. Wie zum Beispiel:

- Welche Funktionen muss das beschriebene System aufweisen?
- Was erwarten die Nutzer des beschriebenen Systems?

1. Allgemeine Daten
- Ansprechpartner, Verfasser, Firmendaten, Termine, Systemzielsetzung

2. Anforderungen an den Auftragnehmer
- Zertifizierungen, einzusetzende Prozessmodelle

3. Systemanforderungen
- Standards, Wunschkriterien, Abgrenzungskriterien (bauliche, technische, personelle)

4. Systemeinsatz
- Anwendungsbereiche, Zielgruppen, Eingaben, Ausgaben, Qualitäten, Schnittstellen zu anderen Systemen

5. Leistungsdaten
- Mengen, Qualitäten, Zeiten

6. Preise und Kosten
- Beschaffungskosten, Betriebskosten

7. Installation
- Rahmenbedingungen

8. Systemtests und Abnahme
- Abnahmezeitpunkte, Abnahmekriterien

9. Dokumentation
- Anzahl, Ausführung

10. Sonstiges

Bild 1.2 Beispielgliederung eines Lastenheftes

Je nach Größe des Projekts kann das Lastenheft in einem Zweiergespräch erstellt werden oder aber es entsteht als Ergebnis eines teils auch mehrtägigen Workshops. Dabei werden die Fragen mithilfe der Kartentechnik visualisiert und beantwortet. Die Fragen werden hierzu auf Pinnwänden, die mit braunem Packpapier bespannt sind, notiert und vom Moderator der Reihe nach vorgestellt. Im Rahmen einer Diskussion zwischen den Teilnehmern wird die jeweilige Frage schrittweise beantwortet. Die Ergebnisse werden dabei auf rechteckigen Karten festgehalten und an die Pinnwand geheftet. So entsteht schrittweise der Inhalt des Lastenheftes.

Dem Projektleiter beziehungsweise den von ihm benannten Experten obliegt bei der Erstellung des Lastenheftes die Rolle des fachlichen Beraters. Hierzu gehört auch, dass zu erwartende Probleme und Schwierigkeiten offen und frühzeitig angesprochen werden. Gemeinsam gilt es dann, einen für beide Parteien gangbaren Weg zu entwickeln. Der Auftraggeber wird nur dann langfristig mit dem Auftragnehmer zusammenarbeiten, wenn er von seiner fachlichen Qualifikation überzeugt ist. Diese offenbart sich häufig schon bei der gemeinsamen Erstellung eines Lastenheftes.

Die Fragen müssen natürlich auf einem für den Auftraggeber verständlichen Niveau beziehungsweise in einer für ihn verständlichen Sprache gestellt werden. Genau hieran hapert es aber häufig, lebt doch jeder von uns in seiner eigenen, durch Ausbildungen und Erfahrungen geprägten Welt. Der Einsatz von Visualisierungen in Form von Skizzen, Zeichnungen oder Bildern erleichtert die Kommunikation an dieser Stelle erheblich. Auch der Einsatz von Mustern unterstützt das Begreifbarmachen von komplexeren Sachverhalten.

Machen Sie als Projektleiter Ihre Aussagen durch Visualisierungen, Muster oder Testszenarien begreifbar!

Haben Sie sich nun mit dem Auftraggeber über die zu erbringende Leistung geeinigt, wird der Auftraggeber spätestens jetzt wissen wollen, welche Kosten anfallen und in welchem Zeitraum das Projekt realisiert werden kann. Was den Zeitraum und die Kosten anbelangt, so herrscht hier beim Auftraggeber zumindest bei externen Projekten eine klare Vorstellung, die oft auch nicht verhandelbar ist. Dann bleibt dem Projektleiter und seinem Team nur noch die Möglichkeit, durch einen möglichst effizienten Projektablauf mit der zur Verfügung stehenden Zeit und dem Kostenbudget auszukommen. Um einen effizienten Projektablauf geht es in den folgenden Kapiteln.

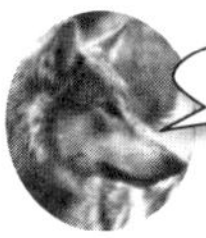

TIPPS MIT BISS

- Ermitteln Sie möglichst genau die Gründe, die ein Projekt ausgelöst haben.
- Ermitteln Sie die Auswirkungen neuer Projekte auf den Ablauf bereits gestarteter Projekte.
- Verwenden Sie Projektklassifikationen, um Gemeinsamkeiten zu erkennen und zu nutzen.
- Erarbeiten Sie, falls nicht schon vorhanden, gemeinsam mit dem Auftraggeber ein Lastenheft.
- Visualisieren Sie komplexe Sachverhalte schon zu Beginn des Projekts, um deren Auswirkungen begreifbar zu machen.

2

Der Alphawolf

Wie man Projektleiter wird

Seit vielen Jahren beobachte ich Wölfe und deren Verhalten im Rudel. Dabei habe ich die unterschiedlichsten Arten und Rudel in Europa kennengelernt. Ich konnte immer wieder ein sehr großes Rudel kanadischer Timberwölfe in einem Gehege in Deutschland beobachten, ebenso wie verschiedene kleinere Rudel von Europäischen Grauwölfen in Deutschland, Österreich und Frankreich. Alle Rudel wurden ebenso wie ihre frei laufenden Artgenossen von einem Alphapaar angeführt. Gleichberechtigt führen die Alphawölfin und der Alphawolf das Rudel und organisieren das komplexe Zusammenleben der Tiere. Die Fähe (der weibliche Wolf) organisiert primär das Zusammenleben der weiblichen Tiere, der Rüde hingegen primär das seiner männlichen Artgenossen. Wenn im weiteren Verlauf des Buches überwiegend vom Alphawolf die Rede ist, so geschieht dies ausschließlich der leichteren Lesbarkeit wegen.

In jeder Organisation, gleich ob privatwirtschaftliches Unternehmen oder öffentliche Verwaltung, gibt es Aufgaben, die von ihrem Umfang und ihrer Komplexität her das Zusammenwirken einer Vielzahl von Personen benötigen. Diese Aufgaben sind in der Regel neuartig, dauern nur eine bestimmte Zeit an und müssen mit einem begrenzten Ressourceneinsatz erledigt werden. Somit haben sie Projektcharakter. Wie bei den Wölfen gilt es nun bei diesen Projekten, mit möglichst geringem Ressourceneinsatz Erfolge zu erzielen.

Um dies zu erreichen, bedarf es einer strukturierten Vorgehensweise und einer Koordination der zu Verfügung stehenden Ressourcen. Einer muss die Dinge in die Hand nehmen. Wer aber übernimmt diese Aufgabe? Im Wolfsrudel fällt sie hauptsächlich dem Alphawolf zu. Im Projekt gibt es hierfür die Rolle des Projektleiters.

2.1 Wie man Projektleiter wird

Wie wird eigentlich ein Wolf zum Alphawolf? Lange Zeit glaubte man, nur die körperlich stärksten und aggressivsten Tiere würden in den Rang eines Alphatieres aufsteigen. Zahlreiche Beobachtungen, sowohl bei frei lebenden Rudeln als auch bei Wölfen in Gefangenschaft, haben das Gegenteil bewiesen: Ob ein Wolf als Leitwolf anerkannt wird, hängt von einer Vielzahl von Faktoren ab. Sicherlich spielt die körperliche Konstitution eine Rolle, aber daneben sind vor allem auch die Eigeninitiative und das Führungsverhalten des Tieres entscheidend. Schon im Welpenalter lassen sich „Führungstalente" beobachten, die sehr aktiv sind und in der Gruppe der Welpen Aktivitäten anstoßen und das Verhalten der anderen Welpen kontrollieren. Ebenso spielt die Konfliktfähigkeit eine entscheidende Rolle. Einem guten Leitwolf gelingt es, aufkommende Konflikte in der Regel sehr schnell und ressourcenschonend zu lösen.

Es gibt Unternehmen, in denen derjenige der nächste Projektleiter wird, der gerade zuletzt an der Kaffeemaschine oder am Kopierer stand. Diese Vorgehensweise führt häufig dazu, dass der Auserwählte nicht oder nur zu einem geringen Teil die benötigten Fähigkeiten mitbringt, um ein Projekt zu leiten. In solchen Fällen wird aus dem „Projektleiter" in der Regel ein „Projektleider". Vielfältig sind dann die Leiden, die die auserwählte Person zu ertragen hat.

Die zweite und durchaus zielführendere Variante ist die bewusste Auswahl eines Projektleiters anhand von zuvor festgelegten Kriterien. Als weitere Möglichkeit sei hier noch die freiwillige Übernahme einer solchen Aufgabe durch eine Person genannt, getreu dem Motto: „Wer macht, hat Macht." Hierbei gilt es natürlich ebenso, Fähigkeiten und Anforderungen abzugleichen.

Systematische Auswahl von Projektleitern – Warum?

Hand aufs Herz: Würden Sie jemandem einen Betrag von 50 000 Euro anvertrauen, ohne dass Sie die Sicherheit hätten, dieses Geld wiederzusehen? Sie würden sich vermutlich Referenzen geben lassen oder die Qualifikation und Zuverlässigkeit der Person oder Organisation überprüfen, der Sie Ihr Geld anvertrauen.

Das Erstaunliche ist: In Projekten wird hierauf häufig verzichtet. Oberflächlich gesehen mag man noch die Qualifikation des designierten Projektleiters geprüft haben. Der ausgewählte Mitarbeiter hat immerhin studiert oder sich durch mehrjährige Unternehmenszugehörigkeit empfohlen. Reicht dies aus? Nur weil eine Krankenschwester seit zehn Jahren in einer Herzklinik arbeitet, würden Sie ihr doch auch nicht die Herzoperation an einem Patienten übertragen, oder?

Wie wichtig es ist, den Projektleiter respektive das gesamte Projektpersonal systematisch auszuwählen, zeigt sich, wenn man sich einmal die Auswirkungen vor Augen führt, die sich aus einer falschen Auswahl ergeben: Mangelnde fachliche Kompetenz und damit einhergehende Fehlentwicklungen, mangelnde Führungskompetenz und damit verbundene Demotivation und Minderleistung von Projektmitarbeiten sind nur zwei von vielen möglichen Problemen. Ganz zu schweigen von drohenden Konventionalstrafen aufgrund von nicht eingehaltenen Terminen, weil der ernannte Projektleiter mit dem Management der Teammitglieder überfordert war.

Viele Unternehmen geben Unsummen für Marketing und Werbung aus – um dann das geschaffene, positive Image durch unqualifiziertes Personal bei der Abwicklung der gewonnenen Aufträge wieder zu zerstören oder zumindest anzukratzen.

Viele mögen darauf sagen: „Für so etwas haben wir keine Zeit. Wir müssen uns schließlich ums Geschäft kümmern. Und außerdem kennen wir unsere Mitarbeiter." Wölfe gehen da sorgfältiger vor. Die Auswahl des Leitwolfes ist zu wichtig, sie gehört zum Geschäft. Denn wenn der Alphawolf seinen Aufgaben nicht gerecht werden würde, müsste das Rudel aufgrund mangelnden Jagderfolges zugrunde gehen.

Nicht allen Unternehmen ist die Wichtigkeit der sorgfältigen Personalauswahl für Führungsaufgaben bewusst – zumindest spielt dieses Bewusstsein in der Praxis keine Rolle. Dort gibt es dann Liquiditätsprobleme aufgrund zurückbehaltener Kundenzahlungen, mangelnde Gewinne aufgrund eines zu hohen Aufwandes bei der Realisierung von Projekten und viele wirtschaftliche Folgen mehr – ohne dass es der Geschäftsleitung klar ist, dass die Ursache bei der mangelnden Qualität von Personalauswahlverfahren liegt.

Sicherlich kann man nicht alle genannten Schwierigkeiten in Bausch und Bogen der Projektleitung anlasten. Aber vieles würde sich durch eine systematische Auswahl der Projektleitung unter Berücksichtigung der benötigten Qualifikationen abmildern oder gar verhindern lassen.

Idealerweise wird bei einer systematischen Personalauswahl ein Assessment-Center eingeschaltet. Dies lässt sich bei der Auswahl für Projektleiter oder -mitarbeiter häufig nicht umsetzen. Aber ein vorher definierter Anforderungskatalog und ein entsprechender Abgleich mit den vorhandenen Fähigkeiten sind auch bei begrenzten Ressourcen möglich.

Womit man als Projektleiter rechnen sollte

Egal, wie man in Ihrem Unternehmen Projektleiter wird, ob durch zufällige Ernennung, systematische Auswahl oder freiwillige Übernahme einer Aufgabe, es ist ratsam, sich frühzeitig vor Augen zu führen, was einen so alles in dieser Funktion erwartet. Es ist in allen Lebenslagen hilfreich, die Rahmenbedingungen einer Situation zu kennen.

Projektleiter sind vielfältigen Erwartungen ausgesetzt. Der Auftraggeber hat in der Regel andere Erwartungen an die Projektleitung als die Teammitglieder, Lieferanten oder sonstige Beteiligte. Ihnen allen sollte und will der Projektleiter gerecht werden – oder er muss die Erwartungen korrigieren. Zugegebenermaßen keine leichte Aufgabe.

Schon in der ersten Besprechung wird er eventuell aus dem Projektteam mit der Frage konfrontiert – direkt oder indirekt –, warum ausgerechnet er zum Projektleiter ernannt worden ist. Aus dieser Frage lassen sich verschiedene Überlegungen ableiten.

Vielleicht hätte der Fragesteller gerne selbst die Projektleitung übernommen – eine häufig vorkommende Situation – und möchte jetzt mehr oder weniger ernsthaft wissen, was den ihm Vorgezogenen für diese Position auszeichnet.

Nun liegt es am Projektleiter, seine Qualitäten möglichst sachlich und ohne Überheblichkeit zu offenbaren. Er benötigt in der Regel den Fragesteller als motiviertes Mitglied in seinem Projektteam. Gesten der Unterwürfigkeit und Aussagen wie: „Ich weiß es selber nicht, ich habe einfach Glück gehabt", sind wenig hilfreich. Können Sie sich vorstellen, dass ein Rudel Wölfe einem Leitwolf folgt, der sich für seine Führungsfunktion entschuldigt?

Der Projektleiter sollte dem Fragesteller zeigen, dass er durchaus über ein ausreichendes Maß an Qualifikation und Selbstbewusstsein verfügt, gleichzeitig aber für Anregungen und konstruktive Zusammenarbeit offen ist. Das setzt allerdings voraus, dass man sich seiner eigenen Stärken bewusst ist.

Oder der Fragesteller bedauert den Projektleiter, weil er ihm eine herausforderndere Aufgabe zugetraut hätte. Vielleicht ist das Projekt wirklich nicht sonderlich anspruchsvoll. Aber dann ist es umso wichtiger, diese vermeintlich zu leichte Aufgabe professionell abzuwickeln. Was würde wohl sonst ein Auftraggeber denken, wenn der Leiter des „Projekteins" nicht einmal in der Lage ist, kleinere Aufgaben erfolgreich abzuwickeln? Außerdem wird der einfache Job womöglich unterschätzt.

Was darf ein neuer Projektleiter und was nicht? Wie weit reicht seine frisch erworbene Macht? Der Auftraggeber eines internen Projekts erwartet zwar schnelle und korrekte Ergebnisse, ist aber kaum dazu bereit, seine Unternehmensorganisation für dieses Projekt zu ändern. Formal ausgedrückt: Über welche Kompetenzen verfügt der Projektleiter? Manchmal ist er zwar für das Ergebnis verantwortlich, hat aber keinerlei Weisungsbefugnis. In einem solchen Fall sollte er durch ein Höchstmaß an sozialer Kompetenz brillieren, denn er muss seine Teammitglieder für sich vereinnahmen, indem er ihnen Vorteile und Nutzen bietet. Ein zahnloser Alphawolf kann seinen Rudelmitgliedern schließlich schlecht drohen.

Der Projektleiter sollte sich ebenfalls auf fehlende Informationen und Vorgaben einstellen. Gerade am Anfang eines Projekts ist es die Aufgabe eines Projektleiters, festzustellen, welche Informationen benötigt werden, und zu ermitteln, wie und wo man sie erhält. Kommunikative Fähigkeiten sind somit zwingend vonnöten.

Die genannten Punkte führen neben den üblichen sachlichen oder zwischenmenschlichen Problemen in einem Projekt dazu, dass die Arbeitsbelastung des Projektleiters steigt. Aus diesem Grund ist ein wirksames Selbst- und Zeitmanagement besonders hilfreich. Was ist wichtig, was weniger wichtig? Wo gilt es sofort selbst aktiv zu werden und was kann man delegieren? Diese Fragen gilt es im Laufe eines Projekts immer wieder zu beantworten, um eine Überlastung zu vermeiden – und diese Überlastung ist geradezu typisch für den Job des Projektleiters.

Eine weitere Schattenseite dieser Aufgabe: Sollte der Projektleiter sein Projekt tatsächlich erfolgreich ins Ziel gesteuert haben, so wird er feststellen, dass dies in den meisten Fällen nicht oder nur untergeordnet zur Kenntnis genommen wird – handelt es sich doch bei dem Erfolg um den erwarteten Normalzustand, für dessen Herleitung er schließlich bezahlt wird.

Rechnen Sie als Projektleiter also nicht mit Dankesbekundungen oder Belobigungen, sondern eher mit – nichts. Aus dieser Erkenntnis leitet sich die Notwendigkeit der Fähigkeit zur Selbstmotivation ab. Nur so lässt sich fehlende Aufmerksamkeit von außen kompensieren. Durch ein angemessenes Selbstmarketing kann man natürlich auch das Projektumfeld auf sich aufmerksam machen. Getreu dem Motto: „Tue Gutes und rede darüber."

Mit diesen Schwierigkeiten und Anforderungen kann also rechnen, wer zum Projektleiter ernannt wird. Das führt zu ersten Bausteinen eines detaillierten Anforderungsprofils – und gleichzeitig zu den Kriterien für die Auswahl geeigneter Kandidaten für den Projektleiterposten.

Kriterien zur Auswahl von Projektleitern

Welche Kriterien sind nun wichtig und wie kann man sie klassifizieren? Betrachtet man die einschlägige Projektmanagementliteratur, so findet man eine Vielzahl von Anforderungen, die an einen Projektleiter gestellt werden. Diese sind unter anderem deshalb so unterschiedlich, weil auch die ihnen zugrunde liegenden Projekte höchst unterschiedlich sind.

Eine sehr gute Klassifizierung bietet die GPM Deutsche Gesellschaft für Projektmanagement e. V. mit dem Modell der vier Kompetenzsäulen eines Projektleiters. Hierbei wird unterschieden in:

- Fachkompetenz,
- Methodenkompetenz,
- Organisationskompetenz,
- Sozialkompetenz.

Fachkompetenz: Von einem Projektleiter im Maschinenbau darf man erwarten, dass er zumindest Grundkenntnisse des Maschinenbaus mitbringt, ebenso wie ein Projektleiter eines IT-Projekts über ausreichende EDV-Kenntnisse verfügen sollte. Je nach Größe des Projekts kommt der Fachkompetenz mehr oder weniger Bedeutung zu. Oft allerdings wird deren Bedeutung im Verhältnis zu den anderen Kompetenzkriterien eher überschätzt. In kleineren Projekten ist die Fachkompetenz wichtiger als in großen Projekten. Denn in kleineren Projekten übernimmt der Projektleiter häufig auch noch Fachaufgaben, während er in großen Projekten ausschließlich Managementaufgaben erfüllt.

Methodenkompetenz: Wichtig für die reibungsoptimierte Durchführung von Projekten ist die Kenntnis von Methoden zur Projektplanung, Projektsteuerung sowie zum Finden von Ideen oder zum Lösen von Problemen. Diese Methoden sind die Werkzeuge des Projektmanagers. Wie bei einem Handwerker ist es wichtig, dass er über einen möglichst reich gefüllten Werkzeugkasten verfügt, um dann situativ das richtige Werkzeug einzusetzen. Beispielhaft sei hier nur ein Projektstrukturplan im Rahmen der Projektstrukturierung oder das Brainstorming als Kreativitätstechnik genannt.

Organisationskompetenz: Um ein Projekt durchzuführen, müssen Strukturen geschaffen werden, in denen die Beteiligten wirkungsvoll zusammenarbeiten können. Verantwortlichkeiten müssen ebenso wie Prozesse klar definiert sein. Daher ist es für einen Projektleiter wichtig, tiefer gehende Kenntnisse über das Wesen und die Gestaltung von Aufbau- und Ablauforganisation und die damit verbundenen Eigenheiten zu haben.

Soziale Kompetenz: Eines der wichtigsten Kompetenzfelder, wenn nicht das wichtigste, ist die soziale Kompetenz des Projektleiters. Nur wenn der Projektleiter in der Lage ist, mit seinen Teammitgliedern zielgerichtet und wirkungsvoll zu kommunizieren, auftretende Konflikte schnell und ressourcenschonend zu lösen und sein Team so zu führen, dass die Beteiligten motiviert sind, wird er seine meistens herausfordernde Aufgabe erfolgreich meistern.

Neben den hier genannten Kriterien ist es natürlich sinnvoll, besondere Auswahlkriterien für das eigene Unternehmen beziehungsweise für eigene Projekte festzulegen. Neben dieser unternehmens- und projektspezifischen Auswahl gibt es die Möglichkeit, sich an anerkannten Zertifikaten für Projektpersonal zu orientieren. Die sowohl vom PMI Project Management Institut als auch von der IPMA International Project Management Association und deren deutscher Organisation GPM Deutsche Gesellschaft für Projektmanagement e. V. angebotenen Zertifizierungen ermöglichen einen unternehmensübergreifenden Vergleich und eine Spiegelung der Qualifikation von Projektpersonal an international gültigen Standards. Ähnlich einem Führerschein für den Straßenverkehr bildet das Zertifikat Kenntnisse, Fähigkeiten und Erfahrungen im Projektmanagement ab.

Das Zertifizierungsprogramm des PMI besteht zurzeit aus zwei unterschiedlichen Leveln:

- PMP = Project Management Professional,
- CAPM = Certified Associate in Project Management.
  Das Zertifizierungsprogramm der IPMA beziehungsweise der GPM kennt vier verschiedene Zertifikate:
  - Level A = Certified Project Director (zertifizierter Projektdirektor)
  - Level B = Certified Senior Project Manager (zertifizierter Seniorprojektmanager)
  - Level C = Certified Project Manager (zertifizierter Projektmanager)
  - Level D = Certified Project Management Associate (zertifizierter Projektmanagement-Fachmann)

Durch die regelmäßige Rezertifizierung ist sichergestellt, dass die Inhaber der Zertifikate über aktuelle Kenntnisse, Fähigkeiten und Erfahrungen verfügen und somit in der Lage sind, Projekte professionell und erfolgreich abzuwickeln.

Weitere Informationen erhalten Sie unter www.pmi.org beziehungsweise www.gpm-ipma.de.

Wenn in Ihrem Unternehmen regelmäßig Projekte vorkommen, empfiehlt es sich, sich mit der Qualifizierung und Zertifizierung ihres Projektpersonals eingehend zu befassen. Die Investition in die Qualifikation der Mitarbeiter zahlt sich durch optimierte Prozesse und eine verbesserte Zusammenarbeit aller Beteiligten untereinander innerhalb kürzester Zeit aus.

TIPPS MIT BISS

Ermitteln Sie regelmäßig die in Ihrem Unternehmen vorherrschenden Anforderungen an das Projektpersonal, gleichen Sie diese mit den vorhandenen Kompetenzen ab und entwickeln Sie fehlende Kompetenzen Ihres Projektpersonals frühzeitig und systematisch.

2.2 Wie bleibt man Projektleiter – und zwar langfristig erfolgreich?

Was passiert mit einem Alphawolf, der den Erwartungen der Rudelmitglieder nicht gerecht wird? Er bleibt jedenfalls nicht lange der Anführer des Rudels, denn andere Rudelmitglieder machen ihm seinen Platz streitig und attackieren ihn. Aus diesem Grund ist der Alphawolf darauf bedacht, seinem Rudel längerfristig Nutzen und Vorteile zu bieten. Nur so ist es für die Rudelmitglieder attraktiv, dem Rudel anzugehören und dem Leittier zu folgen.

In einem Wolfsrudel gehören alle Tiere dem Rudel freiwillig an. Keines der Tiere wird gezwungen, im Rudel zu bleiben. Bei der Jagd ist der Leitwolf nicht das letzte Tier in der Jagdmeute, sondern stets eines der ersten Tiere. Er steht der Jagdmeute vor und führt sie an – aber nie mit Druck. Die anderen Wölfe folgen ihm auch hier wieder freiwillig.

Wie macht der Leitwolf das? Er zeigt durch vielfältige Aktivitäten stets sein Interesse an den anderen Rudelmitgliedern und steht mit ihnen kontinuierlich in Kontakt. So kümmert er sich unter anderem um die Aufzucht des Nachwuchses genauso wie um die Schlichtung von Konflikten.

Projektleiter werden ist nicht schwer, Projektleiter bleiben dagegen sehr. Meistens jedenfalls. Je nach Unternehmensphilosophie findet man sich oft recht plötzlich in der Rolle des Projektleiters wieder. Doch langfristig wird man nur erfolgreich sein – wie auch in der klassischen Linienfunktion –, wenn es einem gelingt, die einem anvertrauten Menschen zu Leistung zu animieren. Gerade in Projekten reicht das normale Maß an Leistung in wichtigen Projektphasen oft nicht aus. Es gilt, Termine einzuhalten und komplexe Probleme unter Zeitdruck zu lösen. Daher ist es oft vonnöten, über das normale Maß hinaus Leistung zu bringen. Es ist vergleichbar mit einem sportlichen

Wettkampf oder der Jagd eines Wolfsrudels. Dort reicht es für den Sieg oder Jagderfolg auch nicht aus, wenn man seine Normalleistung erbringt, sondern es gilt, Höchstleistungen zu vollbringen.

Doch wann erbringen Menschen Höchstleistungen? Mit dieser Frage haben sich schon Heerscharen von Wissenschaftlern und Managern beschäftigt. Die Antwort ist viel zu komplex, als dass man sie hier mit wenigen Worten wiedergeben könnte, daher finden Sie nachfolgend nur die wichtigsten Aspekte.

Sinngebung

Bei allem, was wir tun, fragen wir uns in der Regel nach dem Sinn unseres Handelns. So fragt sich eventuell der junge unerfahrene Mitarbeiter, dem Sie erstmalig die Protokollführung übertragen haben, warum man all das Gesagte und Entschiedene noch einmal aufschreiben muss. Es wissen doch alle, was besprochen und entschieden wurde, und außerdem ist die Protokollerstellung doch nur pure Bürokratie. Wie wird nun ein Protokoll aussehen, das mit dieser Einstellung erstellt wurde? Vermutlich lücken- und fehlerhaft, da dessen Erstellung als überflüssig betrachtet wird und der Mitarbeiter seine Höchstleistung nicht abrufen wird.

Erklärt man nun dem Mitarbeiter den tieferen Sinn eines Protokolls – es dient ja nicht primär zur Aufblähung der Projektdokumentation –, steigt im Regelfall die Qualität. Erlebt der Mitarbeiter jetzt auch noch, dass die im letzten Protokoll beschriebenen Maßnahmen am Anfang einer neuen Besprechung auf Realisierung hin überprüft werden, so erkennt er auch den Sinn seiner Tätigkeit.

Damit Sie kurz-, aber auch langfristig erfolgreich sein können, sollten Sie stets den Sinn einer Aufgabe vermitteln, wenn Sie sie delegieren. Menschen, die einen Sinn in ihrer Tätigkeit sehen, sind motivierter.

Vertrauen

Haben Sie schon einmal mit Menschen zusammengearbeitet, bei denen Sie sich laufend gefragt haben, ob deren Handlungen oder Aussagen Ihnen schaden könnten? Wie anstrengend! Es wäre sicherlich übertrieben, einem Gegenüber im Berufsleben blind zu vertrauen, aber wie viel Energie und Zeit gehen dabei drauf, wenn man immer und überall Gefahr wittert ...

Vertrauen ist die Grundlage des menschlichen Miteinanders. Was bei fehlendem Vertrauen passieren kann, zeigt das Beispiel eines Spieles: Bei diesem Spiel werden die Teilnehmer in vier Gruppen aufgeteilt, erhalten eine Spielbeschreibung und den Hinweis, sie seien ein Wolfsrudel auf der Jagd, das möglichst viel Beute machen will. Die Spielbeschreibung enthält eine Vielzahl von Informationen, von denen aber nur ein Teil für den Spielverlauf relevant ist.

Die einzelnen Gruppen können ihren Gewinn nur dann maximieren, wenn sie den anderen Gruppen ebenfalls Gewinne zugestehen und in deren ebenfalls kooperatives Verhalten vertrauen. Ein nicht so leichtes Unterfangen, zumal eine Kommunikation zwischen den Gruppen anfänglich nicht möglich ist.

Eine Gruppe von Führungskräften aus einem Unternehmen erzielte folgendes Ergebnis: Aufgrund einer überaus misstrauischen Haltung und der Annahme, die jeweils anderen Gruppen wollten ihnen nur schaden, hatten sich die Teilnehmer am Ende des Spiels weit ins Minus geschraubt. Sie hatten also keine Gewinne realisiert, sondern heftige Verluste produziert. Bei der anschließenden Diskussion erklärte man, man habe wie im Unternehmen agiert, das Schlechteste vom Gegenüber angenommen und sich darauf beschränkt, die Verluste zu minimieren. Nicht nur im Spiel, sondern auch in der Realität hat diese Gruppe durch ihren fehlenden Optimismus und ihr fehlendes Vertrauen in andere das betriebswirtschaftliche Hauptziel eines Unternehmens, nämlich Gewinnmaximierung, aus den Augen verloren. Vertrauen zahlt sich aus – nicht nur beim Spiel.

Vertrauen ist die Basis einer erfolgreichen Zusammenarbeit. Unterstellen Sie daher grundsätzlich erst einmal Ihrem Gegenüber oder Ihren Teammitgliedern positive Absichten und erarbeiten Sie sich das Vertrauen Ihrer Umwelt. Vertrauen aufzubauen dauert in der Regel lange, Vertrauen zu zerstören geht sehr schnell. Bedenken Sie daher immer die Auswirkungen Ihrer Aussagen oder Handlungen. Wie viel Vertrauen wird ein Mitarbeiter in Ihre Person haben, dem Sie beim Übertragen einer Aufgabe gesagt haben, er könne sie auf seine Weise lösen oder bearbeiten, und den Sie anschließend für einen kleinen Fehler vor versammelter Mannschaft in einer Projektbesprechung bloßstellen? Integrität und Ehrlichkeit, Verlässlichkeit in Wort und Tat sind die Voraussetzung für Vertrauenswürdigkeit. Und nur wenn Sie Ihren Mitarbeitern vertrauen, schenken diese Ihnen das Vertrauen zurück.

Eindeutige Vorgaben und Kontrolle

Gerade in Projekten gibt es eine Vielzahl von Aufgaben zu lösen, die für viele Mitglieder des Teams neu sind. Nun hat vermutlich jeder von uns schon erfahren, wie es ist, wenn eine an einen anderen übertragene Aufgabe nicht zufriedenstellend gelöst wurde. Wie schnell ergeht man sich dann in ausgesprochenen oder unausgesprochenen Vorwürfen. Bei genauerer Betrachtung stellt man allerdings häufig fest, dass die Vorgaben nicht eindeutig und klar waren.

Was heißt übrigens klar? Klar heißt in diesem Zusammenhang, dass die Person, der man eine Aufgabe übertragen hat, alle auf ihren aktuellen Wissensstand abgestimmten Informationen besitzt, um die übertragene Aufgabe zu bearbeiten.

Was zu der Frage führt: Welchen Wissens- oder Kenntnisstand hat mein Gegenüber eigentlich? Habe ich es mit einem langjährig erfahrenen Mitarbeiter zu tun oder eventuell mit einem Neuling? Oder hat gar der langjährig erfahrene Mitarbeiter eine für ihn neuartige Aufgabenstellung erhalten? Um all dies in Erfahrung zu bringen, muss man mit den Betreffenden sprechen. Einfacher ist es, wenn man schon in der Vergangenheit zusammengearbeitet hat. Doch gerade Projekte sind im Gegensatz zur Arbeit in einer festgefügten Abteilung dadurch gekennzeichnet, dass man es mit neu zusammengesetzten Teams zu tun hat.

Aufgabe des Projektleiters ist es also, sich durch umfangreiche Gespräche einen Überblick über die vorhandenen Fähigkeiten und den Wissensstand zu verschaffen. Und das natürlich möglichst am Anfang eines Projekts und in der Phase der Zusammenstellung des Teams. Leider hat man jedoch nicht immer die Möglichkeit, sein „Dreamteam" zusammenzustellen. In der überwiegenden Zahl der Fälle muss der Projektleiter aus verschiedenen Gründen auf bestimmte, feststehende Personen zurückgreifen. Diese entsprechen dann selten dem

Anforderungsprofil, das vorher erstellt wurde. Es birgt allerdings auch den Vorteil, dass man bei den Mitarbeitern im Team oftmals neue nützliche Fähigkeiten oder Kontakte entdeckt.

Sorgen Sie also dafür, dass Ihre Anweisungen oder die übertragenen Aufgaben klar sind, das heißt:

- Was muss am Ende entstanden sein, wie soll das Ergebnis konkret aussehen?
- In welcher Menge?
- Unter Beachtung welcher Rahmenbedingungen?
- Bis wann ist die Anweisung auszuführen oder die Aufgabe zu bearbeiten?

Nun gibt es viele Gründe, warum übertragene Aufgaben nicht ausgeführt werden. Oft liegt es an mangelnder Kapazität, unterschiedlichen Prioritäten, mangelnden Fähigkeiten oder schlichtweg daran, dass die Erledigung einer Aufgabe vergessen wurde. Kontrolle ist unbedingt nötig. Der Kontrollaufwand wird allerdings im Regelfall mit zunehmender Länge der Zusammenarbeit abnehmen. Es ist wichtig, das Ergebnis zu kontrollieren, weniger das Vorgehen, um das Ergebnis zu erreichen. Das Vorgehen und das Verhalten sollten nur dort kontrolliert werden, wo ein bestimmtes Vorgehen oder Verhalten zwingend einzuhalten ist. Zum Beispiel im Rahmen der Arbeitssicherheit oder aufgrund von Kundenvorgaben.

Haben die Mitarbeiter erst einmal erkannt, dass aufgrund einer strukturierten Vorgehensweise durchaus kontrolliert wird und nicht erledigte Aufgaben angesprochen werden, steigt der Erfüllungsgrad der Aufgaben nachhaltig. Gleichzeitig erhalten Sie frühzeitig Rückmeldung über eventuell aufgetretene Probleme. Es ist dabei sinnvoll, delegierte Aufgaben schriftlich festzuhalten und im Rahmen eines Wiedervorlagesystems daran erinnert zu werden.

Echtes Interesse am Gegenüber

Für wen würden Sie mehr tun, für einen Freund oder einen Fremden? Natürlich für einen Freund. Der Grund liegt darin, dass Sie eine positive Beziehung miteinander verbindet. Eine Beziehung lässt sich wiederum nur aufbauen, wenn man sich für sein Gegenüber interessiert und an seinem Leben teilnimmt.

Das soll hier natürlich nicht bedeuten, dass man gleich mit jedem Mitarbeiter eine tiefe und innige Freundschaft schließen soll. Es ist aber hilfreich, vom Gegenüber mehr zu wissen als die Funktion im Unternehmen und gegebenenfalls noch die fachlichen Schwächen und Stärken. Dadurch können die Verhaltensweisen und Einstellungen des anderen besser verstanden werden. Gleichzeitig signalisiert das Interesse dem Gegenüber Wertschätzung.

Wie stark wird sich ein Mitarbeiter im Projekt engagieren, der private Probleme hat, sei es mit dem Hausbau, den pflegebedürftigen Eltern oder den pubertierenden Kindern? Vielleicht ist eines der genannten Probleme die Ursache für die häufige geistige Abwesenheit des Mitarbeiters. Und das können Sie auch per Befehl und Gehorsam nicht ändern.

Planen Sie also ausreichend Zeit ein, um sich auch über Privates zu unterhalten. Es gibt Ihnen die Möglichkeit, einen besseren Einblick in die Werte, Einstellungen und Verhaltensweisen eines Mitarbeiters zu bekommen.

Achten Sie trotz der knapp bemessenen Zeit in Projekten und des damit verbundenen Stresses erstens auf die Sinngebung der zu lösenden Aufgaben, dies gilt insbesondere für das gesamte Projekt. Erklären Sie, warum das Projekt und die damit verbundenen Ziele zu erreichen sind. Bauen Sie zweitens Vertrauen auf und denken Sie daran: Vertrauen muss wachsen und lässt sich nicht verordnen. Sorgen Sie drittens für klare und eindeutige Vorgaben und bringen Sie viertens den Mitgliedern Ihres Projektteams ehrliches Interesse entgegen.

Warum es trotzdem erstrebenswert ist, Projektleiter zu werden

Nach all den vorangegangenen Ausführungen fragen Sie sich vielleicht, warum es Personen gibt, die die Rolle eines Projektleiters sogar freiwillig übernehmen. Sind Sie vielleicht selbst so einer?

Wie ein Alphawolf im Wolfsrudel so hat auch der Projektleiter eine Vielzahl von Herausforderungen zu meistern. Bei den Wölfen gilt es, ausreichend Jagderfolge zu erzielen, das Rudel gegen Angriffe Fremder zu schützen, Widersachern im Rudel gegenüber zu bestehen und vieles mehr. Im Projekt müssen Kunden zufriedengestellt, Mitarbeiter motiviert, Termine und Kosten eingehalten werden, um nur einige der wichtigsten Punkte zu nennen.

Jeder von uns kennt das Gefühl, das sich einstellt, wenn man eine herausfordernde Aufgabe erfolgreich gelöst hat. Genau dieses Gefühl stellt sich am Ende eines erfolgreichen Projekts ein. Die gelieferte Maschine oder die entwickelte Software läuft, das Organisationsprojekt trägt erste Früchte und die Leistung einer Abteilung steigt.

Mensch haben schon immer besondere Herausforderungen gesucht und bestanden. Nur so ist unsere heute so komplexe Welt mit all ihren Möglichkeiten entstanden. Genau diese Herausforderungen bieten Projekte. Nichts ist Routine, vieles ist neu. So, wie sich Wölfe im Rudel neue Jagdgebiete erschließen, so erschließen wir Menschen uns im Team neue Wissens- und Aufgabengebiete. Hat man sich erst einmal an eine gewisse, unvermeidbare Unsicherheit gewöhnt und sich Vorgehensweisen und Methoden erschlossen, um damit umzugehen, dann kann man auch die herausforderndsten Aufgaben erfolgreich meistern. Und dabei gilt: Nichts ist motivierender als der Erfolg.

Um sich in schwierigen Situationen daher selbst zu motivieren, sollten Sie sich an zurückliegende persönliche Erfolge erinnern. Sie könnten sich zum Beispiel ein persönliches Projekterfolgstagebuch anlegen. In diesem Buch notieren Sie Ihre Erfolge aus durchgeführten oder aktuellen Projekten und die Gründe für den jeweiligen Erfolg.

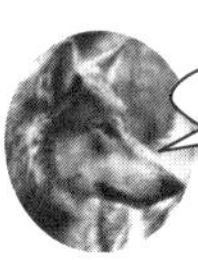

TIPPS MIT BISS

- **Wählen Sie Projektleiter systematisch und kompetenzorientiert aus.**
- **Ermitteln Sie die Erwartungen, die man an Sie als Projektleiter stellt.**
- **Ermitteln Sie Ihr persönliches Kompetenzprofil und runden Sie Ihre Kompetenzen ab.**
- **Weisen Sie Ihre Kompetenzen und Erfolge nach, zum Beispiel durch erworbene Zertifikate.**
- **Vermitteln Sie den Sinn des Projekts oder einer Aufgabe, bauen Sie Vertrauen auf und geben Sie Ihren Teammitgliedern klare eindeutige Vorgaben.**
- **Seien Sie Ihren Mitmenschen gegenüber offen und zeigen Sie echtes Interesse an Ihrem Gegenüber.**

- **Notieren Sie sich Ihre Erfolge, genießen Sie sie und motivieren Sie sich in schwierigen Situationen damit, dass Sie sich vergangene Erfolge vergegenwärtigen.**

3

Wo ist die Beute?

Wie Sie Projektziele ermitteln

Ein ausgewachsener Wolf benötigt je nach Größe und Umweltbedingungen am Tag circa eineinhalb bis drei Kilogramm Fleisch, um bei Kräften zu bleiben. Nun kann es durchaus auch bei Wölfen vorkommen, dass es Tage gibt, an denen sie Diät halten müssen – nicht immer ist ausreichend erlegbare Beute vorhanden. Ein Wolf kann aber durchaus auch bis zu zwölf Kilogramm Nahrung auf einmal aufnehmen. So gesättigt kann er dann einige Tage von seinem Vorrat zehren.

Obwohl der Wolf zu einem der geschicktesten und effizientesten Raubtiere der Erde gehört, ist auch bei ihm nicht jede Jagd von Erfolg gekrönt. Bei einem frei lebenden Rudel in Ontario, das Weißwedelhirsche jagte, wurde in einem Winter eine Erfolgsquote von 25 Prozent, in einem anderen eine Quote von 63 Prozent beobachtet.

Zugegebenermaßen, das sind nicht unbedingt Zahlen, die auf übermäßigen Erfolg schließen lassen – zumindest wenn man es mit unseren menschlichen Maßstäben vergleicht. Doch wenn man sich die raue Wirklichkeit der Natur anschaut, dann sind das schon recht ordentliche Ergebnisse. Diese Zahlen beruhen übrigens auch nur auf einigen wenigen Beobachtungen und haben daher sicherlich nur eine begrenzte Aussagekraft. Der Jagderfolg verschiedener Rudel korreliert unter anderem mit Erfahrung, Jagdtechnik und Kondition der Tiere.

Allen Rudeln gemein ist jedoch, dass sie ein Jagdziel haben. Es ist kaum vorstellbar, dass ein hungriges Rudel ziel- und planlos zu Werke geht und so wertvolle Kraft vergeudet.

Wie hoch ist eigentlich die durchschnittliche Erfolgsquote bei Projekten? Je nach bemühter Quelle liegen die Erfolge gerade einmal bei 15 bis 30 Prozent. Auch wenn diese Zahlen sicherlich sehr differenziert zu betrachten und zu bewerten sind, so sind sie sicherlich kein Beweis von überbordendem Erfolg – ohne das jetzt mit den Erfolgsquoten von Wölfen bei der Jagd vergleichen zu wollen.

Wie misst man den Erfolg von Projekten? Bei der Jagd der Wölfe ist eine Erfolgsmessung zumindest aus unserer Sicht relativ einfach. Erfolgreich ist, was satt macht. Soll heißen: Wurde ein Beutetier erlegt und hat das Rudel Futter, so ist die Jagd als erfolgreich zu betrachten.

Bei Projekten ist der Erfolg definiert durch das Erreichen der vorher festgelegten Ziele und der Zufriedenheit der Stakeholder. Um ein Projekt als erfolgreich oder nicht erfolgreich bezeichnen zu können, bedarf es vorab der Definition von Zielen.

3.1 Die Ausrichtung des Rudels – Welche Funktionen Ziele haben

Ein Rudel ist wie ein Unternehmen keine Ansammlung von homogenen Individuen. Es ist vielmehr dadurch geprägt, dass sich Individuen mit unterschiedlichen Erwartungen, Erfahrungen, Fähigkeiten und Vorlieben freiwillig zusammengeschlossen haben. Wie würde die Jagd eines Rudels ohne gemeinsames Ziel ablaufen? Der Alpharüde würde vermutlich einem anderen Beutetier hinterherhetzen als die Alphafähe. Diese wiederum hätte ein anderes Tier im Auge als der Wolf 3 und dieser würde in höchster Erregung wieder einem anderen Beutetier nachsetzen als Wolf 4. Wolf 5 hingegen hätte beschlossen, ein dreitägiges Fasten durchzuführen und würde daher faul auf einer Anhöhe dem bunten Treiben zuschauen. Vermutlich würden sich alle Tiere nach einer Weile recht frustriert und hungrig wiedertreffen, da keines der Tiere erfolgreich gewesen wäre. Genau aus diesem Grunde wird in einem Rudel bei der Jagd ein gemeinsames Ziel festgelegt. Dieses Ziel hat somit Orientierungsfunktion für alle an der Jagd beteiligten Tiere.

Die Wichtigkeit von Projektzielen ergibt sich, ebenso wie bei den Wölfen, aus ihren Funktionen. Ziele allgemein und natürlich auch Projektziele haben die folgenden Funktionen:

- Orientierungsfunktion,
- Verbindungsfunktion,
- Koordinationsfunktion,
- Kontrollfunktion,
- Selektionsfunktion.

Die *Orientierungsfunktion* der Ziele vermittelt den am Projekt Beteiligten, wohin die Reise geht. Ähnlich der Zielmarkierung in einer Landkarte haben alle Mitarbeiter eine erste Vorstellung, in welche Richtung sich das Team zu bewegen hat.

Verbindungsfunktion haben Ziele, die zumindest zum Teil von den Betroffenen selbst formuliert sind – ein in der Projektrealität kein ganz leichtes Unterfangen, da häufig die Ziele von außen vorgegeben werden. Es lohnt sich jedoch, innerhalb des in der Regel immer zur Verfügung stehenden Spielraums mit den Beteiligten die Ziele zu formulieren beziehungsweise zumindest noch nicht festgelegte Teilziele zu definieren. Dies erhöht die Bindung der Beteiligten an das Projekt und schafft schneller ein Gemeinschaftsgefühl.

In Projekten wird arbeitsteilig gearbeitet. Mehrere Unternehmen, Abteilungen oder Personen arbeiten gemeinsam an einem zu erreichenden Endergebnis. Die *Koordinationsfunktion* der Ziele unterstützt den Abgleich der Beteiligten untereinander und ordnet ihnen Ressourcen, zum Beispiel in Form von Finanzmitteln, zu.

Es lässt sich nur kontrollieren, was vorher einmal festgelegt wurde. Daher sind schriftlich festgelegte Ziele Grundlage für einen Soll-Ist-Vergleich und haben somit *Kontrollfunktion*. Mithilfe einer regelmäßig durchgeführten Kontrolle lassen sich Fehlentwicklungen frühzeitig erkennen. Gleichzeitig lässt sich anhand der schriftlich festgelegten Ziele auch die Frage beantworten, ob vom Auftragnehmer noch Leistungen zu erbringen sind oder aber ob die vom Auftraggeber geforderte Leistung in ausreichendem Umfang erbracht wurde.

In Projekten müssen vielfältige Entscheidungen sowohl vom Auftraggeber als auch vom Auftragnehmer getroffen werden. Bei der Auswahl der richtigen Alternative unterstützen gut formulierte und schriftlich fixierte Ziele nachhaltig. Somit haben sie auch eine *Selektionsfunktion*.

Natürlich reicht es in der Regel nicht aus, sich nur mit den Zielen zu beschäftigen, die direkt das Projekt betreffen, sondern es gilt, auch die individuellen Ziele der Projektbeteiligten beziehungsweise der vom Projekt betroffenen Personen oder Personengruppen zu beachten.

3.2 Den Überblick bewahren – Wie Sie Ziele einteilen können

Im Gegensatz zu einem Wolfsrudel auf der Jagd werden Sie in Projekten eher selten nur ein Ziel verfolgen. Um die Übersicht zu behalten, ist es daher ratsam, die angestrebten Ziele zu unterteilen. Wie schon bei den Projektarten kann man hierbei auf unterschiedliche Klassifizierungen zurückgreifen. Die wohl bekannteste Unterteilung von Zielen orientiert sich an deren Fristigkeit. So können Ziele in kurzfristige, mittelfristige und langfristige Ziele unterteilt werden.

Diese drei unterschiedlichen Fristigkeiten beschreiben im Rahmen der Unternehmensführung Ziele, die innerhalb eines Jahres, innerhalb von ein bis drei Jahren und in einem Zeitraum von mehr als drei beziehungsweise fünf Jahren zu erreichen sind. Nun haben nicht alle Projekte eine Projektdauer von mehr als drei Jahren. Trotzdem ist diese Einteilung bei entsprechender Anpassung der Zeiträume gerade bei mehrjährigen Projekten durchaus hilfreich.

In Projekten kenne wir sogenannte „Quick Wins". Hierbei handelt es sich um erste schnelle Erfolge, die nach der zuvor dargestellten Einteilung kurzfristigen Zielen entsprechen würden, die bei einem Projekt zum Beispiel innerhalb der ersten vier Wochen erreicht werden müssten. Diese schnell zu erreichenden Ziele haben häufig starke Auswirkungen auf die Motivation der Projektbeteiligten.

Eine weitere Einteilung ist die Einteilung in:

- Ergebnisziele,
- Vorgehens- oder Prozessziele,
- Nutzungsziele.

Bei Ergebniszielen handelt es sich um die Ziele, die am Ende eines Projekts in Form einer erstellten Leistung überprüfbar sind und der Leistung im magischen Dreieck des Projektmanagements entsprechen, das aus den drei Zielgrößen Leistung, Kosten und Zeit besteht (siehe Bild 3.1).

So handelt es sich zum Beispiel bei dem Ziel „bezugsfertiges Einfamilienhaus mit 150 Quadratmetern" um ein Ergebnisziel.

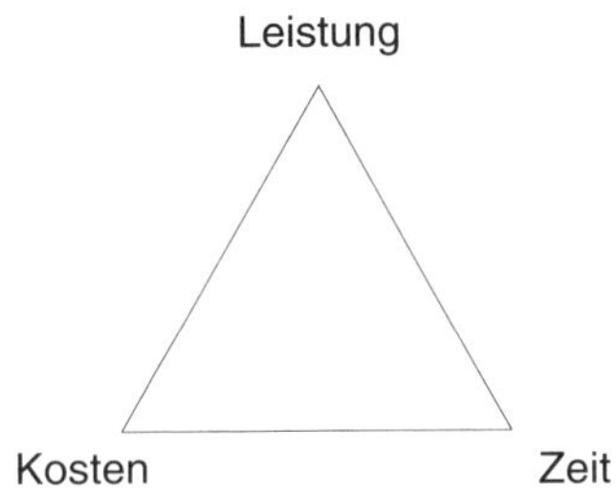

Bild 3.1 Magisches Dreieck des Projektmanagements

Vorgehens- oder Prozessziele beschreiben Realisierungsbedingungen, die im Rahmen der Projektdurchführung zu berücksichtigen sind. Ein Vorgehensziel ist zum Beispiel „Abnahme aller Gewerke des Einfamilienhauses durch einen Bausachverständigen".

Beide Arten von Zielen lassen sich spätestens am Projektende auf Zielerreichung hin überprüfen. Demgegenüber lässt sich die dritte Zielkategorie erst nach Beendigung eines Projekts und Nutzung der entstandenen Projektleistung auf Erfüllung hin überprüfen. „Maximale Betriebskosten in Höhe von xx Euro pro Quadratmeter" wäre der Kategorie Nutzungsziele zuzuordnen. Die realen Betriebskosten können erst nach Inbetriebnahme eines Gebäudes ermittelt werden. Zu diesem Zeitpunkt ist das Projekt aber in der Regel für den Auftragnehmer schon beendet.

Als dritte Möglichkeit können Ziele unterschieden werden in

- quantitative Ziele und
- qualitative Ziele.

Quantitative Ziele sind hierbei „harte" Ziele, die sich zahlenmäßig eindeutig erfassen und bewerten lassen. Ein quantitatives Ziel in Bezug auf das oben schon bemühte Bauprojekt heißt „maximale Baukosten von 250 000 Euro".

Demgegenüber ist das Ziel „Erstellung des Gebäudes unter minimaler Lärmbelästigung der Anwohner" ein rein qualitatives und somit ein „weiches" Ziel. Qualitative Ziele lassen sich nur über Hilfsgrößen oder subjektive Bewertung überprüfen.

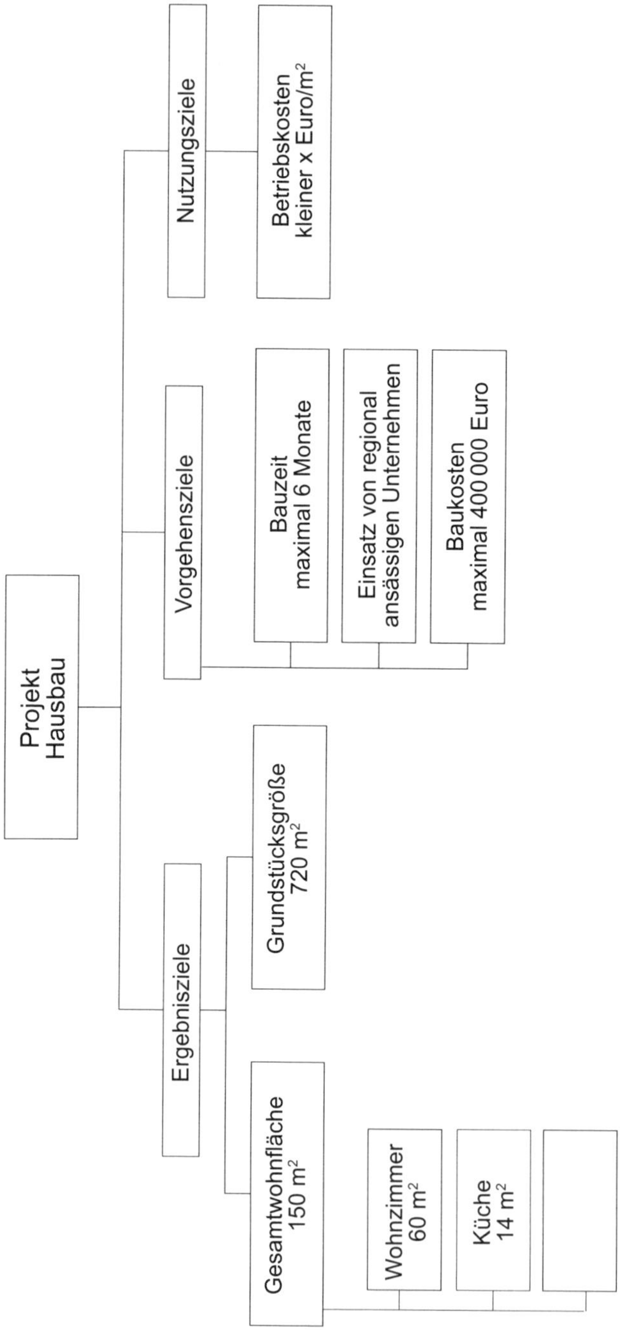

Bild 3.2 Zielhierarchie

Die genannten Zielkategorien sind natürlich miteinander kombinierbar. So gibt es in der Regel bei jedem Projekt qualitative und quantitative Ergebnis- und Prozessziele. Ebenso lassen sich qualitative und quantitative Ergebnisziele festlegen.

Da sich ein Ziel zumindest bei entsprechender Größe und Komplexität in Teilziele aufteilen lässt, lassen sie sich hierarchisch darstellen, wie zum Beispiel in Bild 3.2.

Durch eine wie in Bild 3.2 aufgebaute Zielhierarchie erkennt man bestehende Abhängigkeiten der Ziele untereinander leichter und kann so die Auswirkungen der festgelegten Ziele aufeinander überprüfen. Dabei lassen sich verschiedene Arten von Beziehungen finden. Die Ziele können sich zueinander:

- antinomisch,
- konkurrierend,
- neutral,
- komplementär oder
- identisch

verhalten.

Liegt eine Zielantinomie vor, so schließen sich zwei Ziele vollständig aus. Es kann lediglich eines der Ziele erreicht werden. Zur Lösung dieses Konfliktes bedarf es klarer Prioritäten. Beispielsweise muss eines von zwei Zielen gestrichen oder zumindest verändert werden.

Zielkonkurrenz ergibt sich, wenn das eine Ziel nur auf Kosten des anderen Ziels erreicht werden kann oder die Zielerreichung zumindest negativ beeinflusst wird.

Zielneutralität heißt, dass zwei Ziele keinerlei Einfluss aufeinander nehmen. Sie sind unabhängig voneinander erreichbar.

Komplementär verhalten sich Ziele, die sich gegenseitig unterstützen. Wird das eine Ziel erreicht, so erleichtert beziehungsweise unterstützt es die Erreichung des anderen Ziels.

Eine Zielidentität ergibt sich, wenn zwei Ziele ein und denselben Inhalt haben, jedoch mit unterschiedlichen Worten beschrieben wurden. Dies passiert häufig, wenn Ziele von verschiedenen Projektbeteiligten isoliert aufgestellt werden.

Nach der Definition der Ziele gilt es also nun, mögliche Zielkonflikte zu lokalisieren und diese dann durch geeignete Maßnahmen entweder zu eliminieren oder aber zumindest abzuschwächen. Sind auftretende Zielkonflikte sehr stark ausgeprägt und können diese nicht zufriedenstellend gelöst werden, so kann dies zu einer kompletten Neudefinition der Ziele führen.

Verwenden Sie bei der Ermittlung von Zielen verschiedene Zielklassen. Zielklassen erleichtern Ihnen das Ermitteln und Beschreiben von Zielen und Sie verschaffen sich dadurch einen besseren Überblick über die Ziele. Überprüfen Sie nach der Ermittlung der einzelnen Ziele die Beziehungen der ermittelten Ziele untereinander.

3.3 Lohnenswerte Ziele für das Rudel – Wie Sie Ihre Ziele ermitteln

Ein gut gefüllter Magen ist ein kurzfristiges Ziel eines Wolfes. Das mittelfristige Ziel heißt Reproduktion der eigenen Gene. Das langfristige Ziel ist die Erhaltung der Art. Die Erreichung der kurzfristigen Ziele unterstützt also zwangsläufig die Erreichung der mittel- und langfristigen Ziele. Verschwendung von Kräften bei den kurzfristigen Zielen bedeutet für frei lebende Wölfe zumindest längerfristig den Tod, womit die mittel- und langfristigen Ziele gefährdet werden. Daher sind Wölfe bestrebt, sich ein möglichst genaues Bild über den Zustand ihrer Beute zu machen, bevor sie ihr nachsetzen. Ein Rudel würde zum Beispiel niemals einem kerngesunden Hirsch über Kilometer nachjagen, denn die Chancen, ihn zu erlegen, sind gering.

Wie wichtig die sorgsame Auswahl und die realistische Einschätzung von Zielen sind, zeigt sich, wenn man sich die Jagderfolge der jugendlichen Tiere eines Rudels anschaut. Diese liegen nach Aussage der Verhaltensforscher Günther und Karin Bloch bei gerade einmal drei Prozent. Erst mit zunehmendem Alter und indem sie das Verhalten der Alttiere genau beobachten, sind die Wölfe in der Lage, Ziele, sprich eine mit vertretbarem Aufwand erlegbare Beute, realistisch zu ermitteln und einzuschätzen.

Ältere, erfahrene Wölfe können einem potenziellen Beutetier aufgrund der Körpersprache sehr schnell ansehen, ob es erreichbar und erlegbar ist oder ob

es aufgrund einer guten körperlichen Konstitution Reißaus nimmt. Etwas schwieriger wird es, wenn es eine Vielzahl potenzieller Ziele, zum Beispiel in Form einer Karibuherde, gibt. Dann gestaltet sich die Auswahl schon etwas schwerer. Doch auch für diese Situation haben die Wölfe eine Lösung entwickelt. Der kanadische Biologe Farley Mowat hat eine Situation beobachtet, in der ein Wolfsrudel eine Art Markttest durchführte. Die Wölfe rannten zuerst scheinbar unkoordiniert in eine Karibuherde hinein, worauf diese auseinanderstob. Diese auf den ersten Blick wenig sinnvolle Aktion hatte das Ziel, die schwachen und kranken Tiere in der Herde zu lokalisieren. Nachdem dies geschehen war, zogen sich die Wölfe für kurze Zeit zurück, um sogleich gemeinsam, koordiniert und mit vertretbarem Aufwand, ein ausgewähltes Tier zu jagen und zu erlegen.

Wie bei den Wölfen, so auch in Projekten. Es gibt Ziele, die hat man aufgrund von eigenen Erfahrungen oder der Erfahrung von Teammitgliedern sehr schnell lokalisiert, bewertet und festgelegt. In anderen Situationen und Projekten gestaltet sich die Zielfestlegung ungleich schwerer. In diesen Situationen beziehungsweise bei diesen Projekten ist eine systematische Zielfindung mithilfe verschiedener Methoden sehr hilfreich. Zur Anwendung kommen zum Beispiel die unterschiedlichsten Methoden aus dem Bereich der Kreativitätstechnik. Hierbei lassen sich die Verfahren unterscheiden in

- intuitive Verfahren und
- diskursive Verfahren.

Die intuitiven Verfahren verfolgen die Entwicklung einer möglichst großen Anzahl von Ideen. Bei diesen Verfahren sind zumindest in der Ideenfindungsphase Ideen erwünscht, die weit über die eigentliche Aufgabenstellung hinausgehen. Nach einer anschließenden Bewertung und Selektion werden dann die Ideen weiterverfolgt, die Erfolg versprechend sind. Die große Anzahl der Ideen, die teilweise weit über den zuerst anvisierten Lösungsraum hinausgehen, bildet die Grundlage für neue kreative Ansätze und Ziele. Je nach Aufgabenstellung wird so das Projektziel oder aber Teileziele festgelegt.

Aufgrund ihrer leichten Anwendbarkeit und der erzielten guten Ergebnisse bieten sich folgende Methoden an:

Brainstorming

Eine Aufgabenstellung wird von einem Moderator einem Kreis von in der Regel nicht mehr als sieben Personen so vorgestellt, dass alle auf dem gleichen Informationsstand sind. Anschließend werden die Teilnehmer um Zuruf ihrer Ideen gebeten. Die genannten Ideen werden auf einem Flipchart ohne Bewertung notiert. Neben der Protokollierung der Ideen ist es die Aufgabe des Moderators, sogenannte „Killerphrasen" und mögliche Bewertungen zu unterbinden. Um die Zusammenkunft nicht endlos auszudehnen, ist es ratsam, von vornherein eine Zeit zu vereinbaren, nach der die Ideenfindung abgeschlossen wird. Bei den meisten Aufgabenstellungen sind 30 Minuten zur reinen Ideenfindung ausreichend. In dieser Zeit lassen sich, je nach Themenstellung und Schreibgeschwindigkeit, durchaus bis zu 45 Ideen festhalten. Nach dieser Zeit erfolgt die Ideenbewertung mithilfe festgelegter Kriterien.

Brainwriting-Methode 6-3-5

Zur Anwendung dieser Methode werden sechs Teilnehmer benötigt. Jeder der Teilnehmer erhält nach Vorstellung der Aufgabenstellung und Herstellung eines gleichen Informationsstandes ein Blatt Papier,

Aufgabenstellung:

Mögliche Lösungen

	1	2	3
1			
2			
3			
4			
5			
6			

Bild 3.3 Arbeitsblatt 6-3-5

auf dem eine leere Tabelle mit drei Spalten und sechs Zeilen vorgedruckt ist (Bild 3.3). Die Teilnehmer notieren nun jeweils drei Ideen innerhalb von fünf Minuten auf dem vor ihnen liegenden Blatt Papier. Nach fünf Minuten wird das Papier im Uhrzeigersinn an den nächsten Teilnehmer weitergegeben. Jedes Blatt wird nun so lange weitergereicht, bis jeder der Teilnehmer die sechs Blätter bearbeitet hat. Beim Ausfüllen der Zeilen ist es sowohl erlaubt, neue Ideen zu notieren, als auch schon genannte weiterzuentwickeln. Im Idealfall entstehen so innerhalb einer halben Stunde 108 Ideen. In der Praxis ist dieser Wert jedoch schwer zu erreichen. Ebenso wie beim Brainstorming gilt es, im Nachgang die erarbeiteten Ideen zu bewerten.

Morphologischer Kasten

Diskursive Verfahren verfolgen eine systematische Informationssammlung sowie deren strukturierte Darstellung. Durch Kombination der unterschiedlichen Teilinformationen entstehen so neue Lösungsansätze beziehungsweise Ideen. Das bekannteste Verfahren wurde unter dem Begriff des morphologischen Kastens von dem Schweizer Astrophysiker Fritz Zwicky entwickelt. Bei diesem Verfahren wird eine Aufgabenstellung systematisch in sogenannte Parameter und deren Ausprägungen zerlegt. Nachdem die Parameter festgelegt und deren Ausprägungen ermittelt wurden, werden jetzt die Ausprägungen der unterschiedlichen Parameter miteinander kombiniert und anschließend bewertet (Bild 3.4).

Parameter	***Ausprägung der Parameter***					
		1	2	3	4	...
Form	A	Zylinder	Quader	Pyramide	Kegel	...
Material	B	Pappe	Kunststoff	Holz	Metall	...
Farbe	C	Grau	Grün	Rot	Gelb	...
Dekor	D	ohne	Sterne	Streifen	Kreise	...
...	...	...	...	...	...	...

Bild 3.4 Morphologischer Kasten, Beispiel: Ideensammlung zum Thema Verpackungsmaterial

Neben den hier aufgeführten Ideenfindungs- und Kreativitätstechniken gibt es natürlich eine Vielzahl weiterer Techniken. Mit welcher Vorgehensweise Sie auch immer Ihre Projektziele festlegen, es reicht nicht, mögliche Ziele zu lokalisieren, sondern Ziele müssen, um die am Anfang dieses Abschnittes genannten Funktionen zu erfüllen, auch eindeutig und verständlich beschrieben werden.

3.4 WOLF – Wie Sie Ziele konkret beschreiben

Wie kann man Ziele so definieren und beschreiben, dass sie von den am Projekt Beteiligten möglichst akzeptiert und eigenständig verfolgt werden? Hat ein Wolf eines Rudels, zum Beispiel der Alphawolf, eine mögliche Beute lokalisiert, so muss er die restlichen Mitglieder der Jagdgruppe über die Beute informieren und ihnen diese schmackhaft machen. Nur so ist sichergestellt, dass alle Tiere ein und dasselbe Ziel in Angriff nehmen und koordiniert auf die Jagd gehen.

Das, was eigentlich so logisch und nachvollziehbar klingt, wird in vielen Projekten sträflich vernachlässigt. Fragen Sie einen Projektmitarbeiter nach den Zielen oder aber auch nur nach den Teilzielen eines Projekts. Sie werden häufig Antworten wie diese erhalten: „Das weiß ich auch nicht, dafür sind andere zuständig." Wie, bitteschön, will man mit einer Gruppe gemeinsam auf Reisen gehen, wenn man kein gemeinsames Ziel hat? Jeder von uns, der schon einmal versucht hat, eine Gruppe von Besuchern, Wanderern oder Mitarbeitern ohne klar definiertes Ziel zu führen, hat vermutlich die Erfahrung gemacht, dass dieses Unterfangen wenig Erfolg, aber dafür viel Stress mit sich bringt. Ein jeder läuft in eine andere Richtung, einer bleibt stehen, einer rennt voraus, um nur einige der Verhaltensweisen zu beschreiben.

Ähnliches geschieht in Projekten, in denen die Ziele nicht klar definiert, beschrieben und kommuniziert sind. Es reicht also nicht aus, Ziele zu definieren und blumig zu beschreiben. Die Projektziele müssen außerdem kommuniziert werden. Wenn es nicht gerade hochbrisante Projekte sind, spricht in der Regel auch nichts dagegen, die Projektziele zumindest im Projektteam bekannt zu geben. Wie kann man jetzt aber Ziele eindeutig, nachvollziehbar und kontrollierbar beschreiben? Dabei hilft wieder einmal der Wolf:

- W = Was ist konkret zu erreichen?
- O = Objektiv messbare Kriterien zur Erfolgskontrolle vorhanden?

- L = Lösungsneutrale Definition des Ziels gegeben?
- F = Forderndes, aber nicht überforderndes Ziel beschrieben?

Nachfolgendes Beispiel eines Organisationsprojekts erläutert, was diese vier Fragen konkret bedeuten.

Das definierte Hauptziel heißt; „Reduzierung der durchschnittlichen Rüstzeiten der letzten drei Monate um mindestens zehn Prozent an einer Fräsmaschine bis zum 15. Juli 2007."

W: Ist die Zielbeschreibung konkret? Ja, die Mitarbeiter wissen, was zu erreichen und zu machen ist – es geht um die Reduzierung der durchschnittlichen Rüstzeiten der letzten drei Monate.

O: Ist die Zielerreichung objektiv messbar? Die Erreichung des Ziels ist deshalb messbar, weil sich der Auftraggeber am 15. Juli 2007 die neue Rüstzeitauswertung anschauen kann und mit der Auswertung, die als Grundlage diente, vergleichen kann. Liegt die neue durchschnittliche Rüstzeit um zehn Prozent oder mehr unter dem alten Wert, so ist das Ziel erreicht und das Projektteam hat im Hinblick auf dieses Ziel erfolgreich gearbeitet.

L: Ist das Ziel lösungsneutral beschrieben? Ja, in der Definition steckt noch keine Vorgabe hinsichtlich der Realisierung. Hierdurch wird ein zu frühzeitiges einseitiges Denken vermieden, denn zur Senkung der Rüstzeit gibt es viele verschiedene Ansätze, deren Sinnhaftigkeit erst einmal zu überprüfen ist. Nach Rom führen bekanntlich viele Wege.

F: Die Frage, ob etwas fordernd oder überfordernd ist, ist immer vom Standpunkt des Betrachters abhängig. Daher ist es sehr ratsam, einmal den Standpunkt derer einzunehmen, die das definierte Ziel zu erreichen haben. Am einfachsten erhält man hierbei Hinweise auf eine Über- oder aber Unterforderung, wenn man die vom Ziel Betroffenen zu Beteiligten des Zielfindungsprozesses macht. Zugegeben, dadurch wird der Aufwand für die Zieldefinition zwar erhöht, aber man erkennt frühzeitig stark divergierende Vorstellungen, kann sich so darüber verständigen und erhält letztendlich eine wesentlich höhere Akzeptanz der Projektziele.

Bei Organisationsprojekten kann das Festlegen von objektiv messbaren Kriterien schwieriger sein – zumindest im ersten Anlauf. Wie will man beispielsweise bei einem Projekt, das zum Ziel hat, gering qualifizierte Mitarbeiter weiterzuqualifizieren, die Zielerreichung messen? Die Anzahl der qualifizierten Mitarbeiter könnte eine Größe sein, die Durchschnittsnote aller Teilnehmer beim Schlusstest eine andere. Somit ergeben sich auch für dieses Projekt wieder messbare Größen.

Am Anfang eines Projekts müssen die Messkriterien festgelegt werden. Nur so lässt sich der Erfolg – oder auch der Misserfolg – von Projekten transparent machen.

3.5 Die Beute ist zu schnell – Wie Sie Fehlschläge durch Zielkorrektur vermeiden

Nicht immer ist die Jagd der Wölfe von Erfolg gekrönt. Selbst bei noch so sorgfältiger Auswahl der potenziellen Beute kann es aufgrund von unterschiedlichen Einflüssen passieren, dass das zuerst angestrebte Ziel korrigiert werden muss. Es kommt immer wieder vor, dass Beutetiere, die auf den ersten Blick schwächlich aussahen, putzmunter und quietschfidel sind und ihren Angreifern schlichtweg davonrennen.

Das Gleichgewicht von Beutetieren und Beutegreifern ist in der Natur gut ausbalanciert. Die Natur hat im Zuge der Evolution sowohl die Beutetiere als auch ihre Angreifer zahlreiche Fähigkeiten entwickeln lassen, die ein Überleben beider Arten sicherstellen. Nur durch den Eingriff des Menschen wird dieses Gleichgewicht gestört.

Stellen Sie sich also einmal ein Wolfsrudel inmitten der kanadischen Wildnis vor, wie es einem Hirsch hinterhersetzt. Dieser Hirsch ist vermutlich nur ungern die nächste Mahlzeit für unser Rudel und wird alles daransetzen, ihm zu entkommen. Dabei ergreift er die unterschiedlichsten Maßnahmen. Er versucht den Wölfen davonzurennen, er versucht sich durch den nahe liegenden Fluss in Sicherheit zu bringen oder er wird mit seinem mächtigen Geweih zum Gegenangriff blasen. Egal, was er nun tut, es hat Einfluss auf die Erreichung des von den Wölfen ursprünglich ins Auge gefassten Ziels. Der zuerst eingeplante Aufwand für das Erlegen der Beute steigt dabei bisweilen erheblich. Ein zuvor als gering eingestuftes Verletzungsrisiko für die Wölfe stellt sich als viel größer heraus. Für die Wölfe stellt sich somit die Frage, ob sie an ihrem zuerst ins Auge gefassten Ziel festhalten sollen oder ob es korrigiert werden muss. Auch wenn Wölfe sich als sehr ausdauernd erweisen und teilweise kilometerlang ihrer Beute nachsetzen, sind sie doch klug genug, um aufzugeben, wenn Aufwand und Ertrag in einem Missverhältnis stehen.

Wären wir Menschen doch immer genauso klug. Bei vielen Projekten wird an einem einmal ins Auge gefassten Ziel festgehalten, koste es, was es wolle. Seien es nun persönliche Gründe – wer gibt schon gerne zu, dass man sich verschätzt hat? Oder sachliche Gründe – ein Material oder eine Technik hält vielleicht nicht, was man von ihr erwartet hat. Es wird nicht rechtzeitig die Notbremse gezogen, sinnvolle Korrekturen der Ziele werden verpasst. Deadlines werden immer wieder verschoben, Gelder nachgeschossen, Funktionen reduziert – bis dass man am Ende dann doch zu der Erkenntnis kommt, dass das angestrebte Ziel zu einer nicht mehr handhabbaren Komplexität eines Systems führt. Sinnvoller wäre es in vielen Fällen, die Ziele oder zumindest die Teilziele frühzeitig zu korrigieren beziehungsweise zu reduzieren.

Ebenso wie die Wölfe das tun, sollten Sie daher von Zeit zu Zeit Ihre Projektziele oder Teilziele überprüfen. Hilfreich ist auch die Entwicklung von Frühindikatoren, die auf eine mögliche Zielkorrektur frühzeitig hinweisen. Neben der Festlegung der Ziele müssen Sie dafür noch die relevanten Einflussfaktoren auf die Ziele ermitteln. Es geht dabei allerdings nicht darum, eine große Anzahl von Kennzahlen aufzubauen, sondern lediglich die zwei bis fünf Indikatoren zu ermitteln, die ein angestrebtes Ziel nachhaltig beeinflussen. So werden die Ziele eines Entwicklungsprojekts im Maschinenbau beispielsweise nachhaltig durch die seit Jahren ansteigenden Rohstoffpreise beeinflusst. Bei Entwicklungsprojekten oder Investitionsprojekten spielen beispielsweise zumindest bei internationalen Projekten mögliche Wechselkursschwankungen eine große Rolle. Durch die Definition von Schwellenwerten, zum Beispiel maximale Rohstoffpreise oder Wechselkurse, gibt es wieder klare Kriterien zur Anpassung der Ziele. Die angesprochenen Einflussgrößen sind mithilfe einer Projektumfeldanalyse und einer Risikoanalyse zur ermitteln. Auf beides wird im Kapitel 7 noch genauer eingegangen.

Da mit fortschreitendem Projektablauf auch die Informationsmenge und die Informationsqualität zunehmen, lässt sich die Zielerreichung immer genauer einschätzen. Es hat sich als hilfreich herausgestellt, mindestens an den jeweiligen Phasenübergängen eines Projekts die Ziele noch einmal zu überprüfen und falls nötig anzupassen.

Wovor allerdings nur gewarnt werden kann, ist die Anpassung der Ziele im Dreivierteltakt. Ist dies vonnöten, darf man unterstellen, dass die Ausgangslage nicht ausreichend analysiert wurde. Bei Projekten, die über mehrere Jahre hinweg laufen, ist eine Zielkorrektur aufgrund neuer Erkenntnisse oder sich stark ändernder Einflüsse eher wahrscheinlich und akzeptabel als bei kurz laufenden Projekten, deren Projektdauer nur bei einigen Monaten liegt.

- **Legen Sie am Anfang des Projekts gemeinsam mit dem Auftraggeber Projektziele fest.**
- **Denken Sie über die eigentlichen Projektziele hinaus und ermitteln Sie die Nutzungsziele.**
- **Erarbeiten Sie Teilziele und bauen Sie eine Zielhierarchie auf.**
- **Nutzen Sie gegebenenfalls Kreativitätstechniken zur Ermittlung von Zielen.**
- **Beschreiben Sie die Projektziele eindeutig und überprüfbar, denken Sie an das Akronym WOLF.**
- **Überprüfen Sie die definierten Ziele von Zeit zu Zeit und korrigieren Sie sie wenn nötig.**

4 Rudelbildung
So formieren Sie Projektteams

Wölfe lernen bereits als Welpen, wie sie sich als Teil eines Rudels zu verhalten haben. Sie erfahren oft schmerzhaft, was es heißt, wenn man Spielregeln nicht einhält. Aber sie erleben auch, wie man Konflikte möglichst kräfteschonend löst. Früh gemeinschaftsfördernde Verhaltensweisen einzuüben ist wichtig, damit das Rudel zusammenbleibt und auf der Jagd Erfolg hat.

Daneben gibt es noch eine Reihe weiterer Merkmale für erfolgreiche Rudel. Wölfe können sich im Gegensatz zu Menschen die Verschwendung von Ressourcen einfach nicht leisten. Dafür ist ihre natürliche Umgebung zu rau. Sämtliche Aktivitäten müssen sich daher am gemeinsamen Erfolg messen lassen. Nur so ist ein Rudel in der feindlichen Natur überlebensfähig. Jede Aktivität im Rudel verfolgt denn auch einen bestimmten Zweck und ist auf ein Höchstmaß an Effektivität ausgelegt.

Mit anderen Worten: Wölfe arbeiten in Teams. Genau wie Menschen, bloß besser. Als Projektleiter wissen Sie, dass ein schlagkräftiges und hocheffizientes Projektteam leider kein Geschenk der Natur ist. Da kommt Herr Maier wieder einmal zu spät zum Besprechungstermin, Frau Schulz hat das Protokoll vergessen und Herr Huber wusste gar nichts von einem Meeting. Frau Müller sagt Ihnen, sie habe mit MS Project noch nie gearbeitet und kenne sich da überhaupt nicht aus. Und Herr Schmidt hat klipp und klar zu verstehen gegeben, er könne mit Herrn Maier sowieso nicht zusammenarbeiten, der sei ihm zu dominant. Was für ein Haufen! Dabei läuft Ihr Projekt längst äußerst schleppend und der Auftraggeber macht noch zusätzlich Druck.

Der Unterschied zwischen einem funktionierenden Wolfsrudel und einem durchschnittlichen Projektteam ist klar: Das eine arbeitet effizient, das andere nicht. Dabei finden sich immer wieder die gleichen Hemmnisse für eine erfolgreiche Teamarbeit im Projekt:

- unklare Strukturen und Hierarchien innerhalb des Teams,
- falsch, unzureichend oder gar nicht gesetzte Prioritäten,
- mangelndes Engagement für das gemeinsame Ziel,
- egoistische und unkooperative Teammitglieder,
- falsche Aufgabenverteilung unter den Teammitgliedern.

Alles das erschwert die Zusammenarbeit unter uns Menschen. Bei den Wölfen gibt es diese Probleme nicht. Ebenso wie Menschen sind auch Wölfe auf Interaktion mit ihren Artgenossen angewiesen. Im Gegensatz zu den meisten von uns werden sie jedoch im Rahmen der Sozialisation auf Teamarbeit vorbereitet.

In diesem Kapitel lernen Sie, wie Sie aus einem zusammengewürfelten Haufen ein Wolfsrudel machen können. Gut, vielleicht nicht ganz. Aber zumindest, was die Effizienz angeht. Motivierte, engagierte und kooperative Teammitglieder wünscht sich wohl jeder Projektleiter auf der Welt. Wenn Sie richtig ansetzen, kann der Wunsch Wirklichkeit werden.

4.1 Die Entstehung eines Rudels – Wann Teams vorteilhaft sind

Wölfe brauchen für ihr Verhalten keinen Grund, sondern folgen einfach ihrem Instinkt. Menschen haben keinen vergleichbaren Instinkt. Sie können nur unter zwei Bedingungen ähnlich effizient handeln: unter Zwang oder aus Überzeugung. Da Sie niemand zwingt, Ihre Arbeit zu tun, sollten Sie davon überzeugt sein, dass Teams sinnvoll und nötig sind. Diese Überzeugung überträgt sich dann auf sämtliche Teammitglieder. Daher zunächst die Frage: Brauchen Sie überhaupt Projektteams?

Manche Menschen bezweifeln dies. Sie sind von der Arbeit in ihrem Team so enttäuscht und gestresst, dass sie das Team am liebsten auflösen würden. Aber Alternativen zur Teamarbeit gibt es nicht. Ein Projekt ist per Definition auf interdisziplinäre Teamarbeit angewiesen, handelt es sich doch um eine neuartige und komplexe Aufgabe.

Nehmen wir einmal an, Sie arbeiten in einem Maschinenbauunternehmen und sind als Projektleiter für ein Kundenprojekt zuständig.

Ihre Aufgabe ist es, eine funktionsfähige, der Spezifikation entsprechende Maschine zum vereinbarten Termin an den Kunden zu übergeben. Außerdem haben Sie noch darauf zu achten, dass die kalkulierten Kosten eingehalten beziehungsweise unterschritten werden. Lassen Sie uns nun einmal die im Projektablauf anfallenden Arbeiten betrachten. Zu Beginn des Projekts und nach Klärung der Vorgaben mit dem Auftraggeber gilt es, die Maschine zu konstruieren. Es stellt sich die Frage, wie die technischen Anforderungen des Auftraggebers sowohl mechanisch als auch elektrotechnisch realisiert werden können. Dabei sind unter anderem Konstruktionsprinzipien ebenso wie die Eigenschaften des verwendeten Materials zu beachten.

Das Ergebnis sind Pläne und Zeichnungen, die so gestaltet sein müssen, dass die Personen oder Unternehmen, die im weiteren Fortgang mit diesen Unterlagen arbeiten müssen, möglichst eindeutige Informationen entnehmen können. Hierzu bedarf es der Kenntnis von Konventionen und Normen des technischen Zeichnens.

Nachdem die benötigten Unterlagen erstellt sind, müssen alle erforderlichen Materialien oder Dienstleistungen beschafft werden. Es müssen Lieferanten ausgewählt, Preise und Verträge verhandelt werden. Hierbei sind umfangreiche Marktkenntnisse neben Verhandlungsgeschick gefragt.

Sind nun endlich alle Materialien im Hause, beginnt die Produktion ihre Arbeit. Einzelteile müssen zugeschnitten, gebohrt, gefräst, geschweißt und zu ganzen Baugruppen zusammengesetzt werden. Schritt für Schritt entsteht durch die Montage aller Einzelteile und Baugruppen die endgültige Maschine. Neben der Mechanik der Maschine muss natürlich auch die Elektrik und Elektronik hergestellt werden. Hierzu müssen Kabel verlegt, Schaltschränke verdrahtet und Steuerungen programmiert werden, um nur einige der anfallenden Arbeiten zu nennen.

Nach der Montage der Maschine im eigenen Unternehmen und einer erfolgreichen Abnahme durch den Kunden folgt nun die Montage und Inbetriebnahme beim Auftraggeber. Auch hierbei sind die unterschiedlichsten teils schon genannten Kenntnisse und Fähigkeiten gefragt.

Sicherlich ist die Aufzählung der anfallenden Arbeiten in unserem Beispielprojekt noch nicht komplett, doch sie zeigt, wie umfangreich die benötigten Kenntnisse und Fähigkeiten sind. Wie viele Personen kennen Sie, die in sich all die Anforderungen erfüllen? Und selbst wenn, wären sie in der Lage, eine solche Maschine alleine ohne Zutun anderer herzustellen? Wohl kaum.

Grundsätzlich gibt es immer einzelne Aufgaben, die besser in der Gruppe gelöst werden, und andere Aufgaben, die ein Einzelner besser bewältigt. Das gilt bei den Wölfen wie im Projekt gleichermaßen.

Alles in der Natur hat seinen Zweck. Betrachten Sie einmal die Bildung eines Wolfsrudels und die zugrunde liegenden Muster genauer, so erkennen Sie auch hier Erfolgsmuster der Natur. Wölfe richten sich bei der Rudelbildung primär nach der zu jagenden Beute. Ist die Beute klein und von einzelnen Wölfen zu erlegen, so bleiben sie Einzelgänger.

Die auf der Arabischen Halbinsel lebenden Wölfe, übrigens die kleinsten ihrer Art mit gerade einmal 20 Kilogramm Körpergewicht, jagen alleine. Der Grund ist, dass ihre Beute überwiegend aus Kleinsäugern und Insekten besteht. Nordamerikanische Timberwölfe jagen dagegen in Rudeln von zehn bis 20 Tieren. Die Jagd eines einzelnen Wolfes nach einem ausgewachsenen Elch wäre wohl kaum von Erfolg gekrönt. Ebenso verhalten sich europäische Wölfe. Aufgrund der geringeren Beutegröße, sie jagen hauptsächlich Rotwild, bilden sie jedoch Rudel von nur vier bis zwölf Tieren.

Für die Teamarbeit in Projekten stellt sich also zuerst die Frage, wo Teamarbeit nötig ist und wo ein Einzelner effektiver arbeitet. Stellen Sie sich nur einmal vor, ein kleiner Hase würde von einem Rudel von Wölfen gejagt. Spätestens bei der Verteilung der Beute würde sich zeigen, dass Aufwand und Ertrag in einem krassen Missverhältnis stehen.

Klären Sie immer erst, ob es den Aufwand überhaupt lohnt, ein Team zu bilden. Teambildung an sich löst kein einziges Problem. Im Extremfall verschwenden Sie Ressourcen, ohne einen Schritt weiterzukommen.

Stellen Sie sich die folgenden Fragen, wenn Sie herausfinden möchten, ob bei der Teambildung Aufwand und Ertrag im richtigen Verhältnis stehen:

Was im Team besser gelöst wird – und was nicht

1. Welchen Umfang hat die zu bewältigende Aufgabe und welche Komplexität?

Geht es beispielsweise nur darum, eine schon mehrfach gebaute Maschine erneut zu produzieren? Oder darum, eine komplett neue Maschine zu entwickeln? Kann man auf bewährte Module und Baugruppen zurückgreifen? Wird die herzustellende Maschine alleine oder in Verkettung mit anderen Maschinen eingesetzt? Welche Leistung verlangt der Auftraggeber? Wie groß ist die Bandbreite der mit der Maschine zu be- oder verarbeitenden Materialien? Wie viel Zeit steht zur Verfügung, um die Maschine zu entwickeln, zu testen und auszuliefern? Und wo sitzt Ihr Auftraggeber, im Inland oder im Ausland? Handelt es sich um eine kleine, schon mehrfach gebaute Maschine mit geringen Leistungsanforderungen, die als Einzelmaschine eingesetzt wird, so kann diese womöglich in handwerklicher Form im Alleingang hergestellt werden. In allen anderen Fällen werden Sie auf andere Personen angewiesen sein und auf diese zurückgreifen.

2. Wer kann mit welchem Wissen, mit welchen Erfahrungen und welchen Qualifikationen den Projekterfolg stützen?

Nachdem Sie sich vergewissert haben, dass Sie die Aufgabe nicht alleine bewältigen können, stellt sich die Frage, welche Qualifikationen und Fähigkeiten benötigt werden. Hierzu erstellen Sie am besten eine Anforderungsmatrix (Bild 4.1). Achten Sie darauf, dass die benötigten Eigenschaften nicht nur in allgemeiner Form angegeben sind, sondern dass die Kriterien klar messbar beziehungsweise operational angegeben sind. Legen Sie zwischen sieben und zehn Anforderungskriterien fest. Die Praxis zeigt, dass hierdurch eine differenzierte Personalauswahl mit vertretbarem Aufwand ausreichend genau möglich ist. Gleichen Sie anschließend das Sollprofil mit dem Istprofil möglicher Teammitglieder ab.

3. Wird der Ertrag, die Idee, die Ausführung besser durch eine Zusammenarbeit?

Diese Frage beantwortet sich in der Regel von alleine, nachdem die verschiedenen Anforderungsprofile erstellt und abgeglichen wurden. Erst die Bündelung und Nutzung des unterschiedlichen Know-hows

Funktion: **Konstrukteur**		Benötigte Ausprägung			Istprofil: **Albert Schreier**		
Anforderungskriterien		niedrig	mittel	hoch	niedrig	mittel	hoch
1	Fachkompetenz allgemein: Maschinenbautechniker speziell: Ausbildung im Bereich Computer Aided Engineering (CAE)			x		x	
2	Soziale Kompetenz geht auf andere offen zu, hört aktiv zu, drückt sich verständlich aus		x			x	
3	Methodenkompetenz						
	Moderations- und Präsentationsfähigkeiten	x				x	
	FMEA (Fehlermöglichkeits- und -einflussanalyse)		x				x
4	Projekterfahrung		x				x
5	Sprachkenntnisse	x			x		
6	Auslandserfahrung	x		x			
7	Sonstige Kenntnisse und Erfahrungen Kenntnisse in der Kunststoffverarbeitung			x		x	

Bild 4.1 Anforderungsmatrix

ermöglicht optimale Ergebnisse. Jeder von uns hat sicher schon einmal erlebt, wie schnell man bei eindimensionaler Sicht relevante Informationen übersieht beziehungsweise missachtet.

4. Welche Konsequenzen ergeben sich aus der Zusammenarbeit?

Die Konsequenzen, die sich aus der gewählten Zusammenarbeit ergeben, sind vielfältig und erst sie machen die Teamarbeit zur Herausforderung. Jeder der Beteiligten betrachtet die Aufgabe aus einem anderen Blickwinkel. Ähnlich dem Wolf und dem fliegenden Vogel, die beide einen Baum sehen. Für beide hat er eine ganz unterschiedliche Bedeutung. Gerade deshalb ist es wichtig, dass alle Projektteammitglieder einen gemeinsamen Standort einnehmen, von dem aus sie das Projekt betrachten. Führen Sie daher bei jedem Projekt ein Kick-off-Meeting durch.

Wie groß soll das Team sein?

Steht fest, dass Sie ein Team brauchen, stellt sich die Frage nach dessen optimaler Größe. Das Volumen eines Projekts bestimmt maßgeblich die Anzahl der Teammitglieder. Ebenso wie bei einem Wolfsrudel ist auch in einem Projektteam die Anzahl der Beteiligten nicht statisch.

Lassen Sie uns mit dem Aufbau eines Kernteams beginnen. Ein Kernteam ist definiert als das zentrale Team im Projekt. In ihm müssen die wichtigsten und für den Projekterfolg relevanten Funktionsbereiche eines Unternehmens vertreten sein. In unserem Beispielprojekt aus dem Maschinenbau hieße dies, dass das Kernteam mit jeweils einer Person aus dem Vertrieb, der Konstruktion, dem Einkauf, der Produktion und der Montage besetzt ist. Hinzu kommt die Projektleitung. Damit besteht das Kernteam unseres Beispielprojekts aus sechs Personen. Die ideale Größe eines Projektteams liegt bei fünf bis sieben Personen. Bei dieser Teamgröße sind normalerweise alle relevanten Funktionsbereiche vertreten. Ist das Projektteam kleiner, besteht die Gefahr, dass für das Projekt wesentliche Aspekte aufgrund fehlender Fachkompetenz übersehen werden. Besteht das Projektteam aus mehr als sieben Personen, so erhöht sich der Aufwand für Vertrauensbildung, Kommunikation und Abstimmung enorm. Haben Sie auch schon einmal langatmige ineffektive Besprechungen mit einer großen Anzahl von Teilnehmern erlebt, bei denen zwar schon alles gesagt war, aber noch nicht von jedem?

Natürlich reicht die Anzahl von sieben Teammitgliedern nicht bei jedem Projekt aus. Daher bilden Sie bei Bedarf Subteams (Bild 4.2). Für ihren Aufbau gelten die gleichen Regeln wie für den Aufbau des Kernteams. Jedes Subteam hat einen Teamleiter und untersteht wiederum einem Teammitglied des Kernteams. Auf diese Weise erhalten Sie kleine schlagkräftige Einheiten.

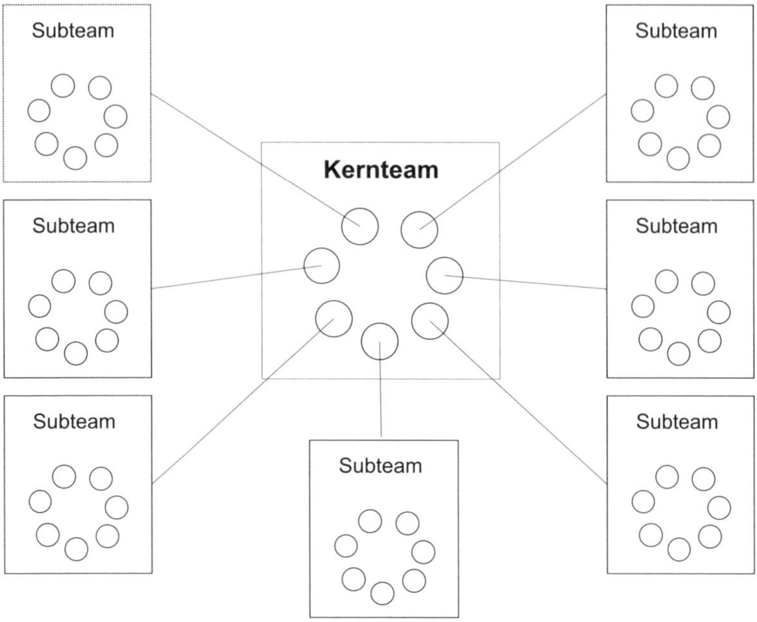

Bild 4.2 Bildung eines Projektteams mit Kern- und Subteams

Das richtige Team für den Projektstart

Zu Beginn gilt es, ein erstes Team aufzustellen, das über möglichst alle im Rahmen der Planung benötigten Kompetenzen verfügt. Welche Kompetenzen benötigt werden, hängt von der jeweiligen Projektart und vom Projektinhalt ab. In unserem Beispielprojekt aus dem Maschinenbau benötigen wir primär den Vertrieb als Mittler zum Kunden, die Konstruktion zur Entwicklung einer fachlich korrekten und fundierten Lösung, den Einkauf zur Beschaffung aller notwendigen Ressourcen, die Produktion zum Bau einer funktionsfähigen Maschine und die Montage zur Installation der Maschine beim Kunden. Hinzu kommt natürlich noch die Projektleitung.

Bei einem Organisations- oder F&E-Projekt wird die Zusammensetzung des Projektteams durchaus unterschiedlich sein. Betrachten Sie deshalb nochmals die ermittelten Ziele und beschreiben Sie konkret den Umfang Ihres Projekts hinsichtlich Leistung, Kosten und Terminen (Bild 4.3). Es ist ein Unterschied, ob Sie durch Neuentwicklung

Projektdatenblatt

Projekttitel:

Projektnummer:

Projektbeschreibung

Ausgangssituation:

Projektinhalt / -nutzen:

ggf. Lasten- oder Pflichtenheft anhängen

Projektziele:

Projektorganisation

Projektdaten

Projektstart:

Projektende:

Projektkosten:

Projektphasen:
-
-
-

Meilensteine:
-
-
-

Projektrisiken:
-
-
-

Projektbeschreibung

____
Projektleitung

Bild 4.3 Projektdatenblatt: Je genauer ein Projekt beschrieben wird, desto leichter lässt es sich umsetzen

eine Millionen Euro teure Anlage innerhalb von wenigen Monaten liefern müssen oder ob es sich um die Anpassung einer bereits vorhandenen Maschine handelt, bei der es sich lediglich um einen Betrag unter 100 000 Euro handelt und für die Sie ausreichend Zeit haben.

Bei einem Projekt mit einem größeren Finanzvolumen bedarf es einer Person oder Abteilung, die sich mit den Gepflogenheiten der Finanzierung und Absicherung von Zahlungen auskennt. Die konkrete Beschreibung Ihres Projekts fördert also automatisch benötigtes Wissen oder benötigte Erfahrungen und Qualifikationen zutage. Womit gleichzeitig die zweite Frage zu beantworten ist. Nun gilt es abzuwägen, ob das zu erwartende Ergebnis durch das Einbringen aller ermittelten Kompetenzen gravierend verbessert wird.

Hier ist neben Erfahrung der gesunde Menschenverstand gefragt. Benötigen wir wirklich für ein Projekt mit einem Volumen von 50 000 Euro ein stark detailliertes Finanzmittelmanagement oder beginnen wir damit erst ab einem Volumen von 100 000 Euro? Fragen, die natürlich auch in Abhängigkeit von der Unternehmensgröße und -ausrichtung zu beantworten sind und nicht unbedingt in den Verantwortungsbereich eines einzelnen Projektleiters fallen sollten. Eine weitere wichtige Frage ist die des Risikos. Welche Risiken ergeben sich zum Beispiel aus dem Fehlen von benötigter Fachkompetenz? In der Praxis wird der Projektleiter häufig als Zehnkämpfer betrachtet, der in Fragen der Menschenführung ebenso bewandert ist wie in den Methoden des Projektmanagements und gleichzeitig die juristischen Kenntnisse eines Staranwalts besitzt. Leider stellt sich im Laufe des Projekts oder nach dessen Abschluss immer wieder die Erkenntnis ein, dass das Hinzuziehen eines Juristen bei der Ausarbeitung des Projektvertrages ratsam und erfolgskritisch gewesen wäre. Mal fehlt es dem Kaufmann an technischer Expertise, mal glaubt der Ingenieur, ein brillanter Kaufmann und Jurist zu sein. Überlegen Sie sich daher genau, welche Kompetenzen für Ihr Projekt erfolgskritisch sind und wie Sie diese abdecken. Erschließen Sie sich Kompetenzen in Randbereichen durch temporäre Mitarbeit und „atmende" Projektteams.

Welche Kompetenzen benötigen Sie für Ihren Projekterfolg? Welche Personen besitzen diese? Überlegen Sie doch noch einmal, welche Konsequenzen sich daraus ergeben. Tabelle 4.1 veranschaulicht dies am Beispiel unseres Maschinenbauprojekts.

Tabelle 4.1 Welche Auswirkungen haben die einzelnen Funktionsbereiche auf den Projekterfolg? Beispiel: Maschinenbauprojekt

Kompetenzbereich/Funktion	Konsequenz bei Einbezug
Vertrieb	• Leichterer Zugang zum Kunden beziehungsweise zu dessen Vertretern durch bestehende, gegebenenfalls langjährig gewachsene Kontakte • Zugriff auf differenzierte Marktkenntnisse
Recht und Vertragsmanagement	• Abschluss von rechtssicheren Verträgen • Schutz vor unberechtigten Forderungen
Finanzen	• Optimierung von Zahlungsströmen und Realisierung möglicher Zusatzgewinne in Form von Zinserträgen
Produktdesign	• Entwicklung besonders ergonomischer, leistungssteigernder und optisch ansprechender Produkte • Schaffung eines Corporate Designs

TIPPS MIT BISS

Stellen Sie gemeinsam mit den Projektverantwortlichen und -beteiligten verbindliche Regeln auf und dokumentieren Sie diese in einem Projektmanagementhandbuch. So können alle nachlesen, wie Projekte abzuwickeln und welche Vorgaben einzuhalten sind. Sie als Projektleiter werden entlastet.

In einem Projektmanagementhandbuch sollten die Methoden, Verfahren, Regeln und Richtlinien wie auch die Projektorganisation und die Projektbeteiligten (als Rollen) definiert werden.

Warum Projektteams auf keinen Fall zu groß werden dürfen

Zählen Sie einmal, aus wie vielen Mitgliedern Ihr Team jetzt besteht.

Erinnern Sie sich dann einmal an eine Besprechung im großen Kreise mit zehn bis 15 Teilnehmern. Wie lange hat es gedauert, bis Sie arbeitsfähig waren? Wie oft gab es seitwärts Zweiergespräche? Wie oft wurden schon geklärte Punkte nur mit anderen Worten wiederholt oder infrage gestellt? In der Praxis hat sich immer wieder gezeigt, dass die ideale Größe eines Projektteams bei sieben plus/minus zwei Teammitgliedern liegt. Ist das Team zu klein, besteht die Gefahr, dass wesentliche Aspekte, die für die Bearbeitung des Projekts nötig sind, unbeachtet bleiben oder aber dass die benötigten Qualifikationen im Team fehlen. Ist das Team zu groß, steigt der Abstimmungsbedarf im Team untereinander erheblich (Bild 4.4). Gleichzeitig reduziert sich die persönliche Bindung an den Projektleiter aufgrund der Anonymität in der Gruppe.

Arbeiten Sie lediglich mit einem Kollegen zusammen, so stimmen Sie sich über einen Weg mit ihm ab. Bei fünf Teammitgliedern ergeben sich aber schon zehn Kommunikationswege, bei sieben Teammitgliedern 21 und bei neun Teammitgliedern 36 Kommunikationswege. Da sich die Teammitglieder gegenseitig beeinflussen und somit Wechselwirkungen entstehen, bedarf es der Abstimmung aller Teammitglieder untereinander.

Mithilfe der Formel

$$K = n \cdot (n - 1) : 2$$

K = Kommunikationswege
n = Anzahl der Beteiligten

können Sie die Anzahl der Beziehungen im Team ermitteln. Die Erhöhung der Anzahl der Teammitglieder von sieben auf neun Mitglieder führt zu einer Zunahme der Beziehungen von 21 auf 36 und dadurch zu einem stark ansteigenden Abstimmungsaufwand. In der Praxis ergeben sich daraus in der Regel sehr langwierige Abstimmungs- und Entscheidungsprozesse.

Nicht immer kommt man jedoch mit sieben Teammitgliedern im Projekt aus. Der weitaus größere Teil der Projekte benötigt aufgrund der Komplexität oder der Aufgabenfülle größere Teams. So können durchaus Projekte mit 20, 50 oder vielleicht sogar 200 Projektmitgliedern

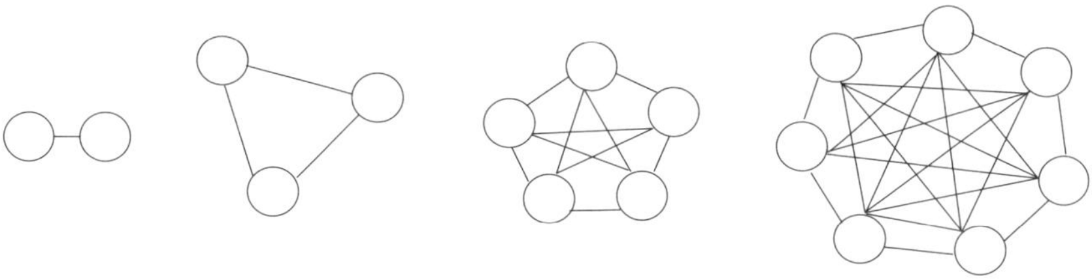

Bild 4.4 Für jedes neue Teammitglied nimmt die Anzahl der Kommunikationswege und damit der Abstimmungsaufwand stark zu

entstehen. Bei so großen Projektteams bilden Sie jeweils Subteams, bei denen Sie wieder die Regel „sieben plus/minus zwei“ beherzigen.

Je nach Fortschritt des Projekts können Sie so ganze Subteams ein- beziehungsweise ausklinken und erreichen damit eine aufwandsoptimierte temporäre Mitarbeit.

Wichtig beim Einsatz von Subteams sind eine gute Projektstrukturierung und Planung. Hierbei gilt es, frühzeitig die benötigten Leistungen unter Angabe von Start- und Endzeitpunkten zu beschreiben. Orientierung bieten hierbei zum Beispiel das im Projekt zu erstellende Produkt und seine Struktur.

Bei einem Maschinenbauprojekt können Subteams mithilfe der zu erstellenden Komponenten einer Anlage gebildet werden. Ein Subteam kümmert sich im Rahmen der Konstruktion zum Beispiel um die Zuführung und den Abtransport des in einer Maschine zu bearbeitenden Materials, während sich das andere Team um die Bearbeitung des Materials kümmert. Die Abstimmung zwischen beiden und mit den anderen Projektkernteammitgliedern erfolgt bei den Besprechungen des Kernteams.

Ist die Phase der Konstruktion abgeschlossen, so klinken sich die Subteams aus und nur der jeweilige Teamleiter verbleibt im Kernteam.

TIPPS MIT BISS

Bilden Sie in Projekten Teams mit fünf bis neun, im Idealfall sieben Teilnehmern. Mit solchen Subteams entstehen auch in großen Projekten schlagkräftige Einheiten, deren Abstimmungsbedarf überschaubar bleibt und in denen Teamarbeit erfolgreich sein kann.

4.2 Der Aufbau eines Rudels – Wie Sie schlagkräftige Teams schaffen

Wie groß Ihr Projektteam sein muss, wissen Sie jetzt. Doch damit fängt die Arbeit, ein Team aufzubauen, erst an. Was macht ein gutes Team aus? Leider hängen viele Projektteams dem Irrglauben an, Harmonie sei das Wichtigste. Diesem Drang nach Frieden, Ruhe und Einigkeit entspricht oft der Gedanke der Gleichbehandlung. Entscheidungen sind immer gemeinsam zu treffen, Aufgaben werden von allen freiwillig übernommen, so die anfänglich vorherrschende Meinung. Sehr schnell stellt sich jedoch Ernüchterung ein und das Wort „Team" bekommt gemeinhin die Bedeutung: „Toll, ein anderer macht's."

Wie in diesem Beispiel: Das Meeting von Huber, Maier, Müller, Schmidt und Ihnen ist zu Ende. Sie haben sich nach langen Diskussionen auf Maßnahmen und ein Konzept für Ihr Projekt einigen können. Gut gelaunt verlassen alle die Besprechung. Leider wurde im Eifer des Gefechtes ein kleines, aber wesentliches Detail vergessen. Wer schreibt das Protokoll? Keiner der Teilnehmer fühlte sich dazu berufen und keiner der Teilnehmer wurde dazu berufen. Spätestens beim nächsten Meeting stellt sich heraus, dass vermutlich jeder der Beteiligten die Maßnahmen des letzten Meetings anders interpretiert und mit verschiedener Priorität bearbeitet hat.

Gerade die vermeintliche Selbstverständlichkeit, einen Protokollführer zu bestimmen, wird häufig sträflich vernachlässigt. Es bedarf einer Person, die derartige Aufgaben verteilt.

In einem Wolfsrudel sieht das ganz anders aus.

Ein Wolfsrudel ist hierarchisch strukturiert und wird angeführt von einem Alpharüden und einem Alphaweibchen. Innerhalb des Rudels gibt es für die erwachsenen männlichen und weiblichen Mitglieder eine getrennte Rangordnung. Zwischen den beiden Geschlechtern existiert bei Tieren, die jeweils auf der gleichen Stufe ihres Geschlechtes stehen, keine weitere Rangfolge. Das Thema Gleichbehandlung, so scheint es, haben die Wölfe schon weit vor den Menschen gelöst. Die beiden Alphatiere dominieren gemeinsam ihr Rudel. Die Rangordnung innerhalb eines Geschlechtes ist weitgehend am Alter der Tiere orientiert.

Zeigt ein im Rang höher stehendes Tier jedoch Schwächen, so kann es schnell seinen angestammten Platz verlieren und im Extremfall bis an das Ende der

Rangordnung abrutschen. Betrachtet man gleichaltrige Tiere innerhalb des Rudels, so stellt man fest, dass es auch unter ihnen eine Rangfolge gibt. Selbst unter den ansonsten mit Narrenfreiheit ausgestatteten Welpen lässt sich eine Hierarchie entdecken.

Was nutzt den Wölfen eines Rudels und dem gesamten Rudel die streng hierarchische Rangordnung? Hierarchische Strukturen, so die herrschende Meinung, tragen dazu bei, dass ständige Reibereien und Auseinandersetzungen vermieden werden. Die Wölfe benötigen die ihnen zur Verfügung stehenden Ressourcen für die anstrengende Jagd nach ihrer Beute und für die Aufzucht ihres Nachwuchses.

Auch im Projektteam müssen Sie Reibereien vermeiden, um möglichst effektiv arbeiten zu können. Damit ist nicht gemeint, generell Konflikte zu umgehen. Man sollte nur darauf achten, dass das Projektteam nicht durch unnötige Spannungen, wie zum Beispiel unklare Weisungsbefugnisse und unklare Informationswege, gehemmt wird. Da ein Projektteam im Gegensatz zu einem Wolfsrudel in eine übergeordnete Unternehmensorganisation eingebunden ist, ist es noch viel wichtiger, dass jedem Teammitglied klar ist, wer wann Arbeit anweisen darf und wer sich danach zu richten hat.

Projektteams und Organisation

Schauen Sie sich daher zuerst die Einbettung Ihres Projektteams in die Unternehmensorganisation an (Bild 4.5). Welche Befugnisse haben Sie als Projektleiter? Haben Sie als Stabsstelle rein koordinierende Funktion oder verfügen Sie aufgrund einer Matrixorganisation über Weisungsbefugnis, zumindest was Ihr Projekt anbelangt? Welche Form Sie wählen, sofern Ihnen dieses freisteht, hängt von der Größe und Tragweite Ihres Projekts ab.

Bei kleinen Projekten werden Sie sich eher für ein Stab-Linien-System entscheiden, bei dem Sie als Projektleiter eine rein koordinierende Funktion haben. Diese Organisationsform ist jedoch mit zunehmender Projektgröße und Häufigkeit von Projekten weniger sinnvoll. Bei häufiger Projektarbeit und komplexeren Projekten bietet sich die Matrixorganisation oder reine Projektorganisation an (Tabelle 4.2). Bei beiden haben Sie als Projektleiter Weisungsbefugnis gegenüber den Teammitgliedern.

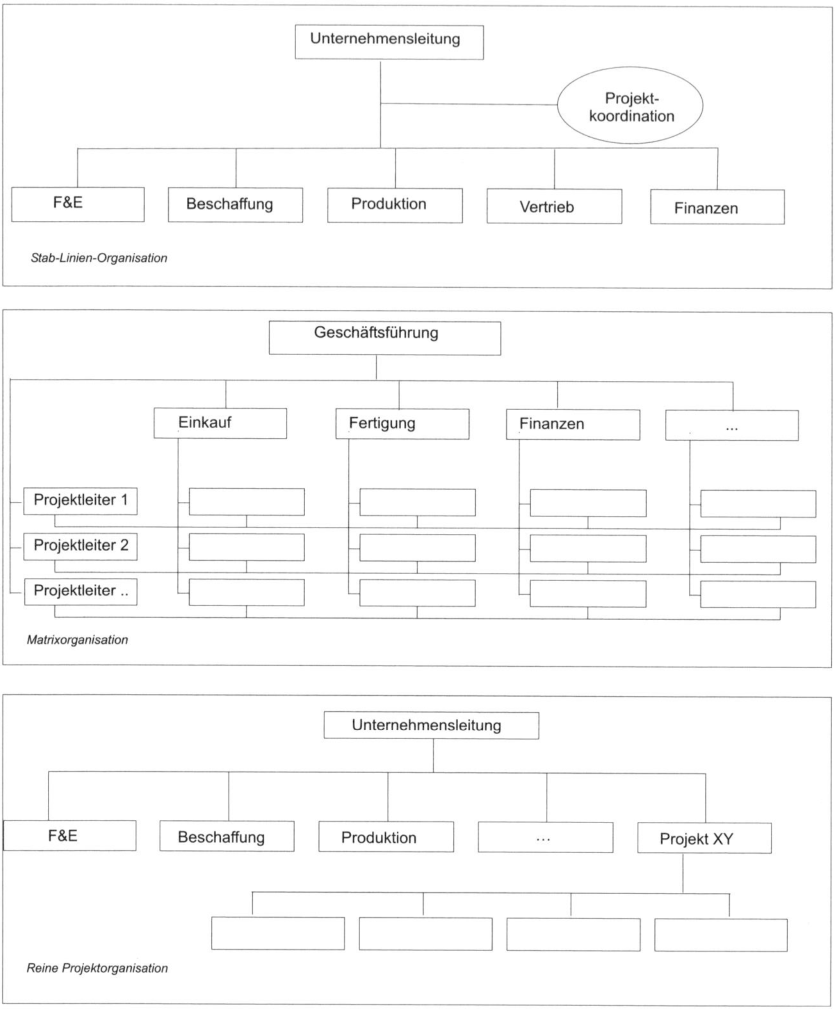

Bild 4.5 Grundformen der Projektaufbauorganisation: Stab-Linien-Organisation, Matrixorganisation, reine Projektorganisation

Gleich, welche Form Sie nun wählen oder in welche Sie zwangsweise eingebunden sind, achten Sie darauf, dass es klare Strukturen mit eindeutigen Verantwortlichkeiten gibt.

Tabelle 4.2 Welche Projektaufbauorganisation ist geeignet?

Empfohlene Projektaufbau-organisation	**Situation**
Stab-Linien-Organisation	• Kleinere Projekte mit geringer Auswirkung auf den Unternehmenserfolg • Nur sporadische Projektarbeit
Matrixorganisation	• Kleine bis große Projekte • Schnelle Entscheidungsfindung nötig • Hohe und umfangreiche Fachkompetenz nötig
Reine Projektorganisation	• Größere Projekte mit starken Auswirkungen auf Unternehmenserfolg • Auslastung der Teammitglieder zu 100 Prozent im Projekt möglich • Lange Projektdauer

TIPPS MIT BISS

Kommunizieren und visualisieren Sie gegenüber den Teammitgliedern den Aufbau Ihres Projektteams. Nur so kennt jeder eindeutig seinen Platz und die damit verbundenen Verpflichtungen.

4.3 Individualinteressen im Rudel – Mit wem Sie rechnen müssen

Auch wenn viele Teammitglieder von der Notwendigkeit der Teamarbeit überzeugt sind und diese unterstützen, tun sie dieses nicht aus reinem Gemeinschaftsinteresse. Jedes Teammitglied verfolgt zunächst einmal individuelle Interessen. Ansehen, Aufmerksamkeit, Karriere, Geld und Macht sind nur einige Beispiele für individuelle Interessen im Team. Als Projektleiter sind Sie gut beraten, wenn Sie sich mit den individuellen Interessen Ihrer Teammitglieder beschäftigen, sind sie doch der eigentliche Antrieb eines jeden Einzelnen.

Es gibt Projektteammitglieder, deren Interesse primär ein ausgeglichenes Privatleben ist. Sie tun alles, um ihren Partner zufriedenzustellen, leider jedoch nicht immer alles, was dem Projekt dienlich ist. So kann es durchaus passieren, dass Arbeiten zu spät fertig werden, da der Partner nachdrücklich ein pünktliches Arbeitsende verlangt. Aber es ist auch Gegenteiliges möglich. So habe ich beispielsweise in einem Maschinenbauunternehmen einen Projektmitarbeiter kennengelernt, der förmlich nach Anerkennung und Lob durch seinen Projektleiter lechzte und daher zu fast allem bereit war. Dies führte nach längerer Zeit aufgrund der sehr intensiven Mehrarbeit zu gesundheitlichen Schwierigkeiten und einem Ausfall des Mitarbeiters.

Das Interesse der Wölfe sind primär Nahrungsaufnahme und Fortpflanzung. Der Zugang zum Futter ebenso wie die Reproduktion werden aber für die Rudelmitglieder durch das Zusammenleben erschwert. Erlegte Beute muss geteilt werden, und die Fortpflanzung ist in der Regel den Alphatieren vorbehalten. Was also treibt einen Wolf dazu, seine individuellen Interessen hinter die des Rudels zu stellen und nicht das Rudel zu verlassen?

Die individuellen Interessen eines jeden Wolfes können sehr unterschiedlich sein. Natürlich haben Wölfe im Gegensatz zu Menschen keine frei gewählten Interessen; sie sind gesteuert durch natürliche Selektion, das Verhalten der anderen Rudelmitglieder und die aktuellen Umweltbedingungen.

Betrachtet man aber die einzelnen Interessenlagen, so erkennt man, dass diese nach Geschlecht, Rang und Alter sehr stark differieren. Ein Alphaweibchen hat während der Aufzucht ihrer Welpen ein großes Interesse daran, dass sich möglichst viele Rudelmitglieder an der Futtersuche beteiligen und die anderen Weibchen keinen Nachwuchs bekommen. Dem Alpharüden ist daran gelegen, dass seine an die Welpen weitervererbten Gene möglichst überleben. Der Betarüde hat die Funktion eines Rammbockes zwischen den rangniederen Wölfen und dem Alphawolf. Er ist bestrebt, seine Position beizubehalten, da eine Änderung an der Spitze des Wolfsrudels auch Auswirkungen auf seine Position haben kann.

Die rangniederen und in der Regel jüngeren Tiere haben ein großes Interesse, im Rudel zu bleiben, da sich ihre Überlebenswahrscheinlichkeit außerhalb des Rudels drastisch verringert. Zwischen den Interessen des einzelnen Wolfes und denen des gesamten Rudels muss also ein sehr ausgeglichenes Verhältnis herrschen. Nur so ist das Funktionieren des Rudels sichergestellt.

Welche Interessen verfolgen Ihre Teammitglieder?

Ebenso wie bei den Wölfen gilt es auch bei Projektteams, ein Gleichgewicht zwischen den Individualinteressen und den Teaminteressen herzustellen. Damit dieses möglich ist, müssen Sie jedoch als Projektleiter gewillt sein, sich mit den Individualinteressen Ihrer Teammitglieder zu beschäftigen. Aufgrund der in Projekten meistens knapp bemessenen Zeit in der Praxis keine leichte Aufgabe. Doch die Alternative sind häufig demotivierte, geringere Leistung erbringende Mitarbeiter aufgrund falscher oder zumindest ungeschickter Aufgabenzuordnung.

Der Mitarbeiter mit einem sehr stark ausgeprägten Interesse an einem ausgeglichenen Privatleben wird auch unter Einsatz von Drohungen nicht zum „Highperformer" außerhalb der regulären Arbeitszeit. Körperlich anwesend werden seine Gedanken vermutlich dem privaten Umfeld und den eventuell privat eingegangenen Verpflichtungen nachgehen. Daher sind Sie, wenn die anstehenden Projektaufgaben verteilt werden, gut beraten, auf derlei Interessen zu achten, auch wenn es zugegebenermaßen in der Praxis aufgrund der äußeren Zwänge meist nicht ganz einfach ist.

Würden Sie einen neuen Mitarbeiter in Ihrem Unternehmen ohne die Durchführung eines Vorstellungsgespräches einstellen? Wohl kaum. In Projekten geschieht aber genau dies sehr häufig.

Führen Sie daher „Projekteinstellungsgespräche" durch. Ermitteln Sie hierbei die Interessen und Neigungen der ausgewählten Teammitglieder. Gerade bei Personen, mit denen Sie bisher noch nicht zusammengearbeitet haben und über die Sie nur wenig wissen, ist dieses Gespräch ein Muss. Um möglichst umfangreiche Informationen über Ihre neuen Mitspieler zu erhalten, bereiten Sie sich intensiv auf das Gespräch vor. Verwenden Sie hierzu die Anforderungsmatrix (Bild 4.1). Aus dieser lassen sich Fragen ableiten, die Sie Ihrem Gegenüber im Laufe des Gespräches stellen können. Gehen Sie dabei sowohl auf die fachlichen Aspekte als auch auf die persönlichen Aspekte ein.

Die folgenden Fragestellungen sind in einem Projekteinstellungsgespräch hilfreich:

- Wie ist Ihr bisheriges Leben verlaufen?
- Welche Erfahrungen und Erkenntnisse wurden dabei gesammelt?
- Was waren bisher Ihre größten Erfolge?
- Warum haben Sie diese Erfolge erzielt?
- Was können Sie besonders gut und was machen Sie gerne?
- Was ist Ihnen besonders wichtig, welche Ziele haben Sie?

Reduzieren Sie dabei das Gespräch nicht nur auf das Berufliche. Gerade aus dem privaten Bereich ergeben sich wertvolle Informationen. Vermeiden Sie eine Gesprächsführung nach dem Checklistenprinzip, indem Sie die Fragen starr hintereinander abarbeiten. Verwenden Sie offene Fragen, die es Ihrem Gegenüber ermöglichen, entweder umfangreich oder weniger umfangreich zu antworten. Zeigen Sie wirkliches Interesse an Ihrem Gegenüber und achten Sie auf die Details in den Aussagen und die Körpersprache des Gesprächspartners. Passen Sie die Fragestellungen Ihrem jeweiligen Informationsstand an. Bewerten Sie die gemachten Aussagen nicht einzeln, sondern erst nach dem Gespräch im Gesamtzusammenhang. Je mehr Informationen Sie über Ihre Teammitglieder haben, desto wirkungsvoller können Sie sie führen.

4.4 Graue, braune, schwarze Wölfe – Wie Sie Unterschiede sinnvoll nutzen

Manchmal wünscht man sich, dass doch alle so wären wie man selbst. Sie sind kommunikationsstark und rhetorisch gewand, durchsetzungsstark und dominant. Außerdem sind Sie ein strukturiert arbeitender Mensch mit einem blitzblanken Schreibtisch am Abend.

„Kommunikation ist nun wirklich nicht Meyers Stärke. Huber geht viel zu lasch mit seinen Mitarbeitern um und der Schreibtisch von Schmidt sieht aus wie das Innenleben eines Altpapiercontainers." Wie oft haben sich solche Gedanken schon in unseren Kopf geschlichen?

Ist es wirklich so hilfreich, wenn alle anderen Teammitglieder ähnlich strukturiert sind wie man selbst?

Ein erster Blick auf ein Wolfsrudel offenbart sofort die unterschiedlichen Fellfarben. Sie haben natürlich nichts mit den Eigenschaften eines Wolfes zu tun, sondern orientieren sich vorwiegend an der Umwelt des Wolfes. So sind Wölfe, die eher in offenen Gebieten leben, hell gezeichnet, Wölfe in waldreichen Gegenden eher dunkel. Doch auch innerhalb eines Wurfes gibt es gravierende Farbunterschiede beim Fell. Die Farbe ist aber schon ein erster Hinweis auf Unterschiede zwischen den Tieren. Nun ist die Farbe nicht der einzige Unterschied der Tiere untereinander.

Wie bei uns Menschen, so gibt es auch bei den Wölfen unterschiedliche Verhaltensweisen und Rollen. Die Nunamiut-Eskimos aus Alaska haben aufgrund ihrer jahrhundertelangen täglichen Interaktion mit der Umwelt fundierte Kenntnisse über das Verhalten der Wölfe gesammelt. Das Wissen um die Wölfe wird auch von der westlichen Wissenschaft geschätzt und anerkannt. Zahlreiche Beobachtungen von Rudeln bei der Jagd haben gezeigt, dass nicht alle Wölfe die gleiche Rolle bei der Jagd nach Beute spielen. Eine Faustregel der Nunamiuts besagt, dass normalerweise in einem Rudel von fünf Wölfen zwei die Hauptarbeit übernehmen und die anderen drei ihnen zuarbeiten.

Durch ihre Beobachtungen konnten sie außerdem eine große Varianz der Verhaltensformen hinsichtlich Sozialverhalten, Aggression, Wachsamkeit, Ausdauer und Reaktion auf Menschen feststellen. Bei der Jagd, so scheint es, kommt es zu einer direkten Arbeitsteilung. Die ausdauernden, kräftigen Tiere eines Rudels treiben ihre Beute, während andere abwarten, bis dass die ihnen zugetriebene Beute erschöpft ist und sie somit leichtes Spiel haben. Es scheint so, als ergänzten sich die Wölfe eines Rudels mit ihren unterschiedlichen Fähigkeiten und Verhaltensweisen.

Auch Projektteams steigern ihren Erfolg, wenn sie die Unterschiede, die in einem Team auftauchen, als Bereicherung erkennen. Es erscheint leichter, wenn alle Teammitglieder so arbeiten und denken wie man selbst. Doch wie bei Wolfsrudeln, so kommt es auch bei unseren Projektteams auf die richtige Mischung von Fähigkeiten und Eigenschaften an. Stellen Sie sich nur einmal vor, Sie hätten nur Sprinter in einem jagenden Wolfsrudel. Je nach angepeilter Beute wäre die Jagd wahrscheinlich nach kurzer Zeit erfolglos vorbei und die Tiere wären erschöpft. Bei der Jagd nach Beute geht es nicht nur um Geschwindigkeit, sondern oftmals auch um Ausdauer und Durchhaltevermögen. So wurden Wölfe beobachtet, die ihrer Beute über mehr als 50 Kilometer im leichten Trab nachsetzten und sie so ermüdeten.

Betrachten Sie einmal Ihr Projektteam. Wer gehört bei Ihnen zu den Sprintern? Wer zu den Marathonläufern? Die Sprinter erkennen Sie daran, dass sie häufig sehr schnell für Ideen zu begeistern sind, es fehlt ihnen aber meist an der nötigen Ausdauer und Disziplin, den steinigen und oft langen Weg der Umsetzung bis zum Ende durchzustehen. Die Marathonläufer hingegen gehören meist zu den Mitarbeitern, die einer neuen Idee oder Aufgabe eher kritisch gegenüberstehen. Gelingt es Ihnen aber, diesen Typ Mitarbeiter mit stichhaltigen Argumenten zu überzeugen und für eine Idee oder Aufgabe zu begeistern, so können Sie mit ihnen die steilsten Berge besteigen und die schwierigsten Probleme lösen.

Die Aufteilung von Menschen in Sprinter und Marathonläufer ist natürlich stark vereinfacht und wird der Vielfalt des menschlichen Wesens nicht gerecht. Es zeigt nur, wie wichtig die Kombination unterschiedlicher Eigenschaften ist. Beschäftigen Sie sich mit der Vielfalt der menschlichen Spezies und den damit verbundenen Typen. Hierzu stehen Ihnen verschiedene Möglichkeiten und Modelle zur Verfügung.

Rollenmodelle für Projektteams

Sie können sich an den Forschungsergebnissen und der Teamrollentheorie von Meredith Belbin orientieren, das weit verbreitete DISG-Modell von William Marston und John Geier verwenden oder eine Vielzahl anderer Modelle und Präferenzanalysen zurate ziehen. Jedes der Modelle hat seine spezifischen Vor- und Nachteile und kann natürlich nur einen Teil der Wirklichkeit abbilden. So teilt Belbin Teammitglieder in neun verschiedene Typen ein (siehe Bild 4.6). Sein Modell entstand nach über neunjähriger Forschung der Industrial Training Research Unit, Cambridge am Administrative Staff College in Henley, Großbritannien. Die Ergebnisse fasste er 1981 zusammen in dem Buch „Managementteams – Why they succeed or fail“. Die darin veröffentlichten Erkenntnisse helfen bei der Zusammenstellung von Teams.

Das DISG-Modell hingegen kennt die vier Verhaltensstile dominant, initiativ, stetig, gewissenhaft. Auch dieses Modell basiert auf langjährigen Forschungen. Zu Beginn der 60er-Jahre des letzten Jahrhunderts entwickelte John Geier, Professor für Verhaltenspsychologie und Kommunikation an der Universität Minnesota, USA eine Methode, um individuelle Unterschiede von Verhaltensweisen in kleinen Gruppen zu analysieren. Auf den Arbeiten des Psychologen William Marston aus den 1930er-Jahren aufbauend, entwickelte Geier eine Methode, die es ermöglicht, unter Betrachtung konkreter Situationen ein Persönlichkeitsprofil einer Person zu erstellen. Mithilfe dieses Vierquadrantenmodells lassen sich somit Anforderungen an Teammitglieder und deren Eigenschaften ermitteln und abstimmen.

Alle Modelle führen dazu, dass man als Projektleiter oder Führungskraft mehr Verständnis für die Verhaltensweisen der Teammitglieder entwickelt. Als Erstes gilt es jedoch, so gut wie möglich seine eigenen Präferenzen zu entdecken. Die Wirkung der eigenen Person auf ihr Umfeld ist nämlich nicht zu unterschätzen und ihre Kenntnis elementar, um Teams erfolgreich zu führen.

Wie man in den Wald hineinruft, so schallt es heraus. Wenn Sie als Projektleiter eher der aufgabenorientierte, rationale Typ sind, dem schwerpunktmäßig an der schnellen und korrekten Erledigung von Aufgaben liegt, so wird Ihnen vielleicht gar nicht auffallen, wie wenig leistungsfördernd die aktuelle Stimmung im Projektteam ist. Ihr Fokus liegt auf der Bewältigung der Aufgabe. Kennt man nun diese eigene Ausprägung und beobachtet bewusst seine eigene Verhaltensweise, so kann man sein Verhalten korrigieren und an einer positiven Beziehung zu anderen arbeiten. Denken Sie daran, auch der Beziehungspflege muss ein Platz in der Projektarbeit eingeräumt werden. Oft reichen dazu schon die kleinen Gespräche in der Kaffee-Ecke aus, die über das Fachliche hinausgehen.

Mithilfe der verschiedenen Modelle können Erkenntnisse über die eigene Person und das eigene Verhalten gewonnen werden, und dieses ist Voraussetzung für ein umfangreicheres Verständnis für das Verhalten anderer. Es fällt leichter, situativ angemessen zu agieren und zu reagieren. Bei der Zusammenstellung von Projektteams, der Auswahl von Mitarbeitern oder der Verteilung von Aufgaben können gezielt sich ergänzende Fähigkeiten, Eigenschaften und Charaktere zusammengestellt werden.

Überprüfen Sie anhand von Bild 4.6, welche der Eigenschaften, Stärken und Schwächen primär bei Ihnen vorliegen. Es gibt folgende Typen:

- *Der Umsetzer*, der hart arbeitet, pflichtbewusst und sehr diszipliniert ist, der einen einmal eingeschlagenen Weg nur schwerlich verlassen kann und neuen Ideen eher verschlossen gegenübersteht.
- *Der Vorsitzende*, ein selbstsicherer und vertrauensvoller Typ, der schnell andere Teammitglieder einschätzen kann und ihre individuellen Stärken zu nutzen weiß, dem es aber an Kreativität mangelt.
- *Der Macher*, der dynamisch und aufgeschlossen ist, aber meist angestrengt wirkt und gegen die Ineffizienz und Trägheit in einem

Nr.	Typ	Typische Eigenschaften	Stärken	Schwächen
1	Umsetzer	• konservativ • pflichtbewusst • berechenbar	• arbeitet hart • setzt Ideen um • arbeitet sehr selbstdiszipliniert	• eher unflexibel • tut sich schwer mit neuen Ideen
2	Vorsitzender	• selbstsicher • vertrauensvoll	• stellt schnell Talente von Gruppenmitgliedern fest • nutzt die Stärken der Gruppenmitglieder • sehr zielorientiert	• nicht sehr kreativ
3	Macher	• aufgeschlossen • dynamisch • wirkt immer stark angespannt	• sehr hoher Eigenantrieb • bekämpft Trägheit und Ineffizienz in der Gruppe • sehr selbstzufrieden • übt Druck auf Gruppenmitglieder aus	• häufig sehr provokativ • sorgt oft für Irritation in der Gruppe • oft unaufmerksam
4	Erfinder	• unorthodox • individualistisch • ernst	• entwickelt geniale Ideen • sehr phantasievoll • großes Denkvermögen	• ist oft zerstreut • berücksichtigt selten Details • betrachtet Anweisungen als Hemmschuh
5	Wegbereiter	• extrovertiert • kommunikativ • begeistert	• knüpft gerne neue Kontakte • greift neue Ideen auf • sucht die Herausforderung	• verliert schnell das Interesse nach anfänglicher Euphorie
6	Beobachter	• nüchtern • scharfsinnig • besonnen • strategisch denkend	• gute Urteilsfähigkeit • verschwiegen • sehr nüchtern	• geringer Eigenantrieb • kann andere nicht inspirieren
7	Teamarbeiter	• sehr umgänglich • sanft • hohes Einfühlungsvermögen	• fördert den Teamgeist • kann sich gut auf wechselnde Situationen und Personen einstellen	• eher entscheidungsschwach
8	Perfektionist	• sehr sorgfältig, ordentlich und gewissenhaft • ängstlich	• sehr zuverlässig in der Aufgabenerledigung • Hang zum Perfektionismus	• sorgt sich schnell auch über Kleinigkeiten
9	Spezialist	• hohe Fachkompetenz • leicht zerstreut	• intensive Bearbeitung von Aufgaben • hoher Eigenantrieb • hohe Fachkompetenz	• neigt zu technischer Pedanterie • treibt nur die eigenen Aufgaben voran

Bild 4.6 Persönlichkeitstypen im Team (in Anlehnung an Belbin)

Team ankämpft, wobei er häufig zu Provokation der Teammitglieder und Irritation des Teams neigt.

- *Der Erfinder*, der unorthodox denkt, individualistisch und ernst ist, der fantasievolle, geniale Lösungen erdenken kann, aber irgendwie immer zerstreut wirkt und Details eher vernachlässigt.
- *Der Wegbereiter*, der mit seiner extrovertierten und kommunikativen Art neue Kontakte knüpft und andere für sich oder eine Aufgabe begeistert, jedoch nach anfänglicher Euphorie sehr schnell das Interesse verliert.
- *Der Beobachter*, der sehr nüchtern, scharfsinnig und besonnen Strategien und Vorgehensweisen beurteilen kann, dem aber Eigenantrieb ebenso fehlt wie die Gabe, andere zu inspirieren.
- *Der Teamarbeiter*, der umgänglich und sanft ist und über ein großes Maß an Einfühlungsvermögen verfügt, der eine ausgleichende Wirkung im Team hat und den Teamgeist fördert, dabei allerdings sehr entscheidungsschwach ist.
- *Der Perfektionist*, der sorgfältig, ordentlich und gewissenhaft arbeitet, allerdings sich sehr schnell sorgt und eher ängstlich ist.
- *Der Spezialist*, den hohe Fachkompetenz und immenses Detailwissen kennzeichnen, der mit hohem Eigenantrieb an gestellten Aufgaben arbeitet, jedoch zur Pedanterie neigt und häufig nur eigene Aufgaben vorantreibt.

TIPPS MIT BISS

Erkennen Sie Ihre eigene Persönlichkeit. Setzen Sie Ihre Stärken bewusst ein und beachten Sie die Auswirkungen Ihres Verhaltens auf Ihre Umwelt. Achten Sie bei der Auswahl von Mitarbeitern darauf, dass sie Ihre Schwächen kompensieren.

Das eigene Projektteam komplementär zusammenstellen

Nachdem Sie festgestellt haben, zu welchen Typen Sie tendieren, überprüfen Sie doch einmal die Mitglieder Ihres Projektteams oder aber Ihnen bekannte Personen. Natürlich wird keine Person nur einem Typ entsprechen, aber es lassen sich sicher bekannte Wesenszüge entdecken. Zu welchem Typ eine Person tendiert, ist nicht nur von den persönlichen Eigenschaften abhängig, sondern auch von ihrem gegenwärtigen Umfeld beziehungsweise von der aktuellen Situation.

Stellen Sie sich nun einmal vor, Ihr Team bestünde nur aus Machern, Beobachtern, Vorsitzenden oder Wegbereitern. Sehr schnell wird es zu Konflikten innerhalb des Teams kommen, da bestimmte Aufgaben von keinem wahrgenommen werden und andere gerne von allen übernommen werden. Haben Sie hingegen verschiedene Typen in Ihrem Team vereint, so ergänzen sich die Eigenschaften und unterstützen den Erfolg.

Versuchen Sie, sich möglichst am Anfang eines Projekts Klarheit über die unterschiedlichen Präferenzen Ihrer Teammitglieder zu verschaffen. Ermitteln Sie durch Gespräche und aufmerksame Beobachtung die Stärken, Schwächen, Vorlieben und das Verhalten Ihrer Mitarbeiter, je mehr Sie darüber wissen, umso leichter fällt Ihnen eine adäquate und wirkungsvolle Aufgabenzuordnung.

4.5 Das perfekte Rudel

Erinnern Sie sich an unser chaotisches Projektteam vom Anfang des Kapitels? Keiner kam pünktlich zur Besprechung, Aufgaben wurden nicht erledigt und die Stimmung im Team war schlecht. Zwischenzeitlich wurde aus dieser unstrukturierten und chaotischen Gruppe ein hocheffektives Team. Nachdem die Probleme immer stärker wurden und der Projekterfolg gefährdet war, beschloss der Projektleiter, alle Projektteammitglieder erneut zusammenzurufen. Die bisher aufgetretenen Schwierigkeiten wurden gemeinsam mithilfe der Kartentechnik an einer Pinnwand erarbeitet. Wie nicht anders zu erwarten, stellte sich unter anderem dabei heraus, dass

- den Beteiligten das Ziel des Projekts und die Wichtigkeit nicht klar waren,
- Strukturen und Weisungsbefugnisse unklar waren,
- Aufgaben von Teammitgliedern aufgrund fehlender Kenntnisse und Fähigkeiten nicht erledigt werden konnten,
- zu wenig Kenntnis über die anderen Teammitglieder bestand,
- die Besprechungen aufgrund der 13 Teilnehmer zu lange dauerten

und vieles mehr.

Nach dieser für alle ernüchternden Bestandsaufnahme wurde ein zweiter Termin vereinbart, um Lösungen zu erarbeiten. Zu Beginn des zweiten Treffens wurden das Projekt und dessen Wichtigkeit für das Unternehmen von der Projektleitung vorgestellt. Dabei wurden die folgenden Fragen beantwortet:

- Was ist das Hauptziel des Projekts und welche Teilziele gibt es?
- Welche Priorität hat das Projekt im Unternehmen?
- Welche Auswirkungen ergeben sich für das Unternehmen und die Projektteammitglieder, wenn das Projektziel erreicht oder nicht erreicht wird?

Durch die Beantwortung dieser Fragen wurde allen Anwesenden die Tragweite der zu lösenden Aufgabe vor Augen geführt.

Ein weiterer Mangel, der im Rahmen der Bestandsaufnahme festgestellt wurde, war die fehlende Kenntnis über die anderen Projektteammitglieder. Fünf der 13 Projektteammitglieder arbeiteten zum ersten Mal zusammen. In einer maximal dreiminütigen Eigenpräsentation mithilfe der Kartentechnik stellten sich alle Teammitglieder vor. Die Teammitglieder beantworteten dabei neben der Nennung des Namens und der Abteilung die Fragen:

- Was habe ich bisher gemacht?
- Wo lagen dabei meine größten Erfolge?
- Warum habe ich diese Erfolge erzielt?
- Was ist mir besonders wichtig?

Punkt 3 der Tagesordnung war der Frage gewidmet: „Wie erreichen wir die Ziele?“ Das Ergebnis dieser Ausarbeitung beantwortet die Fragen:

- Wie sind wir organisiert?
- Wer übernimmt welche Hauptaufgaben?
- Wie arbeiten wir zusammen?
- Wie fließen die Informationen im Team?
- Welche Spielregeln gelten in unserem Projektteam?

Wie bei unserem Wolfsrudel kennt nun jeder die Stärken des anderen und seinen Platz im Team sowie die zu erfüllenden Aufgaben. Die gemeinsame Definition von Spielregeln zeigt Gemeinsamkeiten und fördert den Zusammenhalt im Rudel ähnlich dem „Heulen“ der Wölfe.

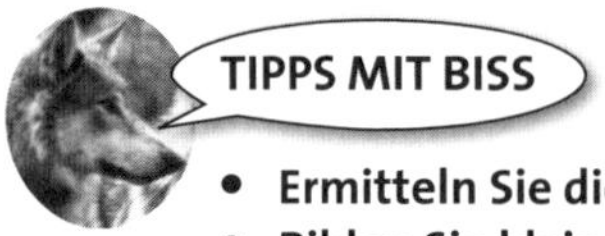

- **Ermitteln Sie die Anforderungen an die Teammitglieder.**
- **Bilden Sie kleine Teams und Subteams.**
- **Schaffen Sie klare Strukturen.**
- **Setzen Sie die Teammitglieder stärkenorientiert ein.**
- **Schaffen Sie Gemeinsamkeiten durch Spielregeln.**

5
Jungwölfe
Wie Sie Ihr Projektpersonal ausbilden und entwickeln

Wölfe sind faszinierende Geschöpfe. So mancher Mensch verspürt zwar zunächst ein leichtes Unbehagen, aber spätestens beim Anblick von Welpen schlägt das genau in das Gegenteil um. Wer kann sich der Faszination von gerade einmal sechs- bis achtwöchigen Welpen entziehen? Ich hatte mehrfach das Glück, Welpen bei ihrem unbedarften Spiel beobachten zu dürfen. Hierbei handelte es sich zwar um Gehegetiere, doch vergleicht man die dort beobachteten Verhaltensweisen mit Beobachtungen von Verhaltensforschern bei frei lebenden Tieren, so erkennt man sehr viele Gemeinsamkeiten.

Ich erinnere mich noch sehr gut an unsere Begeisterung, als nach langem Warten und Spähen mit dem Feldstecher auf einmal ein etwa eineinhalb Jahre alter Wolf mit fünf Welpen circa 30 Meter vor uns herlief und die Welpen aus dem schützenden Wald auf eine kleine Lichtung, den „Spielplatz" führte. Wie an einer Schnur gezogen liefen die fünf Youngster mit erhobener Rute hinter dem Babysitter her. Dann durften wir dem ausgelassenen Treiben zusehen und beobachten, wie Welpen spielerisch lernen.

Denken Sie an Ihre Ausbildung. Wie häufig hatten Sie die Möglichkeit, Dinge spielerisch zu erkunden und Fehler zu begehen, die nicht gleich gravierende Auswirkungen hatten? Wahrscheinlich selten. Theoretisches Wissen ist wertvoll und wichtig, aber ebenso wichtig ist Erfahrung. Erfahrung sammelt nur, wer etwas tut, aktiv wird und Aufgaben erhält, an denen er wachsen kann.

Gleichzeitig gilt es natürlich, Überforderung zu vermeiden. Ein Welpe kann niemals einen Hirsch erlegen. Genau das passiert aber häufig bei Projekten. Nun gut, die Beteiligten sind dort älter als Welpen, aber ihre Erfahrung im Projekt ist durchaus häufig mit der Jagderfahrung von Welpen vergleichbar.

Wie ein Wolfsrudel Nachwuchs benötigt, so benötigt auch ein Unternehmen Nachwuchs – zumindest wenn es langfristig am Markt agieren möchte. Wie kommt man zu geeignetem Nachwuchs? Gerade in Zeiten eines zunehmenden Fachkräftemangels keine triviale Frage – nicht nur für Personaler. Schon heute gibt es zahlreiche Unternehmen, die aufgrund eines Mangels an qualifiziertem Personal ihren Expansionsdrang bremsen müssen. Durch zahlreiche empirische Untersuchungen haben sich die Voraussagen einiger Zukunftsforscher erhärtet: Das IAB, Institut für Arbeitsmarkt- und Berufsforschung in Nürnberg, kommt in seinen Untersuchungen zu dem Schluss, dass spätestens ab dem Jahr 2010 ein gravierender Fachkräftemangel herrschen wird und dass der von der amerikanischen Unternehmensberatung McKinsey schon vor Jahren prognostizierte „war for talent" Realität wird.

Aufgrund immer kürzerer Entwicklungszyklen, immer stärker zunehmender Kundenanforderungen und einer immer komplexeren Wirtschaftswelt müssen aber gleichzeitig zunehmend mehr Aufgaben in Form von Projekten abgewickelt werden. Wie aber soll das zum Erfolg führen, wenn es am ausreichend qualifizierten Personal mangelt. Ohne Frage werden auch heute schon Unmengen an Projekten trotz Personalmangels irgendwie abgewickelt. Natürlich. Nur mit welcher Qualität?

5.1 Der Spieltrieb der Welpen – Wie Sie intrinsische Motivation nutzen

Bei der Beobachtung von Welpen, die gerade ihren schützenden Bau verlassen haben, fällt auf, dass die meisten Aktivitäten von ihnen selbst ausgehen. Nach kurzer Ruhephase springen sie auf einmal unvermittelt auf, rennen umher, kneifen sich gegenseitig mehr oder weniger fest in verschiedene Körperteile, ringen um irgendwelche Objekte, die gerade vorzufinden sind, und setzen mit zunehmendem Alter den unterschiedlichsten vermeintlichen Beutetieren nach.

Die älteren Wölfe betrachten das bunte Treiben meistens aus einer gewissen Distanz und mit großer Gelassenheit. Zumindest solange sie von den Youngstern in Ruhe gelassen werden: Solange man nicht zu sehr an ihren Ohren nagt, ihre Schnauze leckt oder auf ihnen herumhopst. Gerät die Rasselbande einmal

außer Rand und Band, so reicht meistens ein leises Knurren beziehungsweise eine strenge Miene eines Älteren, um wieder für Ruhe und Ordnung zu sorgen.

Die Welpen haben einen inneren Drang nach Bewegung und Erkundung der Umwelt. Dabei werden teils schmerzliche Erfahrungen gesammelt. Diese Erfahrungen sind allerdings Grundlage für ein erfolgreiches und möglichst langes Leben eines Wolfes. So lernt ein Wolf als Welpe, sein Gebiss sehr differenziert zu verwenden. Dadurch ist er in der Lage, seine Zähne beim Zurechtweisen eines anderen Wolfes mit unterschiedlichem Krafteinsatz zu verwenden und dabei das andere Tier nicht zu verletzen. Diese als Beißhemmung bezeichnete Verhaltensweise lernen Wölfe sehr früh.

Kein Welpe liegt, zumindest wenn er sich bester Gesundheit erfreut, apathisch auf dem Boden. Bei keinem Welpen bedarf es eines regelmäßigen äußeren Antriebs durch die Alttiere, um Aktivitäten zu entwickeln. Kein Wolf besticht die Welpen den lieben langen Tag mit einem großen Brocken Fleisch. Die Vermutung liegt also nahe, dass es sich bei der vorhandenen Motivation um intrinsische Motivation, also um innere Motivation handelt.

Was treibt Ihre Mitarbeiter an, sich intensiv mit dem Thema des Projekts auseinanderzusetzen? Wie können sie möglichst schnell ein hohes Maß an Kompetenz erlangen?

Der Managementtrainer Reinhard Sprenger hat schon vor Jahren auf die Gefahren der extrinsischen, also externen Motivation hingewiesen. Allzu häufig verfallen Unternehmen dem Irrglauben, Geld könne motivieren. Sicher, wer freut sich nicht über Gehaltserhöhungen, Prämien und Tantiemen? Aber wie lange? Nach kurzer Zeit hält man das erreichte Niveau für etwas ganz Normales. Um nun wieder Motivation zu erzeugen, muss erneut das Gehalt erhöht oder die Prämie verändert werden. Ein auch für das Unternehmen nicht zu unterschätzender Aufwand, zumal es ja in der Regel um mehr als einen Mitarbeiter geht.

Es ist sinnvoller, die innere Motivation zu nutzen. Gleichzeitig gilt es natürlich trotzdem, eine als gerecht empfundene Entlohnung zu bieten. (Was eine „gerechte" Entlohnung sein könnte, das ist allerdings eine andere Diskussion.)

Was muss man also tun, damit Mitarbeiter selbstständig Aktivitäten starten. Zunächst einmal muss allen klar sein, dass eigenständige Aktivität im Unternehmen erwünscht ist. Hierzu müssen die Vorgesetzten den Aktivitätenraum klar und deutlich abstecken und bereit sein, zu delegieren. Delegieren bedeutet jetzt aber nicht einfach das Abschieben von Aufgaben auf eine andere Person, sondern setzt zuerst die Beschäftigung mit der Aufgabe und der zur Delegation angedachten Person voraus. Die zu erfüllende Aufgabe oder der auszufüllende Aufgabenbereich muss zumindest in weiten Teilen den Fähigkeiten der Person entsprechen, die sie wahrnehmen soll. Ihre Mitarbeiter brauchen herausfordernde, aber nicht überfordernde Projektaufgaben.

Erhalten sie diese und haben sie die Möglichkeit, klar definierte Freiräume zu nutzen, aber gleichzeitig auf erfahrene Personen zurückzugreifen, so fördert dies die Motivation und die persönliche Entwicklung nachhaltig. Erkennen die Mitarbeiter jetzt auch noch, dass ihre Leistungen durch die Übertragung von zunehmend schwereren und mit mehr Verantwortung ausgestatteten Projekten honoriert werden, so wirkt dies ebenfalls motivationsfördernd. Und so richtig in Schwung bringen Sie Ihre Leute, wenn Sie deren Erfolge zu würdigen wissen. Wie schon erwähnt: Nichts ist motivierender als Erfolg.

TIPPS MIT BISS

Nutzen Sie den Eigenantrieb Ihrer Projektmitarbeiter, fordern und fördern Sie Nachwuchstalente und geben Sie Ihnen Freiräume, um eigene Erfahrungen zu sammeln.

5.2 Lernen von den Alphas – Wie Sie Beobachtungslernen fördern

Lernen durch eigene Erfahrungen ist gut und nützlich, hat allerdings den kleinen Schönheitsfehler, dass Fehler häufig wiederholt auftreten. Bei den Wölfen wird ab dem Zeitpunkt, ab dem die Jungtiere mit auf die Jagd gehen, das sogenannte Beobachtungslernen gefördert. Die Jungtiere sind noch nicht aktiv ins Jagdgeschehen eingebunden, sondern beobachten die älteren Tiere bei der Jagd. Dies stellt eine sinnvolle Ergänzung zu den selbst gemachten Erfahrungen dar und beschleunigt somit die Entwicklung von umfangreichen, für die Wölfe lebensnotwendigen Fähigkeiten und Fertigkeiten.

Wie kann man durch Beobachten und das Verarbeiten des Beobachteten lernen? Gezielt beobachten können wir nur, was wir wahrnehmen. Unsere Wahrnehmung ist allerdings selektiv und setzt eine gerichtete Aufmerksamkeit voraus. Würden wir alles, was um uns herum passiert, wahrnehmen und sofort verarbeiten sowie im Langzeitgedächtnis abspeichern, so wäre unsere „Festplatte“ wahrscheinlich nach kurzer Zeit voll und wir wären gänzlich überfordert. Damit dies nicht passiert, hat uns die Natur mit der Gabe der selektiven Wahrnehmung ausgestattet. Informationen, die im Gehirn an bekannte, schon abgespeicherte Muster anknüpfen, werden anders verarbeitet als Informationen, die auf keinerlei Bekanntem aufsetzen können.

Des Weiteren sind wir in der Lage, unsere Aufmerksamkeit auszurichten. Kennen Sie das Phänomen? Kaum interessiert man sich für einen Fahrzeugtyp, schon scheinen die Straßen voll davon zu sein. Genau diese gerichtete Aufmerksamkeit brauchen Menschen, die durch Beobachtung lernen sollen.

Kaum ein Unternehmen wird einen unerfahrenen Menschen gleich mit einer hochkomplexen Aufgabe beziehungsweise einem Projekt von großer Tragweite beauftragen. Vielmehr erhält der unerfahrene Mitarbeiter die Möglichkeit, erste Erfahrungen im Projektmanagement als Projektmitarbeiter zu sammeln. Nun liegt es neben dem Mitarbeiter maßgeblich am Unternehmen und an der eingesetzten Vorgehensweise, wie schnell der Mitarbeiter lernt. Lässt man ihn ohne Betreuung an der ihm übertragenen Aufgabe werkeln oder stellt man ihm eine erfahrene Person zur Seite?

Wird das Lernen durch eine erfahrene Person unterstützt, ist der Lernerfolg maßgeblich davon abhängig, ob sie die Aufmerksamkeit des Lernenden auf bestimmte Themen, Techniken oder Verhaltensweisen lenken kann. Für die Praxis ergibt sich daraus die Notwendigkeit, die unterstützende Person sorgfältig auszuwählen. Auch die Situation, in der gezielt gelernt werden soll, sollte vorher klar definiert sein und Störfaktoren sollten ausgeschaltet werden.

Was kann man als Neuling nicht alles von erfahrenen Projektleitern lernen. Eine erfahrene Person erklärt dem Neuling beispielsweise vor einer Besprechung die Ziele der Zusammenkunft und kündigt die zu beobachtenden Aspekte an. Nach der Besprechung wird sie eine kurze

Zusammenfassung der Beobachtungen fordern. Durch eine anschließende Diskussion und Bewertung des Beobachteten lässt sich der Lernerfolg steigern. Das Verhandlungsgeschick beziehungsweise die Fähigkeit zur Führung hocheffizienter Besprechungen wird durch diese Vorgehensweise nachhaltig aufgebaut oder verbessert. Gleiches gilt für die Entwicklung eines situativ angepassten Führungsverhaltens, für Präsentationsfertigkeiten oder weitere hilfreiche Fähigkeiten.

5.3 Das Spiel wird ernst – Wie Sie gesunden Wettbewerb fördern

So unbekümmert das Leben für die Welpen anfänglich ist, so ernst wird es im Alter von ungefähr einem Jahr. Hatten sie bis dahin noch Narrenfreiheit und wurden von den anderen Tieren des Rudels versorgt, gilt es spätestens ab jetzt, das Rudel bei der Jagd und den anderen gemeinsamen Aktivitäten zu unterstützen. Fehler, die nun gemacht werden, haben ihrer Tragweite entsprechende Konsequenzen.

Gleiches gilt für die Nachwuchsförderung im Projektmanagement. Bei aller Rücksichtnahme im Rahmen der Ausbildung oder Einarbeitung gilt es doch ab einem möglichst vorher definierten Zeitpunkt, eigenständige Leistung zu fordern. Immer da, wo ein gesunder Wettbewerb herrscht, liegt eine höhere Motivation zur Leistungserbringung vor. Es ist daher sinnvoll, zumindest in Organisationen, die regelmäßig Projekte abwickeln, eine interne Projektbewertung nach festgelegten Kriterien aller in einem Zeitraum durchgeführten Projekte vorzunehmen. Das dabei entstandene Ergebnis sollte offen kommuniziert werden.

Der Vorteil eines solchen Systems liegt bei ernsthafter und seriöser Anwendung darin, dass nicht nur der Projektleiter, sondern das gesamte Projektteam einem Benchmarking, also einem Leistungsvergleich ausgesetzt ist und so bei gleichzeitigem Erfahrungsaustausch ein Lernen von den Besten ermöglicht wird.

Bevor eine solche Projektbewertung durchgeführt werden kann, ist einiges an Vorarbeit zu leisten. Auch die Einführung eines Projektbewertungssystems ist ein Projekt. Also wird zuerst ein Projektleiter ausgewählt und ernannt. Dieser muss als Nächstes ein Team zusammenstellen, am besten bestehend aus weiteren Projektleitern. Die angedachte Zielsetzung des Projektbewertungssystems wird im Kreise der Projektteammitglieder noch einmal diskutiert, um möglichst von allen die Zustimmung zu einem solchen System zu erhalten. Ist dies geschehen, geht es an die Ausarbeitung. Die Ausarbeitung gliedert sich in vier Bereiche: Erstens müssen die Bewertungskriterien ermittelt und festgelegt werden. Danach bedarf es zweitens der Festlegung des Bewertungsprozesses. Ist beides festgelegt, erfolgt drittens eine rückwirkende Bewertung abgeschlossener Projekte, um mögliche erste Schwachstellen zu ermitteln. Zu guter Letzt geht es viertens darum, ein Prämierungssystem zu entwickeln.

Das Prämiensystem sollte jedoch erst in Angriff genommen werden, nachdem das eigentliche Bewertungssystem seine Feuertaufe bestanden hat. Andernfalls konzentrieren sich die Beteiligten zu stark auf die Belohnungskomponente des Systems.

Wie kann ein solches System jetzt ganz praktisch aussehen? Einen Ansatz bietet das von der GPM Deutsche Gesellschaft für Projektmanagement e.V. entwickelte Modell „Project Excellence". Dieses sehr komplexe Modell orientiert sich am European Quality Award. Es eignet sich aufgrund des zu treibenden Aufwandes allerdings weniger für eine schnelle und pragmatische Projektbewertung. „Project Excellence" ist ein System für sehr umfangreiche Projekte.

Für kleinere Systeme bietet sich eher ein System an, das auf wenigen Kennzahlen basiert, die schnell und aufwandsarm ermittelt werden können. Ein solches System mag eine gewisse Unschärfe haben, aber es ist immer noch besser als gar kein System. Hier gilt das vom italienischen Ökonomen Vilfredo Pareto begründete 80:20-Prinzip, nach dem wir 80 Prozent unserer Erfolge mit 20 Prozent des Aufwandes erreichen.

Als Erstes klassifizieren Sie die in einer Organisation durchgeführten Projekte, um so Gemeinsamkeiten herauszuarbeiten (siehe Seite 5). Danach legen Sie für jede Projektklasse Bewertungskriterien fest. So könnte ein Kriterium für die Erfolgsmessung von Entwicklungsprojekten die Zeit bis zur Markteinführung sein, die sogenannte „Time to

Market“. Eine andere Kennzahl könnte die Anzahl der realisierten, im Lastenheft oder Pflichtenheft geforderten Funktionen sein, eine weitere die Zufriedenheit der Kunden beziehungsweise der vom Projekt Betroffenen.

Wichtig bei der Auswahl der Kennzahlen zur Erfolgsmessung und bei deren Bewertung ist die direkte Beeinflussbarkeit durch das Projektteam. Bei der Anwendung der Kennzahlen ist dann darauf zu achten, dass diese nicht durch reine Zahlenjongliererei schöngerechnet werden. Auch der verwendete Punkteschlüssel zur Bewertung muss eindeutig und nachvollziehbar sein. Werden jetzt noch die Ergebnisse in übersichtlicher Form zum Beispiel anhand eines Trendcharts (Bild 5.1) dargestellt, so bieten sie ausreichend Grundlage für die Diskussion von Erfolgs- oder Misserfolgsmustern.

Auch bei dem zu entwickelnden Bewertungsprozess gilt: „Weniger ist mehr.“ Es geht nicht darum, komplexe Prozesse zu entwickeln, durch die eventuell neue Stellen zu schaffen sind, sondern ein schlankes

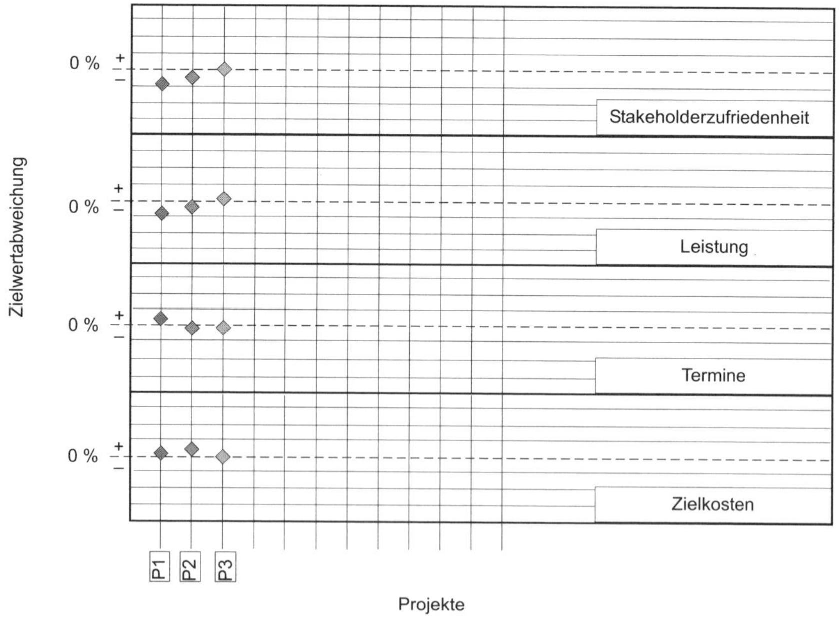

Bild 5.1 Projektbewertung – Trendchart

pragmatisches System zu installieren. Hierzu gehört, dass eine turnusmäßige Projektbewertung zum Beispiel alle drei Monate durchgeführt wird. Mithilfe der von den jeweiligen Projektleitern zur Verfügung zu stellenden Unterlagen abgeschlossener Projekte, die zuvor von den jeweiligen Projektteams nach einem vorgegebenen Muster zu verdichten sind, erfolgt eine Bewertung durch ein zum Beispiel dreiköpfiges Gremium anhand eines Bewertungsbogens (Bild 5.2). Dieses Gremium sollte mit Entscheidungsträgern der oberen Führungsebene besetzt sein. Hierdurch werden die Führungskräfte auch über Projekte und deren Erfolg außerhalb ihres Bereiches informiert und es ergibt sich eine gewisse Unabhängigkeit in der Bewertung.

Ist dieses System erst einmal etabliert, kann man sich in einem zweiten Schritt Gedanken über eine Prämierung des Projekterfolges machen. Auch hier gibt es wieder vielfältige Möglichkeiten, von der simplen finanziellen Prämie bis hin zu Prämien in Form von Weiterbildungsgutscheinen, Reisegutscheinen oder Teamevents für das gesamte Projektteam.

Bewertungskriterien	**Soll**	**Ist**	**Abweichung [%]**	**Wichtung**	**Punktzahl**
Zielkosten - Material - Personal - Sonstige				25 %	
Termine - Projektdauer - Endtermin - Zwischentermin 1 - Zwischentermin n				25 %	
Leistung - Funktionalität - Qualität				30 %	
Stakeholderzufriedenheit - Kunde - Projektteam - Lieferanten				20 %	
			Summe	**100 %**	

Bild 5.2 Beispiel eines Projektbewertungsbogens

TIPPS MIT BISS

Fördern Sie einen gesunden Wettbewerb der Projektteams untereinander durch eine systematische Projektbewertung. Sowohl die Projektteams als auch die Unternehmensleitung erhalten dadurch wertvolle Hinweise zur Optimierung des Projektmanagements.

5.4 Lernen mit System – Wie Sie Mitarbeiter im Projektmanagement intern und extern qualifizieren

Es ist faszinierend zu erleben, wie aus kleinen, auf fremde Hilfe angewiesenen Welpen, die keinerlei Fähigkeiten mit Ausnahme des Saugreflexes besitzen, erfolgreich und hocheffizient handelnde, sozial hochkompetente, im Team agierende Wölfe werden. Ohne ein systematisches Lernen wäre dies wohl kaum möglich. Immer wieder beobachten Verhaltensforscher, wie sich bei frei lebenden Wölfen Verhaltensweisen an veränderte Umweltbedingungen anpassen – was eindeutig erlernt und an den Nachwuchs weitergeben worden sein muss und nichts mit angeborenen Instinkten eines Tieres zu tun haben kann.

Auch unsere Umwelt ist nicht statisch, vielmehr verändert sie sich täglich mit einer ungeheuren Dynamik. Das, was heute noch gut und richtig ist, ist morgen vielleicht schon von Nachteil. Zu Beginn des modernen Projektmanagements in den 1950er-Jahren lag der Fokus eher noch auf den Methoden der Ablauf- und Terminplanung. Heute steht trotz nach wie vor geltender Relevanz dieser Themen die soziale Kompetenz der Teammitglieder im Mittelpunkt. Für uns alle wird lebenslanges Lernen zur Pflicht. Doch gerade hier hapert es in vielen Unternehmen, insbesondere in Bezug auf Projektmanagement.

Wie kann nun eine systematische Qualifizierung im Projektmanagement aussehen? Zuerst einmal sollte ein Anforderungsprofil erstellt werden, das die für die durchzuführenden Projekte benötigten Kenntnisse, Fähigkeiten und Erfahrungen auflistet. Hierbei sind bisher von der Organisation gesammelte Erfahrungen bei der Abwicklung von Projekten unbedingt zu berücksichtigen. Als Nächstes muss die bisherige Qualifikation des angedachten Projektpersonals in Erfahrung gebracht werden. Hilfreich sind hierbei Bewerbungsunterlagen aus der Personalakte, aber natürlich auch persönliche Gespräche. Aufgrund der so gewonnenen Informationen ist ein erster Abgleich von Anforderungen mit vorhandenen Qualifikationen möglich. Nach diesem Abgleich werden Stärken, aber auch Defizite deutlich, die mit den betroffenen Personen zu besprechen und im Weiteren abzustellen sind.

Es folgt die Konzeption von Personalentwicklungsmaßnahmen. Wie bei den Wölfen lässt sich das Lernen nun in zwei Bereiche unterteilen. Zum einen erarbeitet sich der Mitarbeiter bestimmte Themenbereiche im Selbststudium, zum anderen erfolgt die Qualifizierung durch Seminare, Workshops und Lehrgänge. Wichtig hierbei ist, dass es sich um ein abgestimmtes Konzept handelt und nicht um isolierte Maßnahmen nach dem Gießkannenprinzip. In ein Qualifizierungskonzept sollten auch die Personen eingebunden werden, die nur sekundär mit der Projektarbeit zu tun haben, wie zum Beispiel Führungskräfte aus der Linie oder Mitarbeiter, die sporadisch Projekten zuarbeiten. Nur so ist ein gemeinsames Verständnis der Projektarbeit zu erreichen. Ferner wird die Abwicklung von Projekten durch einen einheitlichen Sprachgebrauch erleichtert.

Falls nicht schon vorhanden, sollte ein gemeinsames Grundverständnis des Projektmanagements bei allen beteiligten Personen aufgebaut werden. Hierzu sind in der Regel ein- bis zweitägige Seminare ausreichend. Es sollte darauf geachtet werden, dass bei der Vermittlung des Stoffes an bereits bestehendes Wissen angeknüpft und dass gegebenenfalls in der Organisation bestehende Unterlagen verwendet werden. Dies setzt natürlich voraus, dass der Trainer oder Berater vor der Maßnahme die Unterlagen sichtet und bewertet, was aber für professionell und seriös arbeitende Trainer und Berater zum Pflichtprogramm gehört.

Nach der Grundlagenschulung ist nun zielgruppenspezifisch zu differenzieren zwischen Projektleitungspersonal und den Mitarbeitern, die dem Projektleiter zuarbeiten. Entsprechend sind dann die zu vermittelnden Themen auszuwählen. Die erforderlichen Kenntnisse kann man nun entweder durch mehrere gestufte Tagesseminare erlangen, oder aber man erwirbt sie in einem Lehrgang, zum Beispiel dem Lehrgang „Zertifizierter Projektmanagement-Fachmann (GPM)“. Mit zwischenzeitlich über 10 000 Teilnehmern zählt diese Ausbildung zu den erfolgreichsten im deutschsprachigen Raum (weiterführende Informationen unter www.gpm-ipma.de).

Neben dieser externen Form der Qualifizierung kann – wenn vorhanden – auch auf interne Quellen zurückgegriffen werden, beispielsweise auf erfolgreiche Teams, die ihre Projekterfahrungen einem größeren Kreis von Mitarbeitern vortragen.

TIPPS MIT BISS

- **Beginnen Sie frühzeitig mit der Qualifizierung von Mitarbeitern im Projektmanagement.**
- **Nutzen Sie die intrinsische Motivation Ihrer Mitarbeiter und verschaffen Sie Ihnen Erfolgserlebnisse durch bewusste Projektzuordnung.**
- **Ermöglichen Sie Beobachtungslernen durch Lernen von den „Alphas".**
- **Fördern Sie internen Wettbewerb durch den Einsatz von Projektbewertungssystemen.**
- **Betreiben Sie gezielte Personalentwicklung und nutzen Sie interne und externe Quellen.**

6
Die Jagd beginnt
Wie Sie einen Projektstart mit Biss durchführen

Auch wenn der Hunger eines Wolfes groß ist: Er käme niemals auf die Idee, Hals über Kopf loszulaufen, ohne sich in irgendeiner Form mit den anderen Rudelmitgliedern abzustimmen. Es sei denn, es gelüstet ihn nur nach einem kleinen Appetithappen, der mit geringem Energieeinsatz und alleine zu erreichen ist. Sobald das Rudel aber Größeres bewältigen will, setzt vor der eigentlichen Jagd ein Abstimmungsprozess ein, ein koordiniertes und strategisches Vorgehen. Jedes Mitglied der Jagdgruppe kennt seinen Platz und seine Aufgaben und ist bemüht, die ihm zugeordnete Rolle möglichst gut auszufüllen. Nur so ist in der rauen Wirklichkeit ein Überleben für das Individuum und die Gruppe möglich.

Ebenso wie bei der Jagd der Wölfe ist es bei der Projektarbeit hilfreich und nötig, sich zu Beginn abzustimmen und ein gemeinsames Projektverständnis aufzubauen – um danach mit möglichst geringem Ressourcenaufwand das Projektziel zu erreichen. Es ist also eine Frage der Effizienz, sich zu Beginn viel Zeit zu nehmen, um die Voraussetzungen für das Projekt zu schaffen.

Als Projektleiter stellt man jedoch immer wieder fest, dass die Durchführung eines Kick-off-Meetings mit einigen Herausforderungen verbunden ist. Herr Maier hat an dem angedachten Termin keine Zeit, Frau Schulz hat schon einmal mit einigen Aufgaben begonnen und Herr Huber hält Besprechungen per se für Verschwendung, da alle seiner Meinung nach wichtigen Informationen schon vorliegen. Die dem Projekt neu zugeordneten Mitarbeiter halten sich lieber vornehm zurück und beobachten das Geschehen aus sicherer Entfernung. Wirklich exzellente Voraussetzungen für einen erfolgreichen Projektanfang!

Auch wenn es nur ein schwacher Trost ist: Solche Schwierigkeiten hat so ziemlich jeder Projektleiter hin und wieder. Unabhängig von der Branche, der Projektart und der Projektgröße wird darum häufig auf ein zielgerichtetes Kick-off-Meeting gleich ganz verzichtet. Von den Verantwortlichen beziehungsweise den potenziellen Teilnehmern gibt es dann immer wieder die gleichen Rechtfertigungen:

- Wir haben keine Zeit für so etwas, bei uns muss gearbeitet werden.
- Jeder weiß bei uns ohnehin, was er zu tun hat.
- Die Neuen werden sich schon eingewöhnen.

Zu toppen sind diese Aussagen nur noch durch den beliebten Satz: „Das haben wir noch nie gemacht."

Auf den folgenden Seiten erfahren Sie, warum ein Kick-off-Meeting erfolgskritisch ist und welche Kriterien bei der Durchführung zu berücksichtigen sind. Bei Beachtung der Tipps und der Vorgehensweise werden Sie feststellen, dass gründlich vorbereitete Projekte glatter gehen.

6.1 Gemeinsam auf der Jagd – mit geregeltem Projektstart

Auch wenn die Mitglieder eines Wolfsrudels schon des Öfteren gemeinsam auf der Jagd waren, so gibt es doch immer wieder Einflüsse, die verhindern, dass sich blanke Routine einstellt. Mal liegt es an dem unbekannten Terrain des neuen Jagdgebiets. Ein anderes Mal liegt es an der fehlenden Erfahrung von neu hinzugekommenen Jagdgefährten. Auch wenn man bei der Beobachtung jagender Wölfe gewisse Grundmuster erkennen kann, so gibt es doch jedes Mal eine Vielzahl sich ändernder Ziele, Strategien und Verhaltensweisen. Die Notwendigkeit einer angepassten Vorgehensweise offenbart sich spätestens bei mangelndem Jagderfolg und knurrendem Magen.

Projekte enthalten immer gewisse Routinen, aber insgesamt ist jedes Projekt prinzipiell etwas Neues, das Unvorhergesehenes enthält. Dadurch ergibt sich ebenso wie bei den Wölfen ein gewisser Abstimmungsbedarf. Um den Koordinationsaufwand möglichst gering zu halten, ein gemeinsames Verständnis und eine gemeinsame Arbeitsweise zu entwickeln, sollten Sie ein Kick-off-Meeting durchführen. Bei größeren Projekten ist zusätzlich ein noch aufwendigerer Projektstartworkshop möglichst kurz nach dem Projektbeginn ratsam.

Voraussetzung für das Kick-off-Meeting ist das Vorliegen der wesentlichen und für die Projektbeteiligten relevanten Informationen. Hierzu zählen zum Beispiel Projektziele und Projektinhalt, Informationen über den Auftraggeber und die bereitgestellten Ressourcen. Somit wird für die Teilnehmer deutlich, was für wen unter welchen Rahmenbedingungen erreicht werden soll. Nach dieser eher einseitigen Information der Projektbeteiligten durch den Projektleiter und gegebenenfalls den Auftraggeber ist zu klären, wie die Zusammenarbeit ablaufen soll und welchen Einflüssen das Projekt ausgesetzt ist.

Gleich, ob Sie nun ein Kick-off-Meeting mit eher einseitigem Informationsfluss, einen Projektstartworkshop oder eine in der Praxis eher vorzufindende Mischung aus beiden Formen durchführen: Sie legen damit den Grundstein für die weitere Zusammenarbeit. Sowohl für Sie als auch für die Projektbeteiligten ergeben sich zahlreiche Vorteile.

Vorteile für die Projektbeteiligten sind:

- Vorliegen gleicher Informationen über Projektziele, Projektinhalte und Besonderheiten,
- gegenseitiges erstes Kennenlernen der Projektbeteiligten,
- Aufbau einer gemeinsamen Arbeits- und Kommunikationsbasis.

Vorteile für den Projektleiter sind:

- schnelle und gleichmäßige Versorgung der Projektbeteiligten mit relevanten Projektinformationen,
- Sammlung erster Eindrücke und Erfahrungen bei der Zusammenarbeit der Projektbeteiligten,
- Positionierung der eigenen Person als zentrale Führungsperson im Projekt.

Der in das Kick-off-Meeting oder in den Projektstartworkshop investierte Aufwand aller Beteiligten wird sich nach kurzer Zeit auszahlen.

6.2 Bevor die Jagd beginnt – Worauf Sie bei der Vorbereitung achten sollten

Herr Maier kommt zu spät, Frau Schulz gar nicht, Herr Huber hat einen dringenden Folgetermin und kann deswegen nur 15 Minuten bleiben. Der Besprechungsraum ist für die anwesenden 13 Teilnehmer zu klein, der Beamer streikt und alle Anwesenden sind schon entnervt, bevor die Veranstaltung begonnen hat. Gleich nach dem missglückten Start stellen sich weitere Probleme ein. Ein Teil der Teilnehmer führt Zweiergespräche und unterhält sich über den persönlichen Werdegang und die fachlichen Vorlieben, während der Projektleiter mit einem anderen Teilnehmer über den Sinn einer Formulierung diskutiert. Alle Anwesenden horchen nur einmal kurz auf, als die Besprechungstür mit einem lauten Knall ins Schloss fällt und Herr Huber zu seinem Folgetermin hetzt. Wie später das Projekt ablaufen wird, kann man sich gut vorstellen, nicht wahr?

Das Kick-off-Meeting ist stilbildend für das Projekt insgesamt. Wollen Sie eine gründliche und saubere Vorgehensweise, dann lohnt es sich, auch das Kick-off-Meeting gründlich und sauber vorzubereiten. Dabei helfen Ihnen die folgenden Fragen.

Wer sollte an einem Kick-off-Meeting teilnehmen?

Grundsätzlich alle Personen, die intensiv im Projekt mitarbeiten, das heißt das gesamte Projektteam. Bei sehr großen Projekten oder phasenweise wechselnder Projektteambesetzung mindestens alle Mitglieder des Kernteams. Handelt es sich eher um einseitige Kommunikation, weil im Zuge des Meetings die Beteiligten nur erst einmal informiert werden sollen, dann kann die Teilnehmerzahl ruhig größer sein. Sind hingegen bei einem Projektstartworkshop Grundlagen für den weiteren Projektablauf zu erarbeiten, dann ist es sinnvoll, die Teilnehmerzahl auf sieben plus/minus zwei Teilnehmer zu begrenzen. Sollten weitere Teilnehmer vonnöten sein, bilden Sie, wie im Kapitel 4 „Rudelbildung“ beschrieben, Subteams. Überlegen Sie sich vorher schon einmal, wem Sie die Leitung einer solchen Arbeitsgruppe antragen können, und überprüfen Sie, ob gegebenenfalls benötigte Methodenkompetenzen, zum Beispiel Visualisierung mittels Kartentechnik, in den einzelnen Arbeitsgruppen vorhanden sind.

Wie lange sollte ein Kick-off-Meeting dauern?

Diese Frage hängt von der Projektgröße ab. Bei kleineren Projekten mit Teilnehmern, die bisher schon zusammengearbeitet haben, reichen häufig eineinhalb bis zwei Stunden aus. Bei größeren und komplexeren Projekten mit Teilnehmern, die sich nicht kennen, sollten Sie mehrere Stunden einplanen. Beachten Sie dabei, dass die Aufmerksamkeit und Aufnahmefähigkeit schon nach 45 Minuten stark nachlässt, und planen Sie daher auf jeden Fall ausreichend Pausen ein. Indem Sie die Teilnehmer einbeziehen und selbst aktiv werden lassen, statt immer nur zuhören zu müssen, können Sie die Aufmerksamkeitsspannen und damit die Zeitspannen zwischen den Pausen verlängern. Projektstartworkshops, bei denen die Details der Projektabwicklung erarbeitet werden sollen, können durchaus mehrtägig sein. Der besondere Vorteil mehrtägiger Veranstaltungen liegt darin, dass sich Teilnehmer, die bisher noch nicht zusammengearbeitet haben, bei gemeinsamen abendlichen Aktivitäten besser kennenlernen können. Planen Sie aber bitte auch bei kürzeren Veranstaltungen ausreichend Zeit für ein formelles gegenseitiges Kennenlernen ein. Das absolute Minimum bei neu zusammengestellten Projektteams oder bei neuen Teammitgliedern ist eine Vorstellungsrunde, bei der sich die Teilnehmer gegenseitig bekannt machen.

Was müssen die Teilnehmer vor dem Kick-off-Meeting wissen?

Wie bei jeder Besprechung gilt es auch hier, die Teilnehmer frühzeitig, schriftlich, unter Angabe des Termins, des Ortes und unter Angabe der Tagesordnungspunkte einzuladen. Auf die Bekanntgabe inhaltlicher Details sollten Sie verzichten, da dies ja der primäre Grund für die Zusammenkunft ist.

Worauf soll man achten?

Der Erfolg einer jeden Besprechung ist nicht nur abhängig von deren Inhalten, sondern auch von den Rahmenbedingungen, die vorherrschen. Nachdem Sie bei einem Kick-off-Meeting den Teilnehmern Ihr Projekt verkaufen wollen, ist es ratsam, auf eine verkaufsfördernde Atmosphäre zu achten. Hierbei ist die Auswahl eines geeigneten, hellen, gut zu lüftenden Raumes ebenso wichtig wie die Bereitstellung des richtigen Equipments zur Visualisierung. Bei länger andauernden

Zusammenkünften sollten Sie Getränke bereitstellen und zumindest einen Imbiss. Sie werden feststellen, dies sind Maßnahmen mit geringen Kosten, aber großer Wirkung. Bei Treffen in großen Gebäuden oder auf großen Werksgeländen sollten Sie zumindest den neuen Teilnehmern über Ausschilderungen oder Wegbeschreibungen das Auffinden der Räumlichkeiten erleichtern. Damit erhöhen Sie die Chance auf einen pünktlichen Start.

TIPPS MIT BISS

Bereiten Sie Ihr Kick-off-Meeting oder Ihren Projektstartworkshop sorgfältig vor, hiermit legen Sie den Grundstein für einen reibungslosen und professionellen Ablauf. Denken Sie daran, Sie wollen Ihr Projekt verkaufen und der erste Eindruck zählt!

6.3 Aufbruch – Wie Sie Kick-offs effektiv durchführen

Nachdem alle Teilnehmer Ihrer Veranstaltung dank eines abgestimmten Termins, einer schriftlichen Einladung und hoffentlich auch dank einer gewissen Neugierde auf das Projekt pünktlich eingetroffen sind, können Sie mit Ihrem Kick-off-Meeting starten. Ebenso wie bei der Vorbereitung des Meetings oder des Workshops gibt es bei der Durchführung einige Punkte zu beachten.

Begrüßung

Starten Sie Ihre Zusammenkunft mit ein paar freundlichen Worten und begrüßen Sie die Teilnehmer. Ist der Auftraggeber bei dem Treffen zugegen, was übrigens aufgrund des damit am Projekt ausgedrückten Interesses zu empfehlen ist, dann überlassen Sie ihm die Begrüßung. Andernfalls begrüßen Sie die Teilnehmer zumindest auch im Namen des Auftraggebers. Erklären Sie mit wenigen Worten den Grund der Zusammenkunft und das Ziel des Kick-off-Meetings oder des Projektstartworkshops.

Ziele hierbei sind:

- Vorstellen des Projekts und Herstellung eines gleichen Informationsstandes,

- Fördern der Bereitschaft aller Projektteammitglieder zur nachhaltigen Zielverfolgung,
- gegenseitiges Kennenlernen der Teilnehmer,
- Einigung über Methodeneinsätze im Projektablauf,
- Festlegen der Arbeits- und Kommunikationsform,
- Ermitteln projektfördernder oder behindernder Einflüsse,
- grobe Verteilung der Projektaufgaben.

Den Veranstaltungsablauf vorstellen

Zeigen Sie den Anwesenden, dass das Treffen eine Struktur hat und nicht zufällig abläuft. Stellen Sie die einzelnen Tagesordnungspunkte beziehungsweise die zu bearbeitenden Aufgaben dar. Sorgen Sie zum Beispiel über die Visualisierung auf einem Flipchart dafür, dass der geplante Veranstaltungsablauf während der gesamten Dauer sichtbar bleibt. Dies fördert bei allen Anwesenden die Disziplin und gibt ihnen Orientierung. Fragen Sie die Anwesenden nach der Vorstellung des Ablaufes, ob dieser so wie geplant in Ordnung ist oder ob es Änderungswünsche gibt. Hierdurch wird aus der von Ihnen vorgeschlagenen Vorgehensweise eine gemeinsam verabschiedete Vorgehensweise.

Vorstellen der Teilnehmer und deren Erwartungen

Neben allgemeinen Informationen über das Gegenüber, wie zum Beispiel Namen, Tätigkeit, Ausbildung oder Erfahrung in Projekten, ist es für die Teilnehmer interessant, auch Besonderheiten oder Gemeinsamkeiten zu erfahren. Im Rahmen der gegenseitigen Vorstellung können erste Beziehungen aufgebaut und eventuell vorherrschende Vorurteile abgebaut werden. Die gleichzeitige Abfrage von Erwartungen der Teilnehmer gibt Ihnen noch mal einen Hinweis, welche Punkte aus Sicht der Teilnehmer relevant sind. Durch Verwendung der Kartentechnik geben Sie der Vorstellungsrunde eine Struktur und beschleunigen die Vorstellung. Das anschließend erstellte Fotoprotokoll, hierbei handelt es sich um ein in der Regel mithilfe einer Digitalkamera erstelltes Foto von der Pinnwand, dient der Dokumentation und erleichtert es den Teilnehmern, sich an Vergessenes zu erinnern.

Präsentation des Projekts

Dies ist der eigentliche Anlass der Zusammenkunft. Der Projektleiter muss nun sein Projekt „verkaufen“ und im Idealfall Begeisterung bei den Teilnehmern wecken. Kein ganz leichtes Unterfangen. Daher gilt es auch hier wieder, vorbereitet zu Werke zu gehen.

Wer ist die Zielgruppe? Fragen Sie sich, welches Wissen, welche Erfahrungen und Vorkenntnisse in Bezug auf das Projekt schon bei den Teilnehmern vorhanden sind.

Was ist Ihr Ziel? Welches Bild soll bei den Teilnehmern nach der Präsentation vorherrschen, welche Entscheidungen oder Handlungen wollen Sie auslösen. In der Regel geht es darum, ein eher neutral gestimmtes Publikum für eine neue Aufgabe zu begeistern. Selten brechen die Anwesenden in Begeisterungsstürme aus, haben doch alle schon vielfältige Aufgaben und meist einen vollen Terminkalender. Ist es unter diesem Gesichtspunkt wahrscheinlich, dass alle hochmotiviert zu Werke gehen, oder aber sind Widerstände wahrscheinlicher? Überprüfen Sie, ob Ihr Ziel realistisch ist.

Wie erreichen Sie Ihr Ziel? Gliedern Sie Ihre Präsentation in die drei klassischen Blöcke Einleitung, Hauptteil und Schluss.

Die Einleitung zeigt in kurzen, knappen Worten die Aufgabenstellung beziehungsweise Zielsetzung auf. Der Hauptteil beschäftigt sich mit den Details, zum Beispiel mit technischen oder organisatorischen Details, Terminen, Kosten, Beteiligten und so weiter. Untermauern Sie dabei Ihre Aussagen mit gut gewählten Argumenten.

Welche Argumente sind für die Anwesenden besonders interessant? Wichtig sind vor allem bestimmte Zielpersonen in Ihrem Publikum, die eventuell einen großen Einfluss auf die anderen Anwesenden haben. Denken Sie daran: Der Wurm muss dem Fisch schmecken und nicht dem Angler. Sie müssen Ihr Projekt „verkaufen“. Erarbeiten Sie sich daher eine Liste mit Argumenten, die die Notwendigkeit einer erfolgreichen Projektabwicklung aufzeigen. Ein Argument könnten zum Beispiel Folgeaufträge sein, die sich nach erfolgreicher Projektabwicklung realisieren lassen. Nennen Sie nicht nur die Argumente, sondern zeigen Sie auch deren Tragweite auf. Die in Aussicht stehenden Folgeaufträge lasten die Produktion zum Beispiel für einen Zeitraum von x Monaten aus oder ermöglichen die Expansion des Unternehmens. Achten Sie bei der Verwendung Ihrer Argumente darauf, dass Sie das zweitstärkste Argument zuerst, und das stärkste Argument zuletzt benutzen. Alle anderen Argumente verwenden Sie dazwischen. Durch diese Form der „Sandwich-Taktik" können Sie einen Spannungsbogen aufbauen und sie erreichen, dass das wichtigste Argument den Anwesenden länger im Gedächtnis bleibt. Überlegen Sie, welche Aussagen zusätzlich durch eine Visualisierung unterstützt werden können und dadurch aufgewertet werden.

Den Schluss Ihrer Präsentation bilden eine kurze Zusammenfassung der wichtigsten Aussagen und die Aufforderung zur Diskussion.

Fragerunde und Diskussion

Auch wenn ein Kick-off-Meeting im Gegensatz zu einem Projektstartworkshop eine eher einseitige Information der Beteiligten ist, sollten Sie ausreichend Zeit einplanen, um auf Fragen eingehen zu können und eine Diskussion zu ermöglichen. Bereiten Sie sich auf eventuelle Fragen vor, indem Sie selbst einen Perspektivwechsel vornehmen und sich überlegen, was Sie anstelle eines Teilnehmers fragen würden. Sollten trotz einer guten Vorbereitung Fragen an Sie herangetragen werden, die Sie nicht beantworten können, so bieten Sie an, die Antwort zu recherchieren und zu einem späteren Termin zu geben. Vermeiden Sie Aussagen, die den Charakter von Schnellschüssen haben und später revidiert werden müssen. Hiermit verlieren Sie als Projektleiter nur an Glaubwürdigkeit. Dass Sie sich gut vorbereitet haben, darf erwartet werden. Aber kein Mensch kann von Ihnen verlangen, dass Sie allwissend sind.

Nehmen Sie im Rahmen der Diskussion die Rolle des Moderators ein und stellen Sie sicher, dass sich möglichst jeder Teilnehmer aktiv an der Diskussion beteiligt. Sorgen Sie dafür, dass geäußerte Befürchtungen oder angesprochene Risiken ernst genommen werden und durch eine sachliche Diskussion geklärt werden. Ihr Ziel ist es ja, alle Anwesenden mit ins Boot zu holen und nicht schon bei der ersten Besprechung durch mögliche Killerphrasen wie zum Beispiel: „So ein Quatsch, da wird schon nichts passieren", zu demotivieren.

Damit alle Anwesenden und gerade auch die nicht anwesenden Personen über besprochene Punkte und verabschiedete Maßnahmen informiert sind, empfiehlt es sich, ein Protokoll zu erstellen. Es gibt immer wieder Zusammenkünfte, bei denen stundenlang diskutiert wird, ohne dass auch nur ein Ergebnis festgehalten wird. Vermeiden Sie diese Art der Zeitverschwendung und legen Sie zu Beginn der Veranstaltung eine Person fest, die für das Protokoll zuständig ist. Sagen Sie dem Protokollanten, was zu protokollieren ist. In der Regel reicht ein Ergebnisprotokoll voll und ganz aus. In diesem werden lediglich die vereinbarten Absprachen beziehungsweise Ergebnisse und Maßnahmen dokumentiert, nicht jedoch die Aussagen einzelner Teilnehmer. Maßnahmen sollten mit einer verantwortlichen Person und einem Erledigungstermin versehen sein. Vermeiden Sie hierbei die sehr unterschiedlich zu interpretierende englische Aussage „as soon as possible“, Kurzform „asap“. Dies führt im Nachgang nur wieder zu Diskussionen darüber, was denn „baldmöglichst“ ist. Geben Sie lieber einen klaren Termin vor.

Um eine möglichst reibungsoptimierte Zusammenarbeit nach dem ersten Treffen zu ermöglichen, müssen noch die Art der Zusammenarbeit, die Form der zukünftigen Kommunikation und der Einsatz von Methoden geklärt werden. Legen Sie möglichst beim ersten Treffen fest, welche Punkte in gemeinsamen persönlichen Zusammenkünften oder in virtuellen Treffen zu klären sind. Legen Sie fest, wer welche Informationen erhält beziehungsweise bereitzustellen hat, und bauen Sie einen projektspezifischen Verteiler auf. Vermeiden Sie den „großen“ Outlook-Verteiler, bei dem zwar jeder alles an Informationen bekommt, aber aufgrund der E-Mail-Überflutung trotzdem keiner etwas weiß. Besprechen Sie, wie und wo Informationen im weiteren Projektverlauf bereitgestellt werden und wer wie Zugriff darauf erhält. Klären Sie die primär zu verwendenden Methoden im Rahmen der anstehenden Projektplanung. Hilft ein ausgefeilter Netzplan den Teammitgliedern tatsächlich weiter oder erleichtert ein leicht lesbarer Balkenplan die Zusammenarbeit? In welchen Intervallen trifft man sich zukünftig und was ist für diese Treffen vorzubereiten? Die Klärung dieser Punkte unterstützt eine erfolgreiche Projektarbeit nachhaltig.

6.4 Dranbleiben – Was Sie nach einem Kick-off tun sollten

Ihnen ist es dank Ihrer guten Vorbereitung gelungen, alle Teilnehmer der ersten Zusammenkunft für Ihr Projekt zu begeistern? Herzlichen Glückwunsch! Aber kaum haben Sie sich darüber gebührend gefreut, gibt es auch schon wieder die nächsten Herausforderungen zu meistern. Drei Tage sind vergangen, und schon bemängelt Maier das noch fehlende Protokoll, Schmitt erklärt, er habe noch keine Zeit gehabt, es zu erstellen, und Huber beschwert sich bei Ihnen, dass Frau Müller zum vereinbarten Termin keine Zeit hatte. Selten ist die anfängliche Begeisterung von Dauer. Besonders dann nicht, wenn die Teilnehmer erkennen, dass Zugesagtes nicht eingehalten wird. Achten Sie daher möglichst genau darauf, dass die im Rahmen der Startveranstaltung gemachten Zusagen und Aussagen eingehalten werden. Hierzu gehört die zeitnahe Erstellung des Protokolls oder die Zusendung weiterer vereinbarter Informationen. Gerade zu Beginn eines Projekts achten die Beteiligten besonders auf die Einhaltung von Vereinbarungen. Daran lassen sich nämlich die Organisationsfähigkeit, das Führungsverhalten und die Zuverlässigkeit des Projektleiters ganz gut messen und beurteilen.

Was ist noch zu tun? Mag die Zeit auch drängen und das Projektbudget knapp sein, so sollten Sie trotzdem ausreichend Zeit für teambildende Aktivitäten einplanen. Nun muss es nicht gleich der gemeinsame einwöchige Aufenthalt auf einer einsamen Insel sein, bei dem man durch ein Überlebenstraining die Vorzüge der Teamarbeit kennenlernt. Auch bei knappen Budgets lässt sich die Teambildung unterstützen. Sie werden feststellen, der Aufwand lohnt sich. Was nützen Ihnen lauter Individuen, die zwar emsig und in Höchstgeschwindigkeit arbeiten, deren produzierte Ergebnisse aber mangels Abstimmung und gegenseitiger Rücksichtnahme nicht zusammenpassen?

Um dies zu vermeiden, gibt es verschiedene Möglichkeiten. Ist Ihr Projekt ein kleineres oder führen Sie nur ein kurzes Kick-off-Meeting durch, so reicht oftmals schon ein gemeinsames Essen vor oder nach der Veranstaltung, um sich gegenseitig besser kennenzulernen. Ob die hierbei geführten Gespräche nun eher fachlicher Natur sind oder ob es bei den Gesprächen um Persönliches geht, ist sekundär. Wichtig sind erst einmal das Gespräch an sich und der persönliche Kontakt. Der zu betreibende Aufwand ist dabei minimal. Ein paar gut belegte Brötchen und einige Getränke reichen aus. Noch ein Tipp: Lassen Sie bewusst die Sitzmöglichkeiten weg und verwenden Sie Bistrotische. Dadurch können Sie eine starre Gruppenbildung, wie man sie kennt, wenn sich Personen erst einmal hingesetzt haben, vermeiden. Ihre Aufgabe als Projektleiter ist es nun, durch Herumwandern möglichst mit jedem ins Gespräch zu kommen und wo nötig Personen miteinander ins Gespräch zu bringen.

Bei Durchführung eines Projektstartworkshops oder bei Kick-off-Veranstaltungen großer Projekte bieten sich mehrtägige Veranstaltungen an. Die Teambildung kann dann neben bewusst eingeplanten teambildenden Aktivitäten wie zum Beispiel die gemeinsame Bezwingung eines Hochseilgartens oder die Beobachtung von Wölfen bei einem Teamtraining durch gemeinsame Abendaktivitäten und Übernachtung in einem Hotel forciert werden. Egal, für welche Variante Sie sich entscheiden, sie werden feststellen: Alles ist besser als nichts. Zwangsläufig setzen Sie mit diesen Maßnahmen Kommunikation und Informationsaustausch in Gang. Und dies ist die Grundlage für den Aufbau von gegenseitigem Verständnis. Das ungewohnte oder merkwürdige Verhalten des Gegenübers lässt sich bei der späteren Zusammenarbeit viel leichter ertragen, wenn man die Gründe dafür kennt. Und sei es nur zum Teil.

Solche Veranstaltungen gehen über einen rein unterhaltenden Charakter hinaus und haben erheblichen Einfluss auf die Leistung der Projektteammitglieder. Teilnehmer besprechen im Rahmen dieser Veranstaltungen Themen aus dem Unternehmensalltag. Selbst wenn dies einmal nicht im Vordergrund steht, dienen die geführten Gespräche dem Unternehmen und führen zu einer reibungsoptimierten Zusammenarbeit.

TIPPS MIT BISS

- **Starten Sie Ihr Projekt geregelt und systematisch mit einer Projektstartveranstaltung.**
- **Überlegen Sie, wen es nur zu informieren gilt und mit wem die Grundlagen des weiteren Projektablaufes erarbeitet werden müssen.**

- **Bereiten Sie Ihre Projektstartveranstaltungen sorgfältig vor.**
- **Führen Sie Ihre Projektstartveranstaltung straff durch, geben Sie aber auch informellen Gesprächen ausreichend Raum, zum Beispiel durch das Einplanen von Pausen.**
- **Bereiten Sie Ihre Projektstartveranstaltung nach und halten Sie gemachte Zusagen akribisch ein.**
- **Planen Sie bei neu zusammengestellten Teams ausreichend Zeit für teambildende Aktivitäten ein.**

7

Das Jagdgebiet im Blick

Wie Sie das Projektumfeld, Stakeholder und Risiken analysieren

Unterschiedliche Witterungsbedingungen beeinflussen den Jagderfolg eines Wolfsrudels ebenso wie die Population von Beutetieren und möglichen Konkurrenten. Auch wenn Wölfe kaum natürliche Feinde haben, gibt es doch immer wieder heikle Begegnungen mit Wölfen aus anderen Rudeln, mit Bären oder Pumas, die entweder die Jagd oder aber zumindest den ruhigen Verzehr einer erlegten Beute beeinflussen. Neben den negativen gibt es aber auch positive Einflüsse. So erleichtert das Zusammenspiel von Wolf und Rabe immer wieder die Jagd der Wölfe, indem die Raben kranke oder schon tote Beutetiere anzeigen.

Die Witterungsbedingungen sind, wie sie sind. Starker Schneefall kann genauso behindern wie ungewöhnlich große Hitze. Der Wolf muss sich den Bedingungen anpassen und geeignete Strategien entwickeln, um trotzdem mit möglichst geringem Energieaufwand Jagderfolge zu erzielen. Anders ist es bei den Konkurrenten. Das Verhalten von Kojoten, Bären oder auch Pumas ist von den Wölfen durchaus beeinflussbar und steuerbar. Schon so mancher Kojote, der sich an einer von Wölfen erlegten Beute gütlich tun wollte, gab sein Ansinnen angesichts wölfischer Drohgebärden schnell wieder auf. Auch vielen Bären vergeht der Appetit beim Anblick eines angriffsbereiten Wolfsrudels.

Manche Einflüsse auf Projekte sind nur schwerlich oder gar nicht zu ändern. Man muss sich arrangieren. Andere Einflüsse sind zwar eher negativ, dafür aber aktiv beeinflussbar und steuerbar. Neben den eher hinderlichen Einflüssen lassen sich in den meisten Projekten aber auch für das Projekt förderliche Einflüsse lokalisieren. Vorausgesetzt, man beschäftigt sich mit dem Projektumfeld.

In der Praxis wird das Projektumfeld jedoch häufig sträflich vernachlässigt. Witterungsbedingungen werden bei Bau- oder Anlagenprojekten ignoriert, kulturellen Unterschieden wird zu wenig Aufmerksamkeit geschenkt, gesetzliche Bestimmungen werden missachtet. Die Aufzählung ließe sich beliebig erweitern und ergänzen.

Die mangelnde Beschäftigung mit dem Projektumfeld ist immer wieder ein Grund für Probleme in Projekten. So tauchen beispielsweise auf einmal und ganz plötzlich Anwohner auf und legen bei einem Bauprojekt Einspruch ein, der seinerseits wiederum zu einer Terminverzögerung führt. Ganze Entwicklungsprojekte geraten ins Wanken, weil ein Wettbewerber eine bessere Technologie frühzeitiger auf den Markt bringt als das eigene Unternehmen und keiner den Wettbewerbern die gebührende Aufmerksamkeit geschenkt hat. Viele der im Projektverlauf auftretenden hinderlichen oder förderlichen Einflüsse lassen sich mit einer Projektumfeld- und Stakeholderanalyse frühzeitig erkennen.

Das Projektumfeld umfasst all die Einflüsse, die auf das Projekt während seines gesamten Lebenszyklus direkt oder indirekt einwirken (Bild 7.1). Das Projektergebnis wird maßgeblich durch die personelle und materielle Ausstattung des Teams, vorhandenes Know-how sowie die Teamkultur beeinflusst. Das eigene Unternehmen, in das das Projektteam eingebunden ist, der Auftraggeber sowie mögliche Liefe-

Bild 7.1 Projekteinflussfaktoren

ranten sind ebenfalls zu berücksichtigen. Ebenso wie das Projektteam beeinflussen sie durch die personelle und materielle Ausstattung ihrer Organisation, das Know-how und durch ihre Unternehmenskultur das Projektergebnis stark. Daneben gibt es Einflüsse, die sich aus der Gesellschaft, in die das Projekt eingebettet ist, deren Kultur, deren Politik und Gesetzgebung und durch den Stand der Technik und Wissenschaft ergeben. Jeder dieser Faktoren hat entweder direkt oder zumindest indirekt Einfluss auf das Projektergebnis. Einflüsse, die aus dem Projektteam, der Stammorganisation, der Auftraggeberorganisation oder aus der Lieferantenorganisation herrühren, haben in der Regel direkten Einfluss.

Wenn bei Projekten das Projektumfeld nicht beachtet wird, kann das dramatische Folgen haben. So hat der Shell-Konzern im Jahr 1995 drastische Umsatzeinbrüche hinnehmen müssen, weil bei dem Projekt zur Versenkung der Ölplattform Brent Spar in der Nordsee die geänderte Einstellung der Nordeuropäer zum Thema Umweltschutz unterschätzt wurde. Werden Genehmigungsbehörden, Endkunden oder sachliche beziehungsweise materielle Einflussfaktoren nicht frühzeitig beachtet und gegebenenfalls eingebunden, können sich daraus erhebliche Schwierigkeiten entwickeln.

Daher sollten Sie dem Projektumfeld ausreichend Aufmerksamkeit widmen und schon zu Beginn des Projekts die auf das Projekt einwirkenden Faktoren ermitteln. Hierzu kann entweder auf schon aus vorangegangenen Projekten gesammelten Erfahrungen aufgebaut werden, oder aber man ermittelt mögliche Einflüsse im Rahmen eines Projektstartworkshops zum Beispiel durch ein Brainstorming oder Brainwriting. Die so anfänglich mithilfe einer Kreativitätstechnik ermittelten Einflüsse sind im Nachgang noch zu verifizieren. Zur verdichteten und geordneten Darstellung der Umwelteinflüsse und zur Ableitung von weiteren Maßnahmen kann das Projektumfeld in einer Portfoliodarstellung visualisiert werden (siehe Bild 7.2).

Lokalisieren Sie bei Ihren Projekten frühzeitig die wesentlichen Einflussfaktoren und erarbeiten Sie geeignete Maßnahmen, um sich den Einflüssen entweder anzupassen, sie für sich zu nutzen, sie zu reduzieren oder um diese zu eliminieren. Sie werden feststellen, eine frühzeitige und projektangemessene Beschäftigung mit dem Projektumfeld unterstützt Ihren Projekterfolg. Neben der Lokalisierung der Projekt-

	sachlich	sozial
indirekt	- Designtrends - ...	- Politiker - Wettbewerber - ...
direkt	- verwendetes Material - vorhandene Soft- und Hardware - ...	- Auftraggeber - Projektteam - ...

Bild 7.2 Beispielhaftes Projektumfeldportfolio

umfeldfaktoren sind die Beteiligten und Betroffenen eines Projekts, die Stakeholder, als Teilmenge des Projektumfeldes genauer zu betrachten.

TIPPS MIT BISS

Beschäftigen Sie sich am Anfang Ihres Projekts mit den Einflussfaktoren, die auf das Projekt sowohl bei der Definition als auch bei der Durchführung einwirken. Sie können dadurch förderliche Einflüsse besser nutzen und hinderliche frühzeitig berücksichtigen.

7.1 Freund, Feind oder? – Wie Sie Stakeholder lokalisieren

Bei Projekten ist es äußerst hilfreich, zu wissen, wer einen unterstützt, wer sich neutral verhält und wer das Projektergebnis negativ beeinflusst. Doch woher bekommt man die Informationen und wie kann man sie für das Projekt gewinnbringend verwenden?

Alle Stakeholder eint, dass sie in irgendeiner Weise das Projekt beeinflussen. Teils ganz bewusst, wie zum Beispiel der Anwohner, der gegen ein Bauvorhaben Einspruch einlegt, teils unbewusst durch Einstellungen oder Verhaltensweisen, die die Nutzung eines Projektergebnisses betreffen. So wissen Endkunden in der Regel nicht oder nur am Rande über Entwicklungsprojekte von Unternehmen Bescheid. Sie beeinflussen aber durch ihr Kaufverhalten oder durch ihren Umgang mit Produkten das eigentliche Projekt beziehungsweise das Projektergebnis.

Häufig wird auf eine frühzeitige Lokalisierung der Stakeholder und auf ein aktives Stakeholdermanagement verzichtet. Erst wenn einzelne Stakeholder das Projektergebnis bedrohen, wird ihnen dann umso mehr Aufmerksamkeit geschenkt. Um Stakeholder aktiv zu führen und nicht reaktiv, muss man zuerst wissen, mit wem man es überhaupt zu tun hat.

Die Ermittlung der einzelnen Stakeholder sollte im Projektteam durchgeführt werden. Hierdurch reduziert sich die Gefahr, dass einzelne Stakeholder vergessen werden. Mithilfe eines Brainstormings oder aber auch der 6-3-5-Methode werden die Stakeholder ans Licht gebracht. Sind die Stakeholder erst einmal ermittelt, gilt es, in einem zweiten Schritt Informationen über sie zu bekommen. Um später eine Aussage darüber machen zu können, welche Stakeholder hauptsächlich das Projekt in welcher Art beeinflussen, sind Informationen über den Grad der Betroffenheit der Stakeholder durch das Projekt, die Einstellung zum Projekt und über mögliche Beeinflussungsmöglichkeiten zu ermitteln.

Stakeholder können unterschiedlich stark vom Projekt betroffen sein. Bei einem Reorganisationsprojekt im Unternehmen wird es Mitarbeiter geben, die aufgrund zukünftig neuer Arbeitsinhalte sehr stark betroffen sind, und andere, für die sich trotz Restrukturierung kaum etwas ändert. Grundsätzlich können Stakeholder im Hinblick auf die Einstellung zu einem Projekt negativ, positiv oder neutral gestimmt sein. Die Möglichkeit der Stakeholder, das Projektergebnis zu beeinflussen, hängt von ihrer Macht ab. Ein Auftraggeber hat hierbei eine starke Position, während ein einzelner Mitarbeiter gegebenenfalls nur einen geringen Einfluss auf das Projektergebnis hat. Neben der Einstellung und der Macht sind auch Befürchtungen und Erwartungen zu ermitteln.

Wie kommt man nun zu diesen Informationen? Eine Möglichkeit ist das direkte Gespräch. Je nach Projekt und Stakeholder kann das Gespräch ganz offen oder aber auch unter Verwendung unverfänglicher, aber analoger Gesprächsthemen geführt werden. Eine weitere Form der Informationsbeschaffung ist die über Dritte. Hierbei werden Informationen, die anderen über die Stakeholder vorliegen, für das Projekt ausgewertet. Neben diesen beiden Vorgehensweisen können Einstellung und Macht sowie Befürchtungen oder Erwartungen subjektiv vom Projektteam oder einzelnen Personen geschätzt werden.

Als Ergebnis lässt sich mit den gewonnenen Informationen eine Matrix aufbauen, in der alle bisher vorliegenden Informationen gebündelt werden (Bild 7.3).

Im nächsten Schritt erarbeiten Sie jetzt eine Strategie, mit der die Stakeholder geführt werden. Erst durch die Erarbeitung von Maßnahmen zur Führung der Stakeholder und deren späterer Umsetzung wird das vorhandene Wissen über die Stakeholder aktiv für das Projekt genutzt. Das Wissen über die Einstellung der Akteure zum Projekt gepaart mit der richtigen Strategie zur Führung der Personen oder Personengruppen unterstützt Ihren Projekterfolg.

Stakeholder	**Betroffenheit** 1 = niedrig, 5 = hoch	**Einfluss/Macht** 1 = niedrig, 5 = hoch	**Einstellung** ++, +, o, –, —	(+) **Erwartungen** (–) **Befürchtungen**	**Maßnahmen**
Auftraggeber	5	5	++	(+) reibungsloser Projektablauf	- regelmäßige Statusberichte
Projektmitarbeiter	5	3	+	(–) Mehrarbeit/ Überlastung	- regelmäßige Besprechungen - Kapazitätsplanung
Betriebsrat	3	3	o	(–) Arbeitsplatz-abbau	- frühzeitige Information über Ziele - regelmäßige Gespräche führen
...					

Bild 7.3 Beispiel einer Stakeholdermatrix

7.2 Eigeninitiative – Wie Sie Stakeholder aktiv führen

Da Stakeholder Personen oder Personengruppen sind, die am Projekt beziehungsweise am Projektergebnis interessiert sind, müssen Sie deren Interessen und Motive berücksichtigen. Dabei können diese sehr unterschiedlich sein. Einige Stakeholder haben lediglich ein geringes Interesse am Projekt und möchten nur über den Stand informiert werden. Andere Stakeholder hingegen möchten aktiv ins Projekt mit eingebunden werden und wieder andere arbeiten gegen das Projekt beziehungsweise dessen Ergebnis. So unterschiedlich die Interessen sind, so vielfältig sind die einzuleitenden Maßnahmen und Strategien. Grundsätzlich lassen sich dabei drei Grundstrategien unterscheiden.

- *Partizipative Strategie:* Diese Strategie macht aus Betroffenen Beteiligte. Ziel ist es, die Stakeholder möglichst einzubinden. In der schwächsten Form einfach durch reine Information. Oder durch Mitarbeit im Projekt bis hin zur Beteiligung an Entscheidungen.
- *Diskursive Strategie:* Hierbei werden auftretende Konflikte zwischen den Stakeholdern offengelegt und sachlich angesprochen. Ziel ist es, die Stakeholder einzubinden und mögliche Konflikte frühzeitig für alle möglichst zufriedenstellend zu lösen.
- *Repressive Strategie:* Diese Strategie verfolgt die Beeinflussung der Stakeholder durch mehr oder weniger starken Druck zum Beispiel durch die Drohung der Einschaltung von Vorgesetzten oder sonstigen wichtigen Entscheidungsträgern gegenüber den unwilligen Projektmitarbeitern.

Bei zahlreichen Projekten ist es sinnvoll, aus Betroffenen Beteiligte zu machen. Hierzu ein Beispiel. Stellen Sie sich vor, Sie wohnen in einem Mehrfamilienhaus und planen die Durchführung einer Feier, die sicher nicht um 22:00 Uhr beendet ist. Außerdem wissen Sie um den schlechten Schallschutz in Ihrem Haus. Als erfahrener Organisator wissen Sie, dass sich daraus verschiedene Szenarien ableiten lassen. Beim ersten Szenario verraten Sie keinem etwas von Ihrer Party, dafür klopfen aber spätestens um 22:00 Uhr die ersten Nachbarn an Ihre Tür und bitten um Ruhe. Kommen Sie diesem Wunsch nicht nach, ist die Wahrscheinlichkeit sehr hoch, dass zu einem späteren Zeitpunkt nicht mehr nur die Nachbarn vor Ihrer Tür stehen, sondern auch grün-beige uniformierte Beamte im Dienst. Bei Szenario Nummer zwei informieren

Sie die Nachbarn im Hause zumindest über Ihr Vorhaben. Dies beschert Ihnen ein gewisses Verständnis der Nachbarn – zumindest bis zu vorgerückter Stunde. Aber auch hier könnte es sein, dass ein Nachbar auf einmal vor Ihrer Tür steht und um Ruhe bittet. Bei Szenario drei laden Sie alle Nachbarn durch eine persönliche Einladung zu Ihrer Feier ein. Aufgrund eventueller Altersunterschiede oder auch aus sonstigen Gründen mag nun der ein oder andere Ihrer Einladung nicht folgen. Trotzdem werden Sie feststellen, dass auch nach Mitternacht noch kein Nachbar an Ihre Tür geklopft hat. Vorausgesetzt natürlich, der von Ihnen verursachte Geräuschpegel übersteigt nicht ein partyübliches Maß, bei dem Unterhaltungen noch möglich sind. Durch diese Vorgehensweise haben Sie Betroffene zu Beteiligten gemacht. Ein Teil Ihrer Nachbarn feiert mit Ihnen und genießt den Abend und der Teil, der Ihnen eine Absage erteilt hat, hat dies aus freien Stücken gemacht. Um die nicht anwesenden Nachbarn noch positiver zu stimmen, können Sie Ihnen ja ein klein wenig Ihrer Speisen und Getränke vorbeibringen. Sie werden sehen, durch diese Art des Stakeholdermanagements können Sie in fast allen Fällen Ihre Feier bis in die frühen Morgenstunden ausdehnen.

Genauso wie in diesem Beispiel verhalten sich Stakeholder meist auch in Projekten. Wie würden Sie als Betriebsrat reagieren, wenn man Sie im Zuge eines Organisationsprojekts erst kurz vor der Umstellung eines Prämiensystems informieren würde? Was würden Sie machen, wenn Sie als Auftraggeber keinerlei Informationen über den Projektverlauf bekämen? Oder wie begeistert wären Sie als Anwender einer Software oder als Maschinenbediener, wenn die benötigte Funktionalität nicht geboten wäre oder aber wenn sich die erstellte Software oder Maschine nur sehr umständlich bedienen lassen würde? Leider werden Kunden beziehungsweise die Anwender eines Produktes oft nicht berücksichtigt und die für den Projekterfolg wichtigen Entscheider nicht frühzeitig genug mit eingebunden. Spätere Einsprüche oder Änderungswünsche sind so vorprogrammiert. Um dies zu vermeiden, sollten Sie in jedem Projekt auf die folgenden Stakeholdergruppen achten:

- Auftraggeber extern und intern.
- Kunden: Hierbei kann es einen direkten und indirekten Kunden geben.

- Mitarbeiter: die des eigenen Projekts, aber auch des eigenen Unternehmens.
- Lieferanten: sowohl von Sachleistungen als auch von Dienstleistungen.
- Eigentümer oder Anteilseigner: des eigenen Unternehmens.
- Gesellschaft oder Öffentlichkeit: Hierzu zählen zum Beispiel private Einzelpersonen ebenso wie Behörden, Vereine, Parteien, der Gesetzgeber und die Medien.

Durch eine offene und aktive Informationspolitik binden Sie nun die einzelnen Stakeholdergruppen beziehungsweise Stakeholder in das Projekt ein. Hierbei heißt offen natürlich nicht, dass jeder Stakeholder jede Information erhält. Vielmehr gilt es genau abzuwägen, wer mit welchen Informationen versorgt wird und welche Informationen überhaupt von wem verteilt werden dürfen. Aktiv heißt hierbei, dass man die Stakeholder mit Informationen versorgt und man nicht wartet, bis Stakeholder Informationen anfordern.

7.3 Wachsam bleiben – Warum projektbegleitendes Stakeholdermanagement wichtig ist

Wölfe sind stets aufmerksam, auch wenn sie vermeintlich schlafen oder ruhen. Nichts entgeht ihnen, kein Geräusch und keine Bewegung. Schon bei der geringsten von ihnen als relevant eingeschätzten Änderung des Umfeldes gehen sie dieser nach und untersuchen neugierig und aufmerksam ihre Umgebung, in der sie jagen und leben.

Das Erstellen einer Stakeholderanalyse am Anfang des Projekts wird häufig vernachlässigt. Sollte sie jedoch erstellt worden sein, so verschwindet sie nicht selten in einer Schublade oder findet ihren Frieden in der EDV-Ablage. Häufig herrscht nämlich die Meinung vor, die einmalige Beschäftigung mit den Stakeholdern würde ausreichen. Weit gefehlt. Denken Sie nur einmal daran, wie häufig sich eine Meinung zu einem Sachverhalt bei einem selbst ändert. Gerade war man noch voller Begeisterung von einem Unterfangen, da kommen schon erste Zweifel aufgrund neuer vorliegender Informationen.

Der Abteilungsleiter, der Ihnen am Anfang des Projekts noch wohlgesinnt war, verliert zusehends die Lust am Projekt, weil er sich schlecht informiert und übergangen fühlt. Der Auftraggeber denkt schon darüber nach, beim nächsten Projekt einen anderen Projektleiter als Sie einzusetzen, da er bis zu seiner mehrfachen Nachfrage keinerlei Informationen über das Projekt erhalten hat. Ohne dass Sie es gemerkt haben, hat sich die anfänglich positive Stimmung und Unterstützung für Ihr Projekt in eine negative Stimmung verändert. Der Abteilungsleiter stellt Ihnen die angeforderten Mitarbeiter nicht mehr zur Verfügung und ihr gemeinsamer Vorgesetzter gibt Ihnen zu verstehen, dass er Wichtigeres zu tun hat, als sich um Ihre „Kleinigkeiten“ zu kümmern.

Ein Alphawolf bleibt mit seinen Rudelmitgliedern in ständigem Kontakt und kann so aufkommende Konflikte, mangelnde Unterstützung und viele andere die Jagd beeinflussende Veränderungen im Rudel erkennen. Und nicht nur das. Der kanadische Biologe Farley Mowat hat bei seinen Beobachtungen von frei lebenden Wölfen in Nordkanada Wolfsrudel erlebt, die sich gegenseitig besuchten. Nach seiner Aussage machte das Verhalten der Wölfe den Anschein, als stimme man sich rudelübergreifend ab. Da der Jagderfolg eines Rudels auch durch ein in der Nähe lebendes Rudel beeinflusst wird, ist dies keine schlechte Strategie. So abgestimmt gestaltet sich manche Jagd und Begegnung ein klein wenig reibungsloser.

Natürlich ist es nicht möglich, täglich mit allen Stakeholdern in Kontakt zu treten und deren Befindlichkeiten im Hinblick auf das Projekt zu ermitteln. Aus diesem Grunde bietet sich folgende Vorgehensweise an:

- Ermitteln Sie, zu welchen Zeitpunkten sich die Einstellung der Stakeholder am ehesten verändern wird. In der Regel ist dies der Fall, wenn Entscheidungen von großer Tragweite zu treffen sind, positive wie negative Projektzwischenergebnisse vorliegen oder aber die Stakeholder von Dritten stark beeinflusst werden.
- Überlegen Sie sich, zu welchen Zeitpunkten Sie mit den Stakeholdern in Kontakt treten müssen, um Ihre bisherigen Informationen über die Stakeholder zu überprüfen, neue zu gewinnen und um die von Ihnen gewünschte Verhaltensweise oder Einstellung herbeizuführen.

Stakeholder	Informationen/Inhalte	Medium	Zeitpunkt/Intervall
Auftraggeber	Projektstatus	Vieraugengespräch	monatlich
Abteilung XY	Projektstatus	Aushang	monatlich
Öffentlichkeit	allgemeine Infos über Projektstart/-ende	Pressemitteilung	Projektbeginn Projektabschluss
...			

Bild 7.4 Kommunikationsplan

- Erstellen Sie auf Grundlage der vorherigen Überlegungen einen Kommunikationsplan, in dem Sie die Stakeholder festlegen, mit denen kommuniziert wird, die Art der Kommunikation und das eingesetzte Medium, persönliches Gespräch, Telefonat oder schriftliche Kommunikation per E-Mail, Brief, Presseveröffentlichung festlegen, den Zeitpunkt oder das Intervall, in dem kommuniziert wird, und die wesentlichen Inhalte, die kommuniziert werden.

Der so erstellte Kommunikationsplan (Bild 7.4) ist ein Teil der Strategien und Maßnahmen zur Lenkung der Stakeholder. Sie sollten sich auch darüber Gedanken machen, wie die Stakeholder bei Bedarf selbst mit Ihnen in Kontakt treten können. Um dies zu ermöglichen, können spezielle E-Mail-Adressen, Telefonnummern oder personell besetzte Anlaufstellen bereitgestellt werden, mittels derer eine Kontaktaufnahme der Stakeholder mit dem Projekt oder dem Projektleiter ermöglicht wird.

Durch den regelmäßigen Kontakt mit den Stakeholdern erhalten Sie so frühzeitig Hinweise auf Veränderungen in Ihrem Projektumfeld.

7.4 Gefahren bei der Jagd – Wie Sie Risiken ermitteln und managen

Bei der Jagd nach Beute sind die Wölfe vielen Risiken ausgesetzt. So kann ein Rudelmitglied bei der Jagd zum Beispiel von einer allzu wehrhaften Beute verletzt oder sogar getötet werden. Neben dem Verletzungsrisiko besteht das Risiko des Jagdmisserfolges. Auch dieser kann im schlimmsten Falle tödliche Auswirkungen haben. Wölfe be-

grenzen die vorherrschenden Risiken durch ganz gezielte Strategien. So wird wehrhafte Beute zum Beispiel immer so angegriffen, dass das Verletzungsrisiko für die Wölfe möglichst gering ist.

So, wie die Wölfe Risiken ausgesetzt sind, so sind auch unsere Projekte gewissen Risiken ausgesetzt. Nicht gerade tödliche Risiken, bis auf Ausnahmen, wenn zum Beispiel Spaceshuttles explodieren oder Straßenarbeiter auf alte Fliegerbomben stoßen. Aber die Existenz von Unternehmen oder zumindest Arbeitsplätzen steht oft genug auf dem Spiel.

In Projekten gilt es, durch ein aktives Risikomanagement die Risiken und die Faktoren, die eine Gefahr für den erfolgreichen Projektablauf darstellen, zu ermitteln, zu analysieren und zu bewerten sowie frühzeitig geeignete Maßnahmen zu erarbeiten.

Betrachtet man die möglichen Risiken, so kann man sie in folgende Kategorien einordnen:

- projektmanagementbedingte Risiken, zum Beispiel durch mangelnde Projektplanung oder -steuerung,
- Marktrisiken, zum Beispiel Änderung von Absatz- oder Beschaffungsmärkten,
- finanzielle Risiken, zum Beispiel Zahlungsausfall eines Kunden oder Wechselkursrisiken,
- Umweltrisiken, zum Beispiel klimabedingte Risiken,
- personelle Risiken, zum Beispiel durch Ausscheiden eines Mitarbeiters aus dem Projektteam oder Krankheit,
- technische Risiken, zum Beispiel durch unsichere Prozessabläufe oder Materialermüdung.

Risiken können im Hinblick auf ihre Vermeidung oder auf notwendige Vorsorgemaßnahmen in drei Kategorien eingeteilt werden:

- Risiken, die durch vertragliche Regelung ausgeschlossen werden können,
- Risiken, die nicht ausgeschlossen, aber versichert werden können,
- Risiken, die weder vertraglich ausgeschlossen noch versichert werden können.

Die Ermittlung konkreter Risiken für das Projekt erfolgt in der Praxis durch die Erstellung von Risikochecklisten. Dabei ist es ratsam, die jeweils für ein Fachgebiet zuständigen Experten hinzuzuziehen, da sie am ehesten mögliche Risiken „riechen" können. Sind mögliche Risiken ermittelt, werden ihre Auswirkungen auf Kosten, Termine und zu erbringende Leistung beziehungsweise deren Qualität untersucht. Gleichzeitig wird ihre Eintrittswahrscheinlichkeit in Prozent abgeschätzt. Ist das nicht möglich, so kann man die Eintrittswahrscheinlichkeit auch in die drei Klassen gering, mittel und hoch einteilen (Bild 7.5).

Die Kosten, die beim Eintreten eines Risikos entstehen würden, werden als potenzielle Risikokosten bezeichnet. Durch Multiplikation der potenziellen Risikokosten mit der Eintrittswahrscheinlichkeit erhält man die wahrscheinlichen Risikokosten. Die Höhe der wahrscheinlichen Risikokosten gibt gleichzeitig deren Priorität an. Durch Aufsummierung der wahrscheinlichen Kosten aller Einzelrisiken kann die Gesamtrisikovorsorge ermittelt werden.

Je nach Größe und Auswirkung des Projekts ist es sinnvoll, neben den rein monetären Risiken auch nicht monetäre Risiken wie zum Beispiel Imageverlust, Mitarbeiterzufriedenheit etc. zu bewerten.

In einem weiteren Schritt sind nun Maßnahmen zu erarbeiten, mithilfe derer die lokalisierten Risiken gemanagt werden können. Dabei

Risikoanalyse für Projekt: **Datum:**

		Primär Auswirkung auf					
Projektrisiko	Eintritts-wahrschein-lichkeit [%]	Leistung/ Qualität	Kosten	Zeit	Potenzielle Risikokosten [Euro]	Wahr-scheinliche Risikokosten [Euro]	Strategien/Maßnahmen

Bild 7.5 Arbeitsblatt zur Risikoanalyse und -bewertung

sind in Abhängigkeit von der Eintrittswahrscheinlichkeit und der ermittelten Schadenshöhe die folgenden Grundstrategien verwendbar (Bild 7.6):

- Risikoakzeptanz: Hierbei werden keine weiteren Maßnahmen ergriffen und das ermittelte Risiko wird als solches akzeptiert.
- Risikoverminderung: Darunter versteht man die Senkung der Eintrittswahrscheinlichkeit eines Risikos.
- Risikoverlagerung: Überträgt das Risiko an andere Parteien, zum Beispiel auf eine Versicherungsgesellschaft.
- Risikobegrenzung: Hat zum Ziel, bei Schadenseintritt mögliche Folgen zu minimieren.
- Risikovermeidung: Verfolgt das Ziel, Risiken erst gar nicht einzugehen.

Ebenso wie das Stakeholdermanagement ist das Risikomanagement projektbegleitend durchzuführen. Nur so erkennt man frühzeitig neue Risiken oder die Änderung der Tragweite oder der Eintrittswahrscheinlichkeit von schon lokalisierten Risiken.

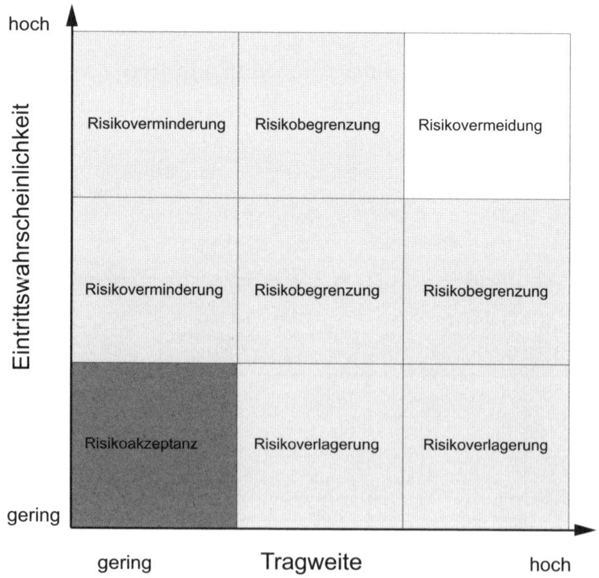

Bild 7.6 Strategien zur Risikovorsorge

Die Ermittlung der Risiken kann durch ein Brainstorming im Projektteam erfolgen oder aber bei größeren Projekten mit entsprechend komplexen Inhalten durch strukturierte Methoden, bei denen unter Zuhilfenahme der definierten Arbeitspakete daraus resultierende Risiken ermittelt werden.

TIPPS MIT BISS

- Ermitteln Sie am Anfang des Projekts die Einflüsse, die sich aus dem Projektumfeld auf Ihr Projekt ergeben.
- Lokalisieren Sie die Stakeholder Ihres Projekts und deren Beziehung zum Projekt.
- Erarbeiten Sie frühzeitig Strategien zur aktiven Führung der Stakeholder und setzen Sie diese um.
- Ermitteln Sie die Risiken, die sich für Ihr Projekt ergeben.
- Nutzen Sie bei der Umfeld-, Stakeholder- und Risikoanalyse das Know-how Ihres Projektteams beziehungsweise das von Experten.

8
Jagdstrategien
Wie Sie Projekte erfolgreich planen

Wenn Wölfe auf die Jagd gehen, haben sie einen Plan. Kein Wolf käme auf die Idee, zumindest kein erwachsener, ziel- und planlos auf eine Beute zuzulaufen. Welpen oder juvenile Wölfe hingegen laufen in ihrer Unerfahrenheit oft erfolglos hinter der begehrten Beute her. Erfahrene Wölfe schauen dabei dann oft betont teilnahmslos zu und demonstrieren den Youngstern, wie man Kräfte spart. Irgendwann, wenn der Nachwuchs wieder einmal mit schweren Gliedern und hängender Zunge nach erfolgloser Hatz zurückkehrt, wird ihm klar, dass das bedachte und bedächtige Vorgehen der älteren und erfahrenen Tiere seinen Grund hat.

Kaum hat sich das Projektteam zusammengerauft, da gibt es schon wieder neue Streitigkeiten. Herr Maier besteht darauf, einen detaillierten Projektplan mithilfe der eigens angeschafften Software „PM-Success" zu erstellen. Herr Huber hält dies alles für Quatsch und hat einfach einmal mit einigen Aufgaben angefangen. Frau Müller hat für ihre Abteilung bereits einen Terminplan unter Zuhilfenahme der Textverarbeitungssoftware erstellt und Frau Schulz bevorzugt ein situatives Vorgehen ohne feste Termine.

Die beschriebene Situation mag im ersten Moment überzogen klingen, aber genau so läuft es an jedem Tag in Tausenden von Projekten. Mag es nun an dem mangelnden Projektmanagementwissen liegen, bestimmten persönlichen Vorlieben, einem übertriebenen Ressortpatriotismus oder einfach an unterschiedlichen EDV-Tools. Bei dieser Art der Projektplanung gibt es noch einiges mehr an Herausforderungen zu lösen, als die meisten Projekte ohnehin schon mitbringen.

Dieses Kapitel zeigt Ihnen die Vorgehensweise und Methoden der Projektplanung. Durch eine gemeinsam mit den Projektbeteiligten erstellte Projektplanung vermeiden Sie die beschriebenen Alleingänge und nutzen das gesamte Know-how Ihres Projektteams. Gleichzeitig vermindern Sie die Gefahr, Wichtiges zu vergessen oder Aufgaben falsch einzuschätzen.

8.1 Was ist zu tun? – Wie Sie Projekte in Phasen unterteilen und einen Projektstrukturplan erstellen

Wölfe sind Meister der Effizienz. Sie teilen die Nahrungssuche in verschiedene Phasen auf. In jeder der Phasen sind andere Aufgaben zu lösen und andere Fähigkeiten, Erfahrungen und Eigenschaften gefragt. Beobachtungen in freier Wildbahn lassen darauf schließen, dass den einzelnen Wölfen im Rudel entsprechend ihren Fähigkeiten Aufgaben zugeordnet werden. So beschreiben Günther und Karin Bloch eine junge Wölfin mit wahren Sprinterqualitäten. Immer dann, wenn eine solche Fähigkeit bei der Jagd gefragt war, kam ihr die Rolle des Sprinters zu.

Will man die Komplexität eines Projekts reduzieren und einen besseren Überblick über die anfallenden Aufgaben und Anforderungen erhalten, die sich daraus ergeben, so ist der erste Schritt in der Projektplanung die Einteilung eines Projekts in Phasen.

Projektphasen bilden eine erste grobe Unterteilung des gesamten Projektablaufes. Aus Ihnen lassen sich für jede einzelne Phase detailliertere Planungen ableiten. In der Regel werden die einzelnen Phasen jeweils durch das Erreichen eines Meilensteins beendet. Meilensteine sind herausragende Ereignisse, die wiederum durch eine zu erbringende Leistung und einen Eintrittszeitpunkt beschrieben sind. Am Ende einer Phase und bei Erreichen des Meilensteins wird häufig auch über die weitere Projektfortführung entschieden (Bild 8.1).

Die Anzahl der Projektphasen richtet sich nach der Komplexität eines Projekts und kann differieren. Jedes Projekt lässt sich aber zumindest in die vier Phasen Initialisierung, Planung, Realisierung und Abschluss einteilen.

In der Phase der *Initialisierung* werden alle für das Projekt relevanten Informationen zusammengetragen. Sie mündet in der Regel im Projektauftrag.

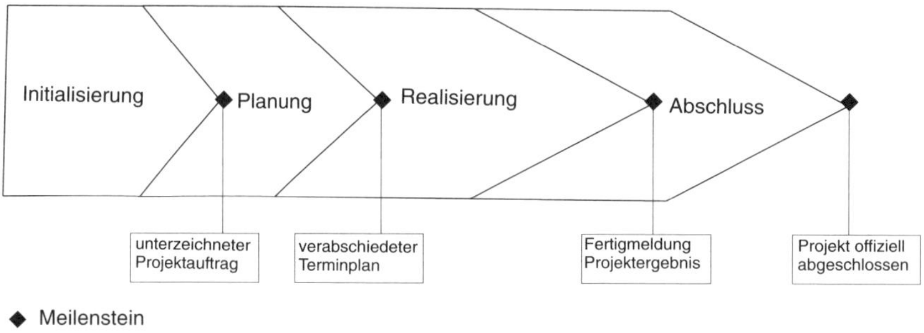

Bild 8.1 Projektphasen und Meilensteine

In der Phase der *Planung* wird sowohl die eigentliche Projektleistung geplant, zum Beispiel die zu liefernde Maschine oder das zu bauende Haus, als auch der Ablauf des Projekts. Häufig wird diese Phase nochmals unterteilt in eine Konzeptionsphase und eine Planungsphase. Wenn alle benötigten Pläne sowohl für das Produkt als auch für die Projektabwicklung vorliegen, ist diese Phase beendet.

In der *Realisierungsphase* wird die eigentliche Projektleistung erstellt. Die Maschine oder das Haus wird gebaut. Ist die Leistung fertiggestellt und abnahmebereit, so ist der Meilenstein erreicht und die Phase beendet.

In der *Abschlussphase* wird die erstellte Leistung abgenommen, es werden noch nötige Nacharbeiten durchgeführt und alle noch offenen Arbeiten erledigt. Beendet wird die Abschlussphase durch eine Abschlussbesprechung, bei der das Projekt offiziell für beendet erklärt wird.

Welche Tätigkeiten fallen in jeder dieser Phasen an? Diese Frage beantwortet der Projektstrukturplan, Kurzform: PSP. Der Projektstrukturplan dient der weiteren Detaillierung des Projekts und verzeichnet alle wesentlichen Arbeiten, die im Projekt anfallen. In ihm sind alle Maßnahmen zur Zielerreichung, untergliedert in Teilaufgaben und Arbeitspakete, enthalten. Arbeitspakete enthalten Einzelaufgaben, die nicht weiter differenziert werden können. Sie sind die kleinsten Einheiten im Projektstrukturplan und können unterschiedliche Differenzierungsgrade aufweisen. In ihnen wird festgelegt, was zu tun ist, aber nicht, wie es zu tun ist.

Die vollständige und zielgerichtete Strukturierung des Projekts in alle Einzelaufgaben sorgt für Überschaubarkeit und Transparenz der Projektarbeit und bildet die Grundlage für die weitere Planung und Steuerung. Die Erstellung des Projektstrukturplans erfolgt im Allgemeinen von oben nach unten (top-down), vom Groben hin zum Detail. Je nach Größe des Projekts kann der Projektstrukturplan schon am Anfang alle Arbeiten, die im Rahmen des Projekts anfallen, enthalten oder aber auch nur die Arbeiten, die in der aktuellen und vielleicht der nächsten Phase anfallen. Daher ist häufig der Detaillierungsgrad späterer Phasen zu Projektbeginn noch gering. Erst wenn alle Informationen aus vorangegangenen Phasen vorliegen, die für die weitere Strukturierung benötigt werden, wird der Plan für die betrachtete Phase verfeinert.

Um die Übersichtlichkeit und Verständlichkeit des Projektstrukturplans zu gewährleisten, sollte er bei größeren Projekten in Teilpläne untergliedert werden. Diese Teilpläne wiederum können sich zum Beispiel an den Phasen orientieren. Projektstrukturpläne lassen sich nach unterschiedlichen Gliederungskriterien aufbauen. Dabei kann man in vier verschiedene Arten unterscheiden:

- *Funktionsorientierter Projektstrukturplan*
  Hier stehen die zur Projektabwicklung notwendigen Funktionen/Tätigkeiten im Mittelpunkt, zum Beispiel Projektleitung, Konstruktion, Berechnung, Einkauf.
- *Objektorientierter Projektstrukturplan*
  Gegenstand ist die Gliederung des Projekts beziehungsweise des Projektgegenstandes in seine einzelnen Bestandteile. Bei einem Flugzeug zum Beispiel in Rumpf, Flügel, Turbinen etc.
- *Phasenorientierter Projektstrukturplan*
  Hierbei strukturiert man die Teilaufgaben und Arbeitspakete gemäß dem Entwicklungsprozess des Projekts. Die oberste Ebene wird durch die zuvor definierten Projektphasen gebildet.
- *Gemischtorientierter Projektstrukturplan*
  Er enthält sowohl Objekte als auch Funktionen. Die Strukturierungsart wird für jede Ebene getrennt festgelegt. Innerhalb einer Ebene ist darauf zu achten, dass die Gliederungsart gleichartig ist.

Allen diesen Plänen gemeinsam ist das Ziel, eine möglichst hohe Transparenz über die im Projekt anfallenden Arbeiten zu erreichen.

Wichtig ist in jedem Fall die Überprüfung des erstellten Projektstrukturplans. Dabei ist darauf zu achten, ob die Gliederung logisch und folgerichtig ist, der Grad der Detaillierung eine optimale Transparenz ermöglicht und der Projektstrukturplan vollständig ist.

Ist der Projektstrukturplan erstellt, wird jedem Element eine Identifikations- und Klassifikationsnummer zugewiesen. Der so aufgebaute PSP-Code erleichtert die Kommunikation der Projektbeteiligten und sollte in allen weiteren Dokumenten, die erstellt werden, verwendet werden (siehe Bild 8.2).

Ist die Struktur des Projekts oder einer einzelnen Phase beschrieben und sind alle anfallenden Arbeiten in Teilaufgaben oder Arbeitspakete zerlegt, kann mit der Beschreibung der einzelnen Arbeitspakete begonnen werden. Bild 8.3 zeigt die Mindestinhalte einer Arbeitspaketbeschreibung.

Im Rahmen der Arbeitspaketbeschreibung ist der bei einem Arbeitspaket anfallende Aufwand zu ermitteln. Die am häufigsten verwendeten Methoden der Aufwandsermittlung dürften die Schätzung oder die Berechnung mithilfe von Formeln sein.

Neben einer Schätzung oder Berechnung kann auch auf Werte aus schon durchgeführten Projekten zurückgegriffen werden. Dies setzt jedoch eine strukturierte und präzise Aufwandserfassung in Projekten voraus.

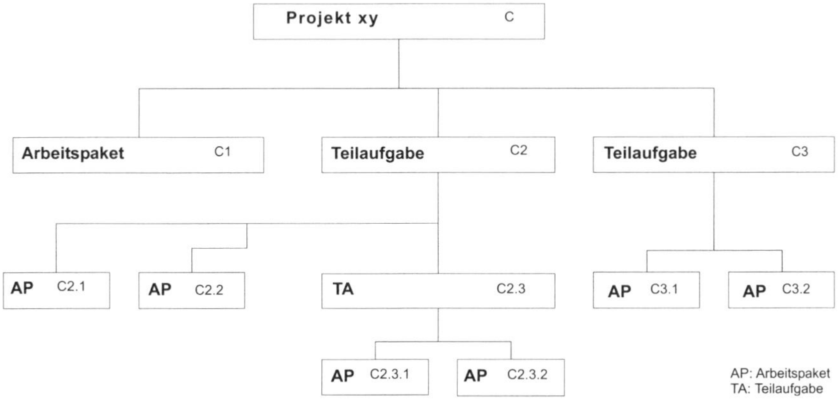

Bild 8.2 Projektstrukturplan

Arbeitspaket Nr.:	Leistungsbeschreibung: Ziele/Ergebnisse
Verantwortlicher: ... Mitarbeiter: ... Sachmittel: ... Benötigte Dokumente: ... Aufwand [h]: ... Kosten [Euro]: ... Dauer von ... bis: ... Ersteller/Datum: ...	• ... • • •

Bild 8.3 Beispiel einer Arbeitspaketbeschreibung

Um nun möglichst realistische Zeiten in der Planung anzusetzen, sollten, falls vorhanden, der zeitliche Aufwand pro Arbeitspaket von bereits durchgeführten Projekten überprüft und übernommen, berechnet oder aber es sollte eine Schätzung möglichst im Team vorgenommen werden. Von Alleingängen des Projektleiters ist abzusehen, da die hier verwendeten Zeiten Grundlage aller weiteren Planungsschritte sind und der Projektleiter in der Regel nicht über ausreichende Detailkenntnisse verfügt, um den Aufwand aller Arbeiten realistisch einschätzen zu können.

Der Vorteil einer präzisen und detaillierten Arbeitspaketbeschreibung liegt darin, dass einmal beschriebene Arbeitspakete leicht delegiert und anschließend kontrolliert werden können. Hierdurch werden Sie und die einzelnen Teammitglieder entlastet.

TIPPS MIT BISS

Verschaffen Sie sich einen Überblick über die anfallenden Arbeiten im Projekt durch den Aufbau eines Projektstrukturplans. Der Projektstrukturplan unterstützt Sie in vielfältiger Weise bei der weiteren Projektplanung. So können Sie zum Beispiel die Kosten des Projekts auf Grundlage des PSP leichter und exakter ermitteln.

8.2 Der Ablauf einer Jagd – Wie Sie einen Ablauf- und Terminplan erstellen

Die Jagd der Wölfe ist akribisch geplant, möglichst wenig wird dem Zufall überlassen. Jedes Rudelmitglied hat bei der Jagd seinen Platz. Es gibt Späher, Treiber, Beobachter, Marathonläufer oder auch Sprinter. Im Laufe einer Jagd kommt jedes der Tiere einer Jagdgruppe zum Einsatz. Auch der Ablauf der Jagd ist geplant. So beobachtete der kanadische Biologe Farley Mowat, wie Wölfe, die ganz offensichtlich desinteressiert an einer Herde Karibus vorbeiliefen, im nächsten Moment in die Herde rannten, um dann sofort wieder den Rückzug anzutreten. Nachdem die Wölfe auf diese Art und Weise erste Informationen über die Herde und Ihre Mitglieder gesammelt hatten, beobachtete Mowat, wie sich die einzelnen Wölfe so um die Herde verteilten, dass sie die Herde aufsprengen und das von ihnen ins Auge gefasste Tier erlegen konnten. Auch Mowat kommt zu dem Schluss, dass es sich hierbei um eine abgestimmte Vorgehensweise mit geplantem Ablauf gehandelt haben muss.

Auf Grundlage des Projektstrukturplans und der einzelnen Arbeitspaketbeschreibungen kann ein detaillierter Ablaufplan beziehungsweise Terminplan erstellt werden. Bei großen Projekten ist es ratsam, beides getrennt zu erstellen und zuerst den Ablauf aller durchzuführenden Arbeiten festzulegen und danach die Arbeiten zu terminieren. Bei kleinen Projekten wird die Ablauf- und Terminplanung faktisch in einem Schritt durchgeführt. Der Ablauf und die Termine können in drei Formen festgelegt werden:

- Terminliste,
- Balkenplan,
- Netzplan.

Terminlisten

Bei *Terminlisten* handelt es sich um eine möglichst chronologische Aufzählung aller im Projektstrukturplan dargestellten Arbeitspakete mit Angabe eines Starttermins sowie der voraussichtlichen Dauer zur Durchführung (Bild 8.4). Häufig wird auch der Endtermin sowie das auf das Arbeitspaket folgende Arbeitspaket als Nachfolger eingetragen. Ist im Projektstrukturplan noch keine Zuständigkeit vergeben, so wird dieses in der Terminliste nachgeholt. Dieser Darstellungsart man-

Terminliste Projekt XY					
AP	Dauer	Nachfolger AP	Start	Ende	Zuständig

Bild 8.4 Terminliste

gelt es häufig an Übersichtlichkeit. Für kleine Projekte ist die Terminliste jedoch oft ausreichend. Sie kann ohne großen Aufwand in einem Tabellenkalkulationsprogramm oder in einem Textverarbeitungsprogramm erstellt werden.

Balkenplan

Der *Balkenplan* wird auch Balkendiagramm beziehungsweise Ganttdiagramm genannt und ist in Projekten weltweit verbreitet. Seine einfache Darstellungsart macht ihn auch für Laien auf den ersten Blick verständlich und nachvollziehbar. Bei dem Balkenplan handelt es sich um eine Matrix aus Kalenderdaten und Vorgangsliste (Bild 8.5).

Zeilenweise werden alle relevanten Arbeitspakete oder Vorgänge, spaltenweise die Dauer und zeitliche Lage des Arbeitspakets oder des Vorgangs in Form von Balken/Strichen eingetragen.

Balkenpläne können mithilfe von PM-Softwaresystemen oder mit Standard-Office-Anwendungen wie Tabellenkalkulations- oder Textverarbeitungsprogrammen erstellt werden. Gerade hierin liegt bei kleineren Projekten ein großer Vorteil. Ein weit verbreiteter Fehler ist die Annahme, nur weil der Balkenplan so leicht zu erstellen sei, könne man auf ihn verzichten. Diese Annahme ist ebenso kontraproduktiv wie die Tatsache, dass einmal erstellte Pläne häufig nicht aktualisiert werden beziehungsweise den Projektteilnehmern nicht bekannt sind. Der Balkenplan ist ebenso wie zum Beispiel der Projektstrukturplan

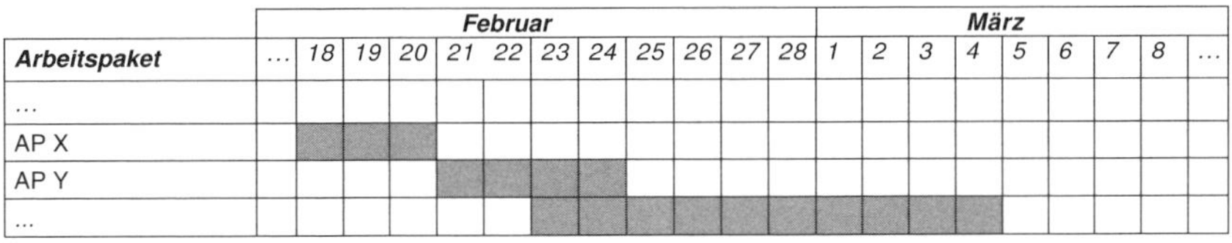

Bild 8.5 Balkendiagramm

eines der zentralen Steuerungsdokumente, zumindest in kleinen und mittleren Projekten, und sollte demnach auch entsprechend Verwendung finden.

Netzplan

Gerade große Projekte sind häufig so komplex, dass ihr Ablauf und die damit verbundene Terminplanung mit den bisher vorgestellten Techniken nicht ausreichend durchgeführt werden können. Mithilfe der *Netzplantechnik* lassen sich auch die vielen Abhängigkeiten innerhalb großer Projekte ausreichend darstellen.

Die Beschreibung eines Projektablaufs erfolgt dabei mithilfe von Vorgängen, Ereignissen und Anordnungsbeziehungen. Nach DIN 69 900 Teil 1 sind diese Grundelemente der Ablaufplanung wie folgt definiert:

- *Vorgang:* Ablaufelement, das ein bestimmtes Geschehen beschreibt. Hierzu gehört auch, dass Anfang und Ende definiert sind. Der Begriff „Vorgang" kann gleichgesetzt werden mit den Begriffen Aufgabe, Tätigkeit oder Aktivität. Er bezeichnet ein bestimmtes Geschehen mit einem festgelegten Anfang und Ende. Daraus ergibt sich, dass ein Vorgang immer eine zeitliche Ausdehnung ausweist, zum Beispiel „Anfertigen einer Zeichnung", „Ausheben einer Baugrube".
- *Ereignis:* Ablaufelement, das das Eintreten eines bestimmten Zustandes beschreibt. Da hier die zeitliche Ausdehnung fehlt, handelt es sich bei dem Ereignis um eine „Momentsache", zum Beispiel „Beginn der Bauarbeiten", „Abschluss der Planungsphase".
- *Anordnungsbeziehung:* quantifizierbare Abhängigkeit zwischen Ereignissen und Vorgängen. Da in Projekten Vorgänge nicht beliebig hintereinander ausgeführt werden können und da auch Ereignisse

nicht wahllos auftreten, müssen die bestehenden technischen oder inhaltlichen Abhängigkeiten beachtet werden. Dies geschieht mithilfe der Anordnungsbeziehungen. Ein Vorgang oder Ereignis ist somit der „Vorgänger" des nächsten und umgekehrt ist ein Vorgang oder Ereignis der „Nachfolger" des vorangegangenen. Zum Beispiel ist die Ausführung der Bauarbeiten erst nach dem Erhalt der Baugenehmigung möglich.

Grundsätzlich lässt sich mithilfe dieser drei Grundelemente jeder Projektablauf ausreichend gut beschreiben. Welche Planungstechnik, ob Netzplan, Balkenplan, Terminliste angewendet wird, ist dabei nebensächlich. Die Grundelemente treten in allen Planungstechniken auf.

Bei der Netzplantechnik gibt es grundsätzlich drei verschiedene Verfahren zur Berechnung von Netzplänen:

- Ereignisknotennetzplan,
- Vorgangspfeilnetzplan,
- Vorgangsknotennetzplan.

Der am häufigsten vorkommende Netzplan ist der Vorgangsknotennetzplan (VKN). Das ist ein Verfahren, bei dem überwiegend Vorgänge beschrieben und durch Knoten dargestellt werden (siehe Bild 8.6).

Der Vorgangsknotennetzplan ist die heute in der Praxis bevorzugte Variante der Netzpläne und bildet häufig die Grundlage für die Darstellung von Netzplänen in Projektmanagementsoftwaresystemen. Hierbei kann die reine Darstellung der Knoten, je nach System oder Anwender, unterschiedlich sein.

Auf Grundlage der Darstellungsform für Vorgangsknotennetzpläne entstand in Frankreich Ende der 50er-Jahre des letzten Jahrhunderts die Netzplanmethode „Metra-Potenzial-Methode" (MPM).

Nach DIN 69 900 Teil 1 werden bei Vorgangsknotennetzplänen die in Bild 8.6 verwendeten Abkürzungen benutzt. Bild 8.7 bietet eine Erläuterung dieser Abkürzungen.

Die DIN 69 900 Teil 1 definiert für Vorgangsknotennetzpläne vier unterschiedliche Anordnungsbeziehungen (Bild 8.8). Bild 8.9 erläutert die hier verwendeten Abkürzungen.

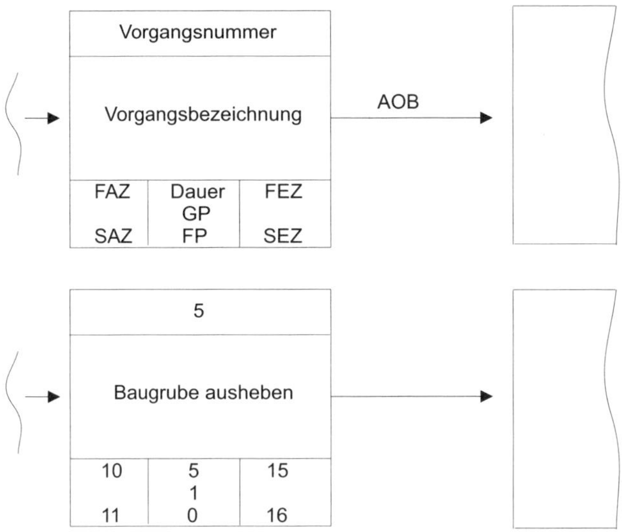

Bild 8.6 Grafische Darstellung eines Vorgangsknotens im VKN

AOB	Anordnungsbeziehung	Quantifizierbare Abhängigkeit zwischen Ereignissen oder Vorgängen
FAZ	Frühester Anfangszeitpunkt	
FEZ	Frühester Endzeitpunkt	
SAZ	Spätester Anfangszeitpunkt	
SEZ	Spätester Endzeitpunkt	
GP	Gesamte Pufferzeit	Zeitspanne zwischen frühester und spätester Lage eines Vorganges GP = SAZ – FAZ = SEZ – FEZ
FP	Freie Pufferzeit	Zeitspanne, um die ein Vorgang gegenüber seiner frühesten Lage verschoben werden kann, ohne die früheste Lage anderer Vorgänge zu beeinflussen

Bild 8.7 Abkürzungen bei Vorgangsknotennetzplänen

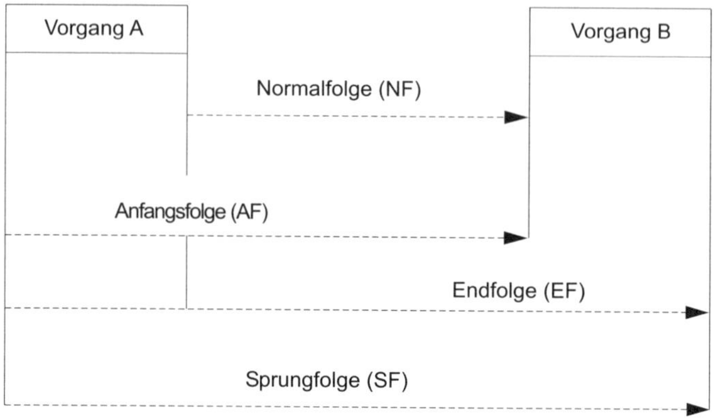

Bild 8.8 Grafische Darstellung der Anordnungsbeziehungen nach DIN

NF	Normalfolge	Anordnungsbeziehung vom **Ende** eines Vorganges zum **Anfang** seines Nachfolgers
AF	Anfangsfolge	Anordnungsbeziehung vom **Anfang** eines Vorganges zum **Anfang** seines Nachfolgers
EF	Endfolge	Anordnungsbeziehung vom **Ende** eines Vorganges zum **Ende** seines Nachfolgers
SF	Sprungfolge	Anordnungsbeziehung vom **Anfang** eines Vorganges zum **Ende** seines Nachfolgers

Bild 8.9 Abkürzungen der Anordnungsbeziehungen nach DIN

Zur endgültigen, realitätsnahen Darstellung von Vorgängen und deren Anordnungsbeziehungen in Vorgangsknotennetzplänen benötigen wir nun noch sogenannte Zeitabstände. Diese werden in Form von minimalen und maximalen Grenzen angegeben. Bei den Zeitabständen handelt es sich laut DIN 69 900 Teil 1 um den „Zeitwert einer Anordnungsbeziehung". Es wird in zwei Zeitabstände unterschieden (Bild 8.10).

Die beiden dargestellten Zeitabstände können nun sowohl positive als auch negative Werte annehmen. Daraus ergeben sich die in Bild 8.11 dargestellten vier möglichen Kombinationen.

„Vorgänger" und „Nachfolger" kennzeichnen nur die logische Anhängigkeit, nicht jedoch die zeitliche Abhängigkeit von Vorgängen (Bild 8.11). Am Beispiel „Erstellung einer Internetpräsenz" wird die Vorgehensweise beim Vorgangsknotennetzplan ersichtlich. Es wird bei diesem Beispiel jedoch nur auf Anordnungsbeziehungen eingegan-

Kurz-zeichen	Benennung	Definition	Anmerkung
MINZ	Minimaler Zeitabstand	Zeitwert einer Anordnungsbeziehung, der nicht unterschritten werden darf	Entspricht einer „starren Stange“
MAXZ	Maximaler Zeitabstand	Zeitwert einer Anordnungsbeziehung, der nicht überschritten werden darf	Entspricht einem „losen Seil“

Bild 8.10 Zeitabstände

Zeitabstand	Bedeutung	Auswirkung	Beispiel
Positiver MINZ	Minimal erforderliche Wartezeit zwischen den Vorgängen	**Warten**	AF 3 (Der Beginn des Nachfolgers kann frühestens drei Zeiteinheiten nach Beginn des Vorgängers eintreten, er darf jedoch auch später eintreten.)
Positiver MAXZ	Maximal mögliche Wartezeit zwischen den Vorgängen	**Warten**	EF 2 (Das Ende des Nachfolgers muss spätestens zwei Zeiteinheiten nach dem Ende des Vorgängers eintreten, es darf aber auch früher eintreten.)
Negativer MINZ	Maximal mögliches Vorziehen des Nachfolgers vor den Vorgänger	**Vorziehen**	AF –1 (Der Anfang des Nachfolgers darf höchstens um eine Zeiteinheit vor den Anfang des Vorgängers vorgezogen werden, er darf jedoch auch später eintreten.)
Negativer MAXZ	Minimal erforderliches Vorziehen des Nachfolgers vor den Vorgänger	**Vorziehen**	EF –1 (Das Ende des Nachfolgers muss mindestens eine Zeiteinheit vor dem Ende des Vorgängers eintreten, es kann jedoch schon früher eintreten.)

Bild 8.11 Positive und negative Zeitabstände

gen, nicht auf die Zeitabstände. Bei den Zeitabständen wird vereinfachend davon ausgegangen, dass sie den Wert null aufweisen.

Nach der Feststellung aller durchzuführenden Arbeiten im Rahmen der Arbeitspaketbeschreibung werden die einzelnen Arbeitspakete in einen logischen Ablauf gebracht. Hierzu wird als Erstes eine Vorgangsliste erstellt, in der alle Vorgänge (Arbeitspakete) enthalten sind. Gleichzeitig werden die Dauer der Vorgänge, mögliche Vorgänger gegebenenfalls auch Nachfolger und deren Anordnungsbeziehungen und Zeitabstände eingetragen (Bild 8.12).

Im nächsten Schritt wird nun der Netzplan erstellt. Beginnend mit dem Startvorgang werden jetzt alle Vorgänge in ihrer logischen Abfolge aneinandergehängt. Die Darstellung sollte von oben links nach unten rechts erfolgen.

Eine Faustregel: Bei Projekten mit circa 100 oder weniger Vorgängen kann der Ablaufplan beziehungsweise Netzplan in einem Zug erstellt

Nr.	Vorgang	Dauer	Vorgänger	Anordnungsbeziehung und Zeitabstand
1	Technischen Aufbau der Internetpräsenz festlegen	2		
2	Design und Layout der einzelnen Seiten erstellen	3	1	AF 0
3	Texte für Seiten zusammenstellen	2	2	
4	Texte erstellen	2	3	EF 0
5	Grafiken und Fotos festlegen	3	2	
6	Grafiken erstellen und Fotos erstellen	2	5	EF 0
7	Seiten programmieren	5	2	
8	Texte einfügen	1	4, 7	
9	Bilder einfügen	1	6, 7	
10	Links erstellen	1	7	
11	Testen offline	1	8, 9, 10	
12	Vertrag mit Provider abschließen	2	2	
13	Seiten auf Server übertragen	2	2, 11	
14	Internetpräsenz online schalten	1	13	

Bild 8.12 Vorgangsliste für Internetpräsenz

werden. Bei Projekten mit mehr als 100 Vorgängen sollte zuerst eine Grobstruktur mit gegebenenfalls zwischengeschalteten Meilensteinen und erst danach eine detaillierte Ablaufstruktur erarbeitet werden. Die Grobstruktur dient in der Regel auch der Information des Auftraggebers (Bild 8.13).

Ein Beispiel für einen Vorgangsknotennetzplan zeigt Bild 8.14. Der dargestellte Netzplan wird nach folgendem Schema berechnet:

- *Vorwärtsrechnung (progressive Rechnung)*
  Vorgang 1
  FAZ = 0, da es sich um den Startknoten handelt.
  FEZ = FAZ + Dauer = 0 + 2 = 2
  Vorgang 2
  Berechnung ohne Berücksichtigung der Anfangsfolge (AF) wäre
  $FAZ = FEZ_{\text{Vorgang 1}}$
  Berechnung unter Einbeziehung der Anfangsfolge (AF)
  $FAZ = FAZ_{\text{Vorgang 1}} = 0$, das heißt, die Vorgänge laufen parallel.
  FEZ = FAZ + Dauer = 0 + 3 = 3
  Vorgang 3
  $FAZ = FEZ_{\text{Vorgang 2}} = 3$
  FEZ = FAZ + Dauer = 3 + 2 = 5
  Vorgang 4
  Berechnung ohne Berücksichtigung der Endfolge (EF)
  wie Vorgang 3
  Berechnung unter Einbeziehung der Endfolge (EF)
  $FEZ = FEZ_{\text{Vorgang 3}} = 5$
  FAZ = FEZ – Dauer = 5 – 2 = 3
  Vorgänge 5 bis 13 werden nach dem bisher genannten Schema berechnet.
  Rückwärtsrechnung (retrograde Rechnung)
  Vorgang 14
  SEZ = FEZ = 13, da es sich um den Zielvorgang handelt.
  SAZ = SEZ – Dauer = 13 – 1 = 12
  Vorgang 13
  $SEZ = SAZ_{\text{Vorgang 14}} = 12$
  SAZ = SEZ – Dauer = 12 – 2 = 10
  Vorgänge 12 bis 14 werden wie schon genannt berechnet, bei Verzweigungen wird der kleinste Wert als SEZ für den Vorgänger über-

nommen. Anfangs- und Endfolgen werden analog zur Vorwärtsrechnung betrachtet.

Mit dieser Vorgehensweise wurde die gesamte Projektdauer berechnet. Wie verschiebt sich jedoch der Endtermin des Projekts bei Verzögerung einzelner Vorgänge? Was passiert zum Beispiel, wenn Vorgang 7 (Seiten programmieren) nicht wie geplant zum spätesten Endzeitpunkt 8 fertig ist? Um diese Fragen zu beantworten, werden im nächsten Schritt die Pufferzeiten berechnet.

- *Berechnung der gesamten Pufferzeit (GP)*
  Die gesamte Pufferzeit wird nach der Formel
  GP = SAZ – FAZ = SEZ – FEZ
  berechnet.
- *Berechnung der freien Pufferzeit (FP)*
  Die freie Pufferzeit wird bei Vorliegen einer Normalfolge nach der Formel
  $FP_m = FAZ_n - MINZ - FEZ_m$ berechnet.
  Bei Anfangsfolgen gilt:
  $FP_m = FAZ_n - MINZ - FAZ_m$
  Bei Endfolgen gilt:
  $FP_m = FEZ_n - MINZ - FEZ_m$
  Bei Sprungfolgen gilt:
  $FP_m = FEZ_n - MINZ - FAZ_m$
  Grundsätzlich gilt: FP kann nie größer GP sein!
  Die sich ergebenden Werte sind in Bild 8.14 dargestellt.
- *Analyse der Pufferzeiten*
  Mithilfe der bisher durchgeführten Berechnungen kann nun festgestellt werden, welche der Vorgänge auf dem „kritischen Weg“ liegen.

  Der kritische Weg ist laut DIN 69 900 Teil 1 der Weg, auf dem Ereignisse oder Vorgänge so angeordnet sind, dass die gesamte Pufferzeit gleich null ist (GP = 0).

  Diesen Vorgängen ist im Rahmen der Projektsteuerung besonderes Augenmerk zu widmen, da jede Verzögerung auf dem kritischen Weg zumindest rein rechnerisch zu einer Verzögerung der Endtermine (Projektende) führt. Der kritische Weg ist der zeitlich längste Weg durch einen Netzplan. In der Praxis kann es bei Projekten auch mehrere kritische Wege geben.

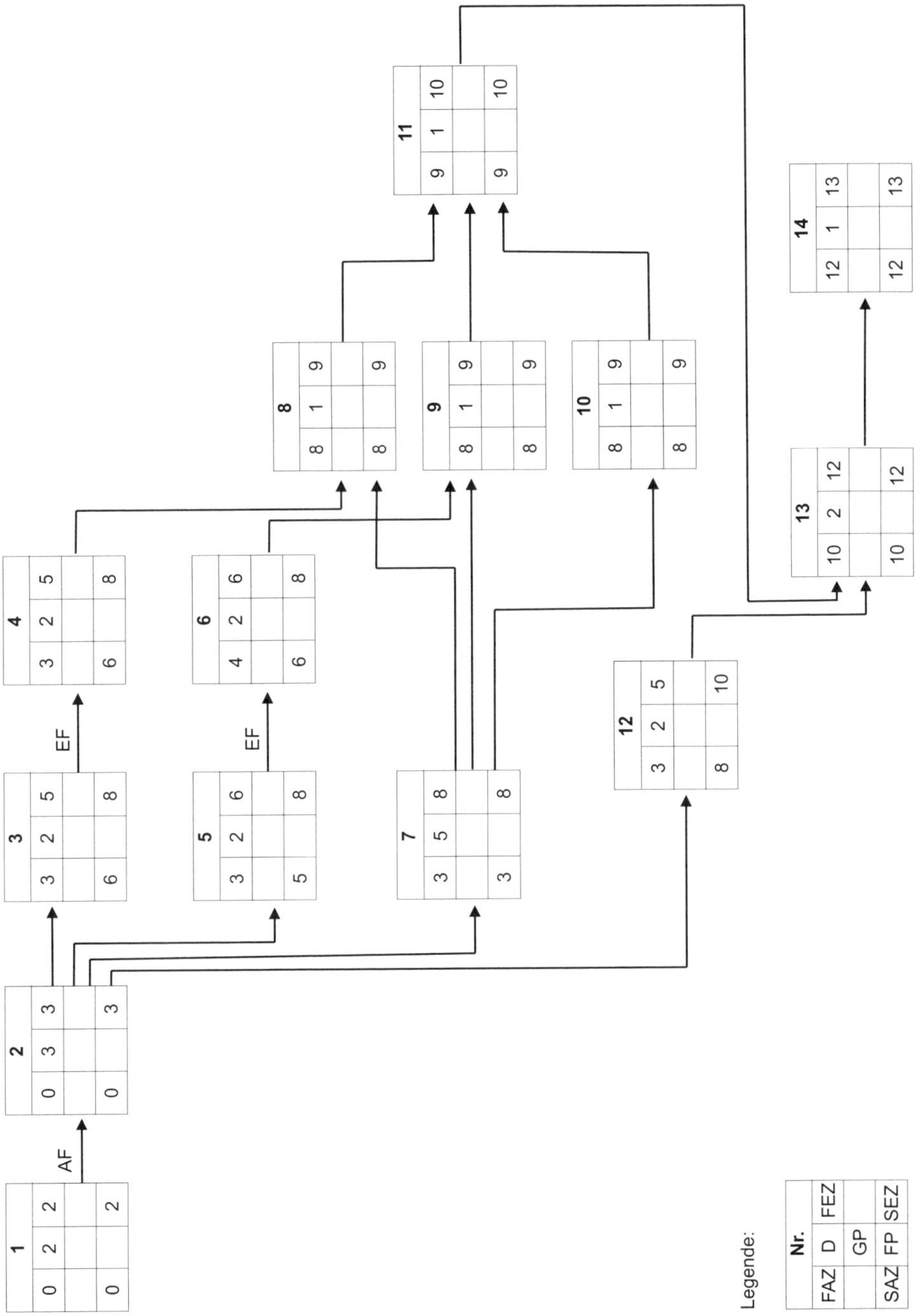

Bild 8.13 Vorgangsknotennetzplan für das Beispiel „Erstellung einer Internetpräsenz“

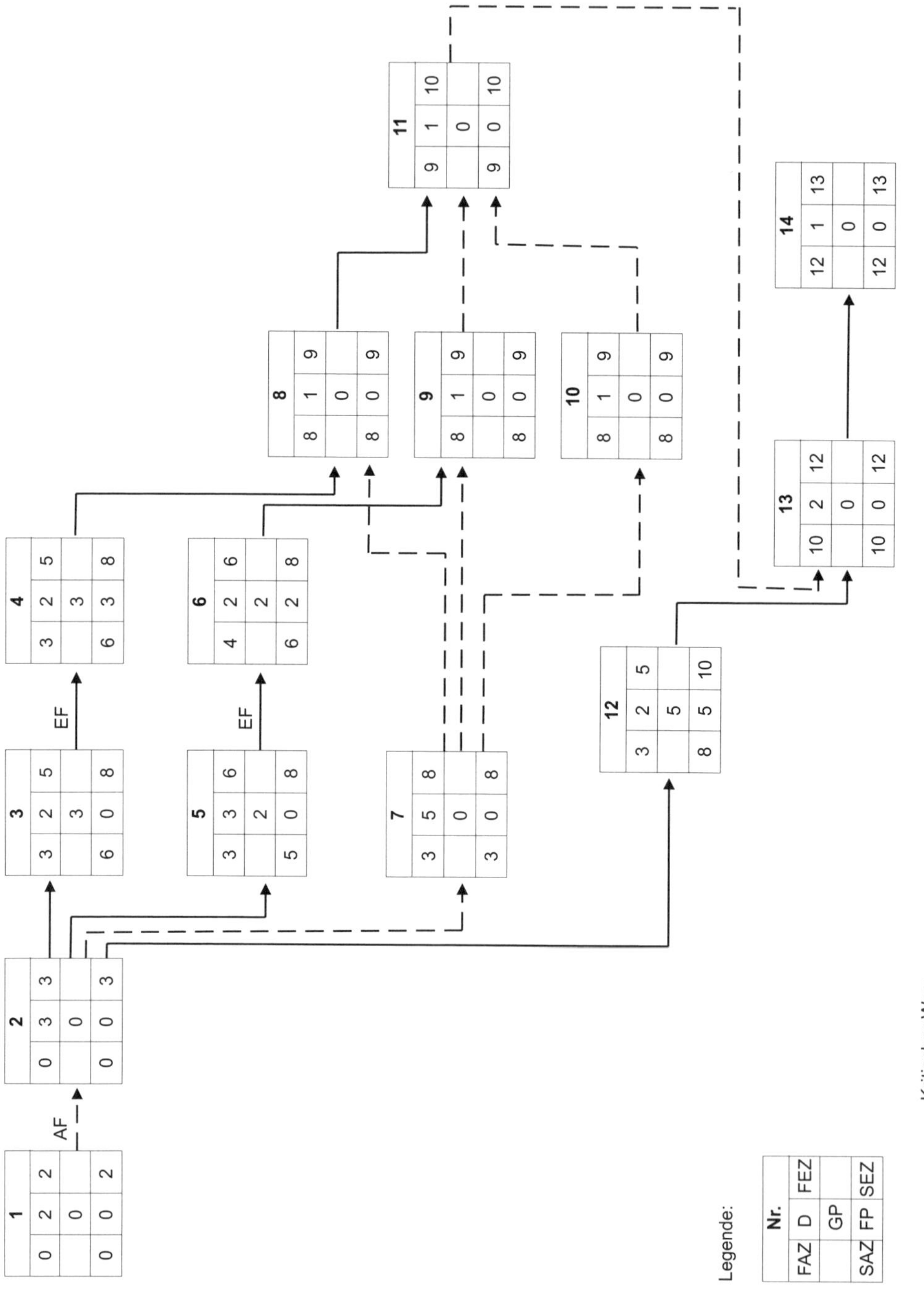

Bild 8.14 Vorgangsknotennetzplan mit Pufferzeiten für das Beispiel „Erstellung einer Internetpräsenz“

Die freie Pufferzeit ist die am meisten geschätzte Pufferzeit, da sie eine zeitliche Dispositionsmasse ergibt, die verwendet werden kann, ohne den frühesten Anfangstermin des Nachfolgers zu gefährden.

Es ist daher in der Praxis wenig sinnvoll, die berechneten Pufferzeiten frühzeitig allen Projektbeteiligten mitzuteilen, da häufig dann schon zu Beginn Verzögerungen aufgrund der berechneten Pufferzeiten auftreten.

Nachdem nun der Ablauf- und Terminplan erstmalig aufgestellt wurde, ist dieser auf Realisierung hin zu überprüfen. Hierzu muss ein Abgleich mit den zur Verfügung stehenden Ressourcen beziehungsweise Einsatzmitteln durchgeführt werden. Genau dies ist Inhalt des nächsten Abschnitts.

Orientieren Sie sich bei der Darstellung Ihres Projektablaufes und der Termine an der Projektgröße und am Kenntnisstand Ihrer Projektmitarbeiter. Nicht für jedes Projekt muss gleich ein Netzplan erstellt werden. Achten Sie vielmehr darauf, dass der am Anfang erstellte Terminplan im Laufe des Projekts regelmäßig aktualisiert wird.

8.3 Der Jagdtrupp ist zu klein – Wie Sie benötigte Einsatzmittel und Kapazitäten ermitteln und optimieren

Ein ganzes Wolfsrudel geht nicht immer gemeinsam auf die Jagd. Jemand muss zum Beispiel auf die Welpen aufpassen und sie erziehen. Manchmal sind einzelne Tiere auch krank und können nicht mit auf die Jagd gehen. Je nach Beute teilen sich große Rudel auch in mehrere Jagdgruppen auf. Dies erhöht die Chancen auf eine Beute. Bei der Größe der Jagdgruppe orientieren sich die Wölfe an der Beute beziehungsweise an den für eine erfolgreiche Jagd benötigten Fähigkeiten.

Kaum steht der Terminplan für das Projekt, gibt es auch schon Querelen um die den Mitarbeitern zugewiesenen Aufgaben und deren Abwicklungszeiträume. Frau Müller teilt Ihnen mit, dass sie zu dem von Ihnen eingeplanten Zeitraum im Urlaub ist und Herr Huber kann die ihm zugedachten Arbeitspakete mit seinem Team nicht termingerecht abarbeiten, weil seine Mitarbeiter dann 14 Stunden pro Tag arbeiten müssten.

Selten durchläuft eine Projektplanung nur einen Durchgang und wird auf Anhieb verabschiedet. Aber die auftretenden Schwierigkeiten lassen sich fast immer meistern. Um eine realistische Terminplanung zu erstellen, sollten Sie den Ablauf- und Terminplan nach seiner erstmaligen Erstellung auf Engpässe beziehungsweise Ressourcenverfügbarkeit überprüfen.

Im Rahmen der Arbeitspaketbeschreibung werden erstmalig die benötigten Einsatzmittel bestimmt. Nach DIN 69 902 Teil 1 versteht man unter Einsatzmitteln „Personal und Sachmittel, die zur Durchführung von Vorgängen, Arbeitspaketen oder Projekten benötigt werden“.

Nachdem in einem Projekt festgelegt ist, wann etwas zu machen ist und wie lange die Durchführung dauern darf, ist nun nochmals zu überprüfen, wie viel Personal mit welcher Qualifikation und welche Sachmittel mit welchem Leistungsvermögen in jeder betrachteten Zeiteinheit benötigt werden. Dabei helfen die folgenden Fragen:

- Welche Qualifikation müssen die benötigten Personen aufweisen, damit das Arbeitsergebnis erreicht wird?
- Welche unterschiedlichen Qualifikationen müssen kombiniert werden?
- Welche Betriebsmittel oder Materialien werden zur Durchführung benötigt?
- Welche der benötigten Einsatzmittel sind zu dem vorgesehenen Zeitpunkt nicht verfügbar oder welche sind kapazitiv überlastet?

Nach der Beantwortung und Überprüfung der Fragen wird die Arbeitspaketbeschreibung endgültig komplettiert.

Neben der Frage, welche Einsatzmittel benötigt werden, stellt sich auch die Frage, wie lange diese Einsatzmittel benötigt werden. Sie müssen also die benötigten Kapazitäten ermitteln.

Dabei können drei verschiedene Größen ermittelt werden, die:

- Arbeitsmenge, in der Regel in Personentagen,
- Anzahl der Einsatzmittel in Stück,
- Zeitdauer zur Erledigung eines Vorganges zum Beispiel in Stunden oder Tagen.

Durch Umstellung des folgenden Dreisatzes kann jede der gesuchten Größen berechnet werden.

Arbeitsmenge = Anzahl Einsatzmittel · Dauer
Beispiel: 100 Personentage = 4 Mitarbeiter · 25 Tage

Die Einsatzdauer eines Einsatzmittels ist natürlich auch direkt abhängig vom Leistungsvermögen des Einsatzmittels. Die DIN 69 902 Teil 1 definiert als Einsatzmittelleistungsvermögen „die Menge an Einheiten, die durch die Nutzung oder den Verbrauch eines Einsatzmittels in einer Zeiteinheit erzeugt werden kann“. Zum Beispiel kann ein Bagger in einer Stunde mit seiner Schaufel 80 Kubikmeter Erde ausheben.

Im Rahmen des Projektauftrages sind in der Regel schon personelle oder finanzielle Beschränkungen vorgegeben. Im Beispiel sind nur vier Mitarbeiter für das Projekt vorhanden.

Weitere Beschränkungen ergeben sich aus der Terminplanung. Lediglich im Bereich der Pufferzeiten ist eine Verschiebung von Vorgängen/ Arbeitspaketen möglich, ohne den Projektendtermin zu gefährden. Um mögliche Puffer zu berechnen, ist der Einsatz der Netzplantechnik, zumindest bei größeren Projekten, sinnvoll.

Nachdem die Termine der einzelnen Arbeitspakete berechnet oder festgelegt sind, ist es sinnvoll, erst einmal die ermittelten benötigten Kapazitäten eines jeden Einsatzmittels beziehungsweise einer Einsatzmittelart in Form einer Kapazitätsganglinie grafisch darzustellen.

Dazu wird der benötigte Einsatzmittelbedarf für jedes Arbeitspaket oder jeden Vorgang über der Zeit in einem Diagramm dargestellt (Bild 8.15). Durch den Aufbau einer Kapazitätsganglinie für die jeweils früheste Lage der Arbeitspakete und den Aufbau einer Kapazitätsganglinie für die späteste Lage der Arbeitspakete werden die Spielräume, die bei Kapazitätsüberschreitung zur Verschiebung der Arbeitspakete zur Verfügung stehen, ersichtlich.

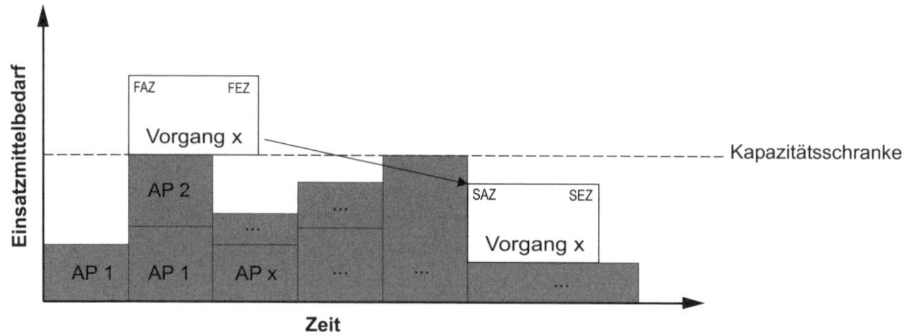

Bild 8.15 Einsatzmittelganglinie oder Kapazitätsganglinie

Nach dem Aufbau der Kapazitätsganglinie erfolgt der Kapazitätsabgleich. Der Kapazitätsabgleich orientiert sich an einer zuvor festgelegten „Schranke". Unter einer Schranke versteht die DIN 69901 Teil 1 einen „Grenzwert für Zeit-, Kosten-, Einsatzmittel und weitere Einflussgrößen, der nicht über- beziehungsweise unterschritten werden darf". Im vorgenannten Beispiel besteht die Schranke aus dem Einsatz von maximal vier Mitarbeitern.

Nach der Ermittlung der benötigten und der vorhandenen Einsatzmittelkapazitäten erfolgt ein Kapazitätsabgleich. Bei Überschreitung der vorhandenen Kapazität bestehen grundsätzlich die folgenden Möglichkeiten, um die Überlastung zu eliminieren oder zumindest zu reduzieren:

- Nutzung der Pufferzeiten durch Verschiebung, Streckung, Stauchung oder Unterbrechung von Vorgängen,
- Änderung der Projektdauer, in der Praxis häufig problematisch,
- Überprüfung und Änderung des Projektablaufs.

Die beiden zuletzt genannten Möglichkeiten sind natürlich eng mit dem Auftraggeber abzustimmen, da sich daraus in der Regel größere Veränderungen im Projekt ergeben.

Im Zuge des Kapazitätsabgleichs wird der erstmalig erstellte Ablauf- und Terminplan nochmals überarbeitet. Bei großen und komplexen Projekten kann die Überarbeitung des Ablauf- und Terminplanes mehrfach nötig sein, bevor der endgültige Plan verabschiedet werden kann.

8.4 Der Preis der Jagd – Wie Sie Projektkosten ermitteln

Bevor Wölfe einer Beute nachsetzen, versuchen sie zu ermitteln, was sie die Jagd kostet. Manchmal schätzen sie einfach, manchmal machen sie eine Art Probelauf. Eine einmal anvisierte Beute oder eine ganze Herde von Beutetieren wird kurz gejagt, um zu ermitteln, wie hoch die Aussicht auf Erfolg ist. Nur so lässt sich Energieverschwendung vermeiden und der Preis der Jagd ermitteln.

Die voraussichtlich anfallenden Kosten ermitteln Sie wie die Wölfe am besten zu Beginn der Aktivitäten. Nur so lässt sich das Verhältnis von Aufwand und Nutzen ermitteln und bewerten. Die am Anfang eines Projekts erstellte Kostenplanung dient außerdem der Projektsteuerung und der Bereitstellung von benötigten Finanzmitteln. Aufgabe der Kostenplanung ist die Ermittlung aller Kosten, die im Projektverlauf anfallen. Dazu gehören die Kosten für

- internes und externes Personal,
- Sachmittel,
- Fremdleistungen,
- Investitionen,
- zusätzliche Leistungen.

Die Kosten werden für jeden Vorgang und jedes Arbeitspaket ermittelt und in einer Tabelle oder in einem Diagramm als Kostenganglinie über der Projektlaufzeit dargestellt. Dabei können die Kosten ermittelt werden durch:

- Schätzung (Befragung von Projektteilnehmern, Experten),
- Berechnung,
- Vergangenheitsdaten, Rückgriff auf Daten aus schon realisierten Projekten.

Achten Sie darauf, dass alle die Kosten beeinflussenden Faktoren den jeweiligen Schätzern bekannt sind. Indem Sie mehrfach schätzen lassen, können Sie insgesamt die Genauigkeit erhöhen.

Bei Einsatz von Vergangenheitsdaten ist darauf zu achten, dass die Daten unter gleichen oder zumindest sehr ähnlichen Bedingungen ermittelt wurden. Je nach Alter der verwendeten Daten sind zwischenzeitliche Kostensteigerungen zu bedenken.

Neben der Höhe der anfallenden Kosten ist zu ermitteln, zu welchen Zeitpunkten die Kosten anfallen. Vereinfachend werden drei Arten unterschieden: Die Kosten können am Anfang eines Arbeitspaketes oder Vorganges, am Ende oder gleichmäßig über die Dauer verteilt anfallen.

Die aufsummierten Einzelkosten der Arbeitspakete ergeben die Gesamtkosten des Projekts. Zur grafischen Darstellung der kumulierten Kosten empfiehlt sich die Verwendung eines Liniendiagramms (Bild 8.16). Hierdurch kann eine Kostensummenlinie jeweils für die früheste beziehungsweise späteste Lage aller Vorgänge aufgebaut werden. Diese Darstellung eignet sich gut zur Kontrolle der Kosten, indem der geplante Kostenverlauf dem tatsächlichen Verlauf gegenübergestellt wird und so Abweichungen ersichtlich werden.

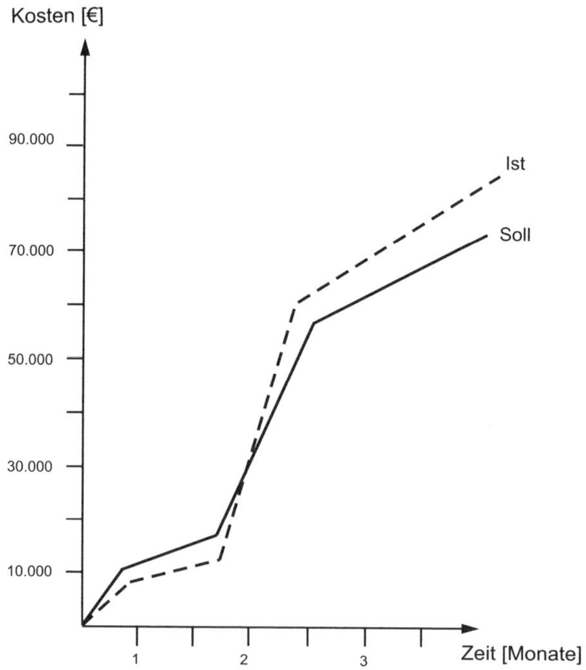

Bild 8.16 Kostendarstellung mithilfe eines Liniendiagramms

Neben dem Wissen über die Höhe und den Zeitpunkt der anfallenden Kosten ist jedoch auch das Wissen über das Entstehen von Zahlungsverpflichtungen wichtig. Im Rahmen der Projektkostenermittlung wurden bisher sowohl kalkulatorische als auch ausgabenwirksame Kosten berücksichtigt. Bei den ausgabenwirksamen Kosten handelt es sich um Kosten, die zu einem Zahlungsmittelabfluss im Unternehmen beziehungsweise Projekt führen. Um für die Begleichung ausgabenwirksamer Kosten ausreichend liquide Mittel bereitzuhalten, ist es wichtig, frühzeitig den Zeitpunkt zu kennen, an dem Zahlungsverpflichtungen entstehen. Der Projektzahlungsplan ist somit ein Teil der Kostenplanung und verdeutlicht den Zeitpunkt durchzuführender Zahlungen.

Mithilfe des Projektkostenplans können nun auch Finanzierungsquellen zur Begleichung der anfallenden Kosten erschlossen werden. In der Regel begleicht der Auftraggeber die Kosten und stellt die finanziellen Mittel bereit. Es können jedoch auch zusätzliche Finanzierungsquellen herangezogen werden, wie zum Beispiel Förderungen des Staates oder der Länder.

Durch die Gegenüberstellung von Projektkosten und Einnahmen oder verfügbaren Mitteln lässt sich die Liquidität des Projekts ermitteln. Wie bei jedem Unternehmen gilt es auch in Projekten sicherzustellen, dass eingegangene Zahlungsverpflichtungen beglichen werden können und eine ausreichende Liquidität vorhanden ist.

TIPPS MIT BISS

- **Reduzieren Sie die Komplexität Ihres Projekts durch Einteilung des Projekts in einzelne Phasen.**
- **Verwenden Sie eindeutig beschriebene Meilensteine als Kontrollpunkte.**
- **Ermitteln und beschreiben Sie mit Ihrem Team alle anfallenden Arbeitspakete.**
- **Überprüfen Sie, welche der Arbeitspakete/Vorgänge auf dem kritischen Weg liegen.**
- **Ermitteln Sie die für das Projekt benötigten Kapazitäten und berücksichtigen Sie deren Verfügbarkeit in Ihrer Projektplanung.**
- **Ermitteln Sie die anfallenden Kosten und stellen Sie sicher, dass ausreichende Finanzmittel vorhanden sind.**

9
Wolfssprache
Wie Sie die Kommunikation im Projektteam optimieren

Wölfe sind wahre Meister der Kommunikation. Über viele Kilometer hinweg tauschen sie Informationen innerhalb des Rudels, aber auch rudelübergreifend aus. Dabei werden die unterschiedlichsten Laute verwendet. Mal ist es ein kurzes hundeähnliches Wuffen, mal ein langanhaltendes Heulen. Die genaue Bedeutung der Laute lässt sich für uns Menschen nur erahnen.

Wölfe verständigen sich aber nicht nur über Laute. Ein Teil der Kommunikation läuft über reinen Blickkontakt wie bei Menschen. Gerade auf der Jagd ist es wichtig, Informationen lautlos austauschen zu können, damit die Beutetiere nicht frühzeitig gewarnt werden. Genauso wichtig wie die lautlose Kommunikation ist die eindeutige Kommunikation. Wölfe verstehen einander, ohne nachzufragen. Stellen Sie sich vor, die Kommunikation ließe so breiten Spielraum für Interpretationen wie bei uns Menschen. Dann wäre der Jagderfolg der Wölfe vermutlich sehr bescheiden.

Wie häufig kommt es in unseren Projekten zu Missverständnissen? Herr Maier hatte gedacht, dass Frau Schulz die von Herrn Huber erhaltenen Informationen richtig an Frau Müller weitergegeben hätte, und hat aus diesem Grunde Herrn Schmidt gesagt, er würde die für ihn so wichtigen Informationen bei einem Telefonat mit Frau Müller erhalten.

Jeder von uns, der in seinen Kindertagen das Spiel „Stille Post" gespielt hat, kann sich vorstellen, von welch hoher Qualität die bei Herrn Schmidt angekommenen Informationen sind. Doch gerade in Projekten ist eine möglichst hohe Informationsqualität aufgrund der Neuartigkeit der Aufgabenstellung entscheidend.

In vielen Projekten wird auf regelmäßige Zusammenkünfte verzichtet. Beteiligte werden gar nicht oder nur einer nach dem anderen informiert. Es wird aufgrund ihrer Ausbildung oder ihrer Betriebszugehörigkeit unterstellt, sie wüssten, was zu tun ist. Aber selbst dort, wo es regelmäßige Kommunikation gibt, laufen Projekte nicht immer wie gewünscht ab. Zu vielfältig ist die Interpretation des Gesagten oder Geschriebenen und zu selektiv unsere Wahrnehmung. Genau aus diesem Grunde kommt es nicht nur in Projekten so häufig zu Missverständnissen.

Doch worauf kommt es bei der Kommunikation mit den Projektbeteiligten an? Wie funktioniert zielgerichtete, erfolgreiche Kommunikation? Und wie unterstützt Kommunikation die Projektarbeit?

9.1 Signale des Alphas – Wie Sie das Projektteam verbal und nonverbal beeinflussen

Den Alphatieren eines Rudels kommt eine besondere Bedeutung im Rahmen der Kommunikation zu. Sie sind es, die zum Beispiel eindeutige Signale geben müssen, damit das Rudel zur Jagd aufbricht. Sie sind es auch, die über akustische und visuelle Signale den anderen Rudelmitgliedern ihren Rang innerhalb der Hierarchie des Rudels aufzeigen. Sind die Alphatiere aus irgendeinem Grunde über einen längeren Zeitraum nicht in der Lage, den anderen Tieren zu signalisieren, welche Vorteile sie dem Rudel bieten, so ist ihre Stellung als Leittier in Gefahr. Wissen, Erfahrung und körperliche Fitness reichen für ein Alphatier nicht aus, um das Rudel zu führen. Erst wenn ein Alpha seine Eigenschaften und Fähigkeiten kommuniziert, wird er vom Rudel anerkannt.

Nehmen Sie sich als Projektleiter ein Beispiel am Alphawolf! Was nützen Ihnen das größte Wissen, langjährige Erfahrung und stramme Stressresistenz, wenn Sie dem Projektteam und dem Umfeld aufgrund fehlender oder unklarer Signale nicht klarmachen können, was zu tun ist, was erwünscht oder unerwünscht ist und wie es um das Projekt aktuell bestellt ist? Nicht nur der Projekterfolg gerät dadurch in Gefahr, sondern auch Ihre Autorität als Projektleiter.

Denkt man an Kommunikation, so fällt einem in der Regel als Erstes das gesprochene Wort ein. Doch dies ist nur ein Teil der Kommunikation, nämlich die verbale Kommunikation. Neben dem Informationsaustausch durch den Einsatz von hörbaren Signalen kann der Informationsaustausch auch durch sichtbare Signale erfolgen. Menschliche Kommunikation ist fast immer eine Mischung aus beidem. In einem Kick-off-Meeting wird der Projektleiter sein Projektteam mithilfe des gesprochenen Wortes mit Informationen versorgen, gleichzeitig wird er das Gesprochene mit Gestik, Mimik und durch Visualisierung der Projektinformationen unterstützen.

Und genau hier liegt die Herausforderung. Es geht nicht nur darum, durch möglichst wohlfeile Worte zu bestechen, sondern ebenso wie der Alphawolf ganzheitlich zu kommunizieren, also mehrere Sinne gleichzeitig anzusprechen.

Wieder einmal trifft sich das Projektteam zu einer Besprechung, um den aktuellen Stand des Projekts zu besprechen. Ihnen graut schon vor dem Teil der Besprechung, bei dem Herr Maier den Stand seines Teilprojekts aufzeigt. Nicht nur, dass er sehr leise und viel zu schnell spricht und große Gedankensprünge macht, er sieht auch jedes Mal aus wie eine Trauerweide. Seine sorgenvolle und theatralische Miene, seine hängenden Schultern und sein nach vorn gekrümmter Körper vermitteln das Gegenteil von übersprühender Dynamik und Energie. Dabei ist er gerade einmal 29 Jahre alt und körperlich kerngesund. Alle Anwesenden freuen sich auf ein schnelles Ende seiner Ausführungen und sind gedanklich bei ihren eigenen Arbeiten.

Dabei spielt es überhaupt keine Rolle mehr, wie gut oder schlecht die Inhalte sind, die Herr Maier vorträgt, der Gesamteindruck ist ganz einfach: schlecht. Nun stellen Sie sich einmal vor, dieses Bild gäbe ein Projektleiter ab. Wie viele der wichtigen Informationen gehen dann wohl verloren? Besprechungen, bei denen die Beteiligten nachher keinen Deut schlauer sind als vorher, sind leider keine Seltenheit.

Um genau dies zu vermeiden, sollten Sie bei der Kommunikation in Projekten neben den fachlichen Informationen auf die Art der Informationsvermittlung achten. Im Idealfall gelingt es Ihnen, Ihr Gegenüber durch Ihr Auftreten, Ihre klare Ausdrucksweise, eine dem Zweck angepasste Körpersprache und eine leichte Nachvollziehbarkeit des Gesagten wie bei einem guten Krimi zu fesseln.

Der Psychologe Albert Mehrabian hat empirisch ermittelt, dass bei der Kommunikation der Inhalt zu sieben Prozent, der Tonfall zu

38 Prozent und das Aussehen und die Körpersprache zu 55 Prozent über den Erfolg bestimmen. Nun mögen die Werte in Abhängigkeit der vermittelten Informationen und vielerlei anderer Faktoren differieren, sie zeigen aber trotzdem eine eindeutige Tendenz auf.

Gelingt es Ihnen also, die ganze Aufmerksamkeit Ihres Gegenübers zu erlangen, so ist der erste Schritt auf dem Weg zu einer erfolgreichen Kommunikation schon getan. Wann widmen Sie selbst einer Person Ihre Aufmerksamkeit? Überprüfen Sie einmal, wann Sie in Alltagssituationen ihrem Gegenüber aufmerksamer oder weniger aufmerksam zuhören. Sicherlich spielt auch bei Ihnen das Erscheinungsbild einer Person eine wichtige Rolle. Es beginnt mit der Wahl einer der Situation angepassten Kleidung und geht über eine gepflegte Erscheinung bis hin zur Körpersprache.

Im nächsten Schritt müssen Sie die übermittelten Informationen so codieren, dass Ihr Gegenüber in der Lage ist, die Informationen zu decodieren. Das ist nur möglich, wenn Sie die gleiche Sprache sprechen. Dabei ist nicht nur die Landessprache gemeint, sondern auch die Berücksichtigung von Fachbegriffen beziehungsweise Spezifika bestimmter Branchen oder Fachbereiche. Überlegen Sie sich also, welche Worte und Begriffe Sie verwenden. Die Verwendung von Anglizismen mag Ihnen zwar den Hauch der Internationalität geben, ist aber häufig für die Kommunikation nicht gerade förderlich, da die Decodierung so manchem Gegenüber schwerfällt – auch wenn es in manchen Branchen heute üblich ist, Denglisch zu sprechen.

Im dritten Schritt überprüfen Sie Ihre Stimme. Sie ist das Instrument der verbalen Sprache. Ihr Gegenüber achtet auf den Tonfall, die Modulation Ihrer Stimme und die Geschwindigkeit, mit der Sie reden. Eine allzu fistelnde Stimme ist genauso ermüdend und nervend wie eine monotone Stimme ohne jegliche Betonung von Wichtigem und Unwichtigem. Bei zu hoher Redegeschwindigkeit vermutet Ihr Gegenüber Unsicherheit oder unterstellt, es sollten bewusst bestimmte Informationen übergangen werden.

Achten Sie daher bei der Kommunikation nicht nur auf den Inhalt, sondern vor allem auf die Vermittlung des Inhaltes. Wie bei den Wölfen reicht das alleinige Wissen nicht aus. Es müssen klare Signale ausgesandt werden, um als Alphatier anerkannt zu werden. Dies gilt übrigens nicht nur für die Kommunikation in Projekten.

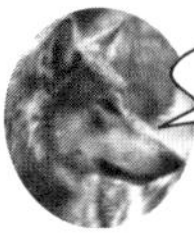

TIPPS MIT BISS

Sorgen Sie für eine positive Gesamtwahrnehmung Ihrer Person. Achten Sie bei der Kommunikation mit anderen Menschen sowohl auf die sorgfältige Auswahl der Inhalte als auch auf die verbalen und nonverbalen Signale, die Sie übermitteln. Sie sind der wichtigste Botschafter Ihres Projekts.

9.2 Infos für das Rudel – Wie Sie Kommunikation im Projekt zielorientiert gestalten

Nach der dreistündigen Besprechung mit Frau Schulz, Herrn Maier, Frau Müller, Herrn Huber und Herrn Schmidt herrscht wieder allgemeiner Frust. Details sind nicht geklärt, Entscheidungen sind nicht getroffen – dafür aber jede Menge Gemeinheiten in Form von persönlichen Angriffen ausgetauscht. Alle Beteiligten gehen mit gesenktem Haupt aus dem Besprechungsraum und verteufeln wieder einmal das Projekt. Es wird Zeit, daran etwas zu ändern!

Nicht nur das Projekt will geplant werden, sondern auch die Kommunikation im Projekt. Sie müssen mit allen Stakeholdern in Kontakt bleiben, um ihnen die für ihre Mitarbeit wichtigen Informationen zu geben.

Die folgenden Fragen helfen bei der Planung:

- Wer benötigt welche Informationen?
- Wie häufig müssen Informationen ausgetauscht werden?
- Wie müssen die Informationen ausgetauscht werden?
- Wie müssen die Informationen aufbereitet sein?
- Welche Infrastruktur muss bereitgestellt werden?

Die ersten drei Fragen beantwortet die Kommunikationsmatrix (Bild 9.1). Sie gibt Auskunft darüber, wer welche Informationen in welchem Intervall erhält und auf welche Weise die Informationen ausgetauscht werden. Dabei kann grundsätzlich zwischen persönlichem Gespräch, telefonischem Gespräch, Videokonferenz, E-Mail, Brief und Telefax unterschieden werden.

Stakeholder	Informationen/ Inhalte	Medium/Art	Zeitpunkt/ Intervall	Verantwortlich	Aufwand/ Umfang
Auftraggeber	Projektstatus	Vieraugen-gespräch	monatlich	Projektleitung	max. 1,5 h
Abteilung XY	Projektstatus	Aushang	monatlich	Projektassistent	2 Seiten
Öffentlichkeit	allgemeine Infos über Projektstart/ -ende	Pressemitteilung	Projektbeginn Projektabschluss	PR-Abteilung	mindestens 1 500 Zeichen mit Foto
...	...	...	...	...	...

Bild 9.1 Kommunikationsmatrix

Bedenken Sie bei der Wahl der Kommunikationsart deren Besonderheiten. Bei einem Telefonat entfallen beispielsweise Mimik und Gestik. Daher kommt dann der Stimme eine noch höhere Bedeutung zu als beim persönlichen Gespräch. Die schriftliche Kommunikation hat den Vorteil, dass bei ihr bis zum endgültigen Absenden des Briefes, E-Mails oder Fax am Inhalt noch Korrekturen durchgeführt werden können. Hat man bei einem Gespräch hingegen etwas gesagt, so gibt es keine Löschtaste mehr. Korrekturen sind somit, ohne dass das Gegenüber es merkt, kaum beziehungsweise gar nicht möglich. Überlegen Sie sich daher, ob sich die Informationen, die es zu übermitteln gilt, eher für ein persönliches Gespräch, Telefonat oder eine Videokonferenz eignen oder ob es ratsamer ist, sie schriftlich zu übermitteln.

Neben den schon angeführten Aspekten spielt natürlich auch die Frage der Nachvollziehbarkeit und der Rechtssicherheit eine Rolle. Informationen, die von einem selbst oder von anderen zu einem späteren Zeitpunkt erneut benötigt werden, sollten grundsätzlich schriftlich ausgetauscht werden. Nur so ist sichergestellt, dass die Informationen unverfälscht erneut benutzt werden können. Wer kann sich nach einer längeren Zeit schon noch detailliert an Gesagtes erinnern? Die alte Weisheit aus dem Vertrieb „Wer schreibt, der bleibt" hat durchaus auch hier ihre Berechtigung.

Wann Informationen ausgetauscht werden sollten, lässt sich mit der Antwort „möglichst regelmäßig" generell beantworten. Regelmäßig kann jedoch heißen, dass das Projektteam wöchentlich bestimmte Informationen im Rahmen eines Jour fixe austauscht, während der Auftraggeber oder die Öffentlichkeit in größeren Intervallen zum Beispiel monatlich oder vierteljährlich informiert wird.

Die Frage, wie Informationen aufbereitet sein müssen, lässt sich hingegen nur schwer in der Kommunikationsmatrix darstellen. Natürlich kann man die zu verwendenden Formulare, Vorlagen oder Vorgaben in der Matrix abbilden. Schwieriger beziehungsweise gar nicht hingegen lässt sich darstellen, wie die Informationen aufgrund des fachlichen oder persönlichen Hintergrundes einer Zielperson oder der Zielgruppe auszusehen haben. Hier ist Individualität gefragt. Daher ist es ratsam, sich in die Zielperson oder die Zielgruppe zu versetzen und wiederum die folgenden Fragen zu beantworten:

- Welchen Wert oder Nutzen haben die Informationen für mich?
- Bin ich in der Lage, mit meinem bisherigen Wissen und meinen bisherigen Erfahrungen die Informationen richtig aufzunehmen, zu interpretieren und zu bewerten?

Die erste Frage stellt sicher, dass Ihren Informationen auch ausreichend Aufmerksamkeit geschenkt wird. Nur wenn der Zuhörer, Leser oder Zuschauer einen Nutzen für sich erkennt, wird er seine Wahrnehmung auf die Informationen ausrichten.

Mit der zweiten Frage klären Sie die zu verwendende Sprache, den Umfang und Detaillierungsgrad und die Darstellungsform Ihrer Informationen. Was nützen einem die größten Zahlenkolonnen, wenn einem das Wissen über die Herleitung und zur Interpretation der Zahlen fehlt. Als Faustregel kann gelten: je höher die Qualifikation beziehungsweise die Stellung in einer Organisation, umso verdichteter die Darstellung von Informationen. Den Vorstand werden wohl kaum die Details der Netzplantechnik interessieren, wohl aber, ob die Meilensteine am Ende einer Phase termingerecht erreicht werden.

Zur Information des Auftraggebers oder aber auch eines Lenkungsausschusses eignen sich daher verdichtete Darstellungen eines Terminplans oder Meilenstein-Trendcharts.

In einem Meilenstein-Trendchart wird die Entwicklung der wichtigsten Meilensteine zu vordefinierten Berichtszeitpunkten prognostiziert und dargestellt. Sie dient damit der Terminverfolgung und -vorhersage (siehe auch Seite 180).

Diese komprimierte Darstellung des zeitlichen Projektverlaufs eignet sich somit sehr gut, um den Auftraggeber oder einen Lenkungsausschuss in kurzer und übersichtlicher Form über die terminliche Situation des Projekts zu informieren. Ergänzend sollte der Kostenverlauf eines Projekts in Form eines Diagramms dargestellt werden, ebenso wie die bisher erbrachte Leistung. Zur übersichtlichen Darstellung aller drei Zielgrößen des Projekts bietet sich ein Projektcockpitbericht an, wie er beispielhaft in Bild 9.2 gezeigt wird.

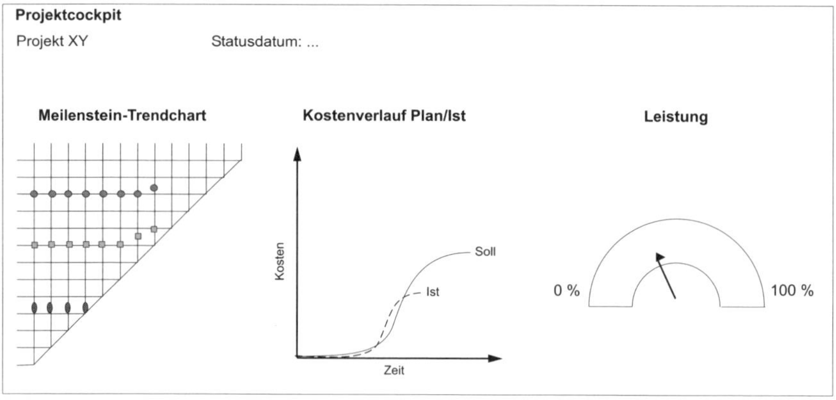

Bild 9.2 Projektcockpit

Egal, mit wem, wie und womit Sie nun im Projekt kommunizieren, Sie sollten darauf achten, dass die Kommunikation nicht zufällig und ungeplant abläuft. Neben der bisher besprochenen, geplanten und damit formellen Kommunikation sollten Sie auch die informelle Kommunikation zum Beispiel das spontane Gespräch auf dem Flur oder in der Kaffee-Ecke im Projekt unterstützen. Nun ist es das Wesen der informellen Kommunikation, dass sie spontan und ungeplant abläuft. Jedoch kann man zumindest die Infrastruktur bereitstellen und planen oder Personen zusammenbringen, um informelle Kommunikation zu forcieren. Eine gemeinsam genutzte Kaffee-Ecke, ein spontanes Mittagessen oder eine gemeinsame Autofahrt haben schon so manches wertvolle Gespräch in Gang gebracht.

9.3 Lautlos kommunizieren – Worauf Sie bei der Kommunikation per E-Mail achten sollten

Wölfe kommunizieren in vielen Situationen lautlos. Ein Blick, ein Signal mit der Rute und schon weiß das Gegenüber, worauf es ankommt. Genau da liegt der Unterschied zu uns Menschen. Auch wir kommunizieren oftmals lautlos. Im Gegensatz zu den Wölfen fragt sich der Informationsempfänger aber oftmals, was der Absender sagen möchte. Es geht hier nicht nur um eine Kommunikation durch Mimik oder Gestik, sondern auch um schriftliche Kommunikation per Brief, E-Mail, Bericht und sonstigen Schriftstücken.

Viele der allgemeinen Aussagen über Kommunikation gelten auch für die schriftliche Kommunikation. Trotzdem gibt es noch einige wichtige Unterschiede, speziell im Hinblick auf die häufige Verwendung von E-Mails.

So froh wir auch über die Errungenschaften der modernen Gesellschaft sind, so hinderlich sind sie manchmal bei der Arbeit. Vor einiger Zeit unterhielt ich mich mit einem Projektleiter, der mir in einem Nebensatz ganz lapidar sagte, er habe seinen Spamfilter des E-Mail-Programms mit den Adressen einiger Mitarbeiter seines Unternehmens gefüttert. Leicht verdutzt fragte ich ihn nach dem Grund. Er bekäme von allen möglichen Leuten zu allen möglichen Projekten ständig irgendwelche E-Mails, die ihn weder beträfen noch irgendeinen praktischen Nutzen für ihn hätten. Viel beschäftigt und unter Zeitdruck stehend hatte er also für sich beschlossen, die E-Mails einiger Personen ungelesen und automatisiert ins Jenseits zu befördern und zu löschen. Auf meinen Einwand, es könnten ja auch einmal wichtige E-Mails gelöscht werden, zuckte er nur mit den Schultern und meinte, das wisse er auch, aber er sehe keine andere Möglichkeit, dieser E-Mail-Flut Herr zu werden.

In vielen Unternehmen und Projekten wird der große E-Mail-Verteiler bemüht. Getreu dem Motto „Ich habe es doch jedem gesagt und damit hat es jeder gewusst" entledigen sich so viele Mitarbeiter, aber auch Projektleiter ihrer Verantwortung und glauben, für anschließend auftretende Mängel oder Probleme andere verantwortlich machen zu können. Diese Vorgehensweise ist ein Indiz dafür, dass es in diesem

Unternehmen oder in dieser Projektgruppe neben mangelndem Verantwortungsbewusstsein auch an der nötigen Struktur fehlt.

Damit in Ihrem Projekt die E-Mail-Kommunikation nicht so ausufernd stattfindet, haben Sie unter anderem die im vorangegangenen Kapitel vorgestellte Kommunikationsmatrix erstellt. Mit ihrer Hilfe können Sie verschiedene E-Mail-Verteiler aufbauen, die Sie dann zur Kommunikation mit den Beteiligten nutzen. So erhält jeder nur die Informationen, die für ihn relevant sind und seine Arbeit unterstützen.

Neben der genauen Auswahl der Adressaten ist es genauso wichtig, sich darüber Gedanken zu machen, ob die zu übermittelnden Informationen für das Medium E-Mail überhaupt geeignet sind. Grundsätzlich nicht geeignet sind Informationen, die aufgrund falscher Interpretation und fehlender sofortiger Nachfragemöglichkeit und Richtigstellung zu Konflikten führen können.

Nachdem Sie also sichergestellt haben, dass sich die Informationen für die Übermittlung per E-Mail eignen, geht es an die Erstellung der E-Mail. Achten Sie darauf, dass Ihre E-Mail eine aussagefähige Betreffzeile hat, ungeeignet sind beispielsweise „Meeting“ oder „Wichtige Info“. Versehen Sie Betreffzeilen mit konkreten Angaben, worum es geht, zum Beispiel „Projekt 1372, Terminverschiebung Besprechung 16.09.2007 auf 20.09.2007“. Aus dieser Betreffzeile ist klar ersichtlich, warum es für den Empfänger wichtig und interessant ist, die E-Mail zu lesen.

Bei der eigentlichen Nachricht sollten Sie, wie in einem Gespräch, klare und aussagekräftige Worte und Sätze verwenden. Fassen Sie sich kurz und geben Sie Ihrer E-Mail eine innere Struktur. Ihre E-Mail sollte ebenso wie ein Geschäftsbrief in verschiedene Absätze sowie in Einleitung, Hauptteil und Schluss unterteilt sein. Vermeiden Sie die häufig verwendeten Smileys und Emoticons. Nicht jeder kann deren Aussagen entziffern. Zu guter Letzt verwenden Sie bitte eine vollwertige Signatur mit Angabe Ihrer kompletten Kontaktdaten. Es ist immer wieder ärgerlich, wenn man zur telefonischen Beantwortung einer per E-Mail gestellten Frage erst einmal recherchieren muss, wie man sein Gegenüber erreicht.

Da offen versandte E-Mails leicht manipuliert werden können, werden Sie in der Regel von der Rechtsprechung nicht als Beweismittel anerkannt, sie haben den Status von mündlichen Vereinbarungen. Trotzdem sollten Sie die gesamten E-Mails eines Projekts so archivieren, dass Sie sowohl während als auch nach Beendigung des Projekts für die relevanten Teammitglieder verfügbar sind. Hierbei helfen EDV-gestützte Dokumentenmanagementsysteme beziehungsweise eine strukturierte E-Mail-Ablage.

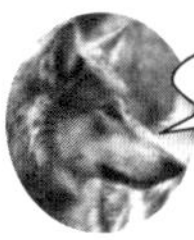

TIPPS MIT BISS

Verwenden Sie E-Mails im Rahmen der Projektkommunikation wohldosiert. Eine E-Mail kann Ihnen niemals all die Informationen liefern, die Sie durch ein persönliches Gespräch erhalten. Sorgen Sie daher für einen ausgewogenen Mix zwischen persönlichen Gesprächen, Telefonaten und schriftlicher Kommunikation.

9.4 Was die Wölfe nicht können – Wie Sie Projekte dauerhaft und effizient dokumentieren

Wölfe markieren das von ihnen bewohnte Territorium mithilfe von Duftstoffen und dokumentieren so für andere Wölfe, wo sie leben und jagen. Durch die Dokumentation ihrer Anwesenheit in einem Revier wissen andere Wölfe sehr schnell, wo sie ihre Artgenossen finden und was sie von ihnen zu erwarten haben. Die so dargestellten und für die Wölfe wichtigen Informationen sind jedoch nicht von langer Dauer. Immer wieder müssen die Wölfe aufgrund der Witterungseinflüsse ihre Duftmarken erneuern.

Zwischen der Jagd der Wölfe und Projekten gibt es eine Vielzahl von Gemeinsamkeiten. Aber wie jede Analogie, so hat auch dieser Vergleich seine Grenzen. Natürlich lässt sich nicht alles, was man bei den Wölfen beobachtet oder von den Wölfen weiß, auf Projekte übertragen.

Beispielsweise können wir im Unterschied zu den Wölfen bei Projekten die vorliegenden Informationen so dokumentieren, dass sie sich nicht verflüchtigen, sondern den Projektbeteiligten dauerhaft sowohl im Projekt als auch nach Beendigung des Projekts zur Verfügung stehen. Um dies zu gewährleisten, bedarf es allerdings einer systematischen und geplanten Vorgehensweise bei der Projektdokumentation.

Die Projektdokumentation teilt sich dabei sinnvollerweise in zwei Bereiche auf. Der eine Teil der Projektdokumentation beschreibt, was im Projekt entstanden ist, und bildet somit die Produktdokumentation. Der andere Teil beschreibt, wie das Projekt abgelaufen ist, und bildet somit die Prozessdokumentation.

Grundsätzlich gibt es zwei Techniken der Dokumentenerstellung und Dokumentenablage. Die benötigten Dokumente können entweder in Papierform oder in digitaler Form erstellt und archiviert werden. Auch wenn seit einigen Jahren daran gearbeitet wird, das papierlose Büro einzuführen, so werden zumeist beide Techniken verwendet.

Die Erstellung eines Dokumentes ist dabei häufig weniger schwierig als die Ablage beziehungsweise das Wiederauffinden eines Dokumentes. Klären Sie daher zuerst, welche Informationen in welcher Form erstellt werden müssen und wie sie archiviert werden. Einer Erstellung und Ablage in digitaler Form ist heute eindeutig der Vorzug zu geben. Dadurch kann jeder im Projekt sehr schnell und ohne großen Aufwand auf die benötigten Informationen zugreifen. Vorausgesetzt, der Informationsnachfrager weiß, wo er seine Informationen findet.

Und genau hier krankt so manche Projektdokumentation. Immer wieder liegen wichtige Informationen zwar vielleicht in digitaler Form vor, aber für den, der die Informationen benötigt, sind sie nicht verwertbar. Sei es, dass er keine Zugriffsrechte hat, nicht weiß, wo die Informationen zu finden sind, oder das verwendete Format nicht lesbar ist. Ebenso schlummern immer wieder wichtige Informationen in Papierform in der persönlichen Ablage des Projektleiters statt in der Gruppen- oder Projektablage.

Egal, wie Sie also Ihre Dokumente erstellen und archivieren – bringen Sie Transparenz in das System und vereinbaren Sie Regeln!

Bei großen Projekten verschaffen Sie sich am besten einen Überblick über die anfallenden Dokumente mithilfe einer Dokumentenmatrix (Bild 9.3). In dieser können Sie die anfallenden Dokumente einem Ersteller, einem Verteilerkreis sowie einem Ablageort zuweisen und

Dokument	Dokumenten-bezeichnung/ Revisionsstand	Ersteller/ Verantwortlicher	Verteiler	Ablageort der Originale
Pflichtenheft	P-100.1-R2	H. Müller	H. M., U. S., P. L. ...	Projektbüro
Zeichnung Anlagenlayout	Z-100.2.5-R3	U. Schulz	K. W., P. L., H. M. ...	Anlagenplanung
Montagestückliste	MS-100.3.7-R1	C. Huber	K. W., P. L., H. M. ...	Konstruktion
...	...	...	...	...

Bild 9.3 Dokumentenmatrix

weitere die Dokumente betreffende Informationen in übersichtlicher Form darstellen.

Dokumente, die fast in jedem Projekt anfallen, sind beispielsweise:

- Projektauftrag,
- Besprechungsprotokolle,
- Kostenaufstellungen,
- Zeitpläne,
- Pflichtenheft und Lastenheft,
- Zeichnungen,
- Verträge,
- Testprotokolle,
- Handbücher oder Bedienungsanleitungen,
- Installationsanleitung,
- Projektabschlussbericht.

Legen Sie frühzeitig fest, wer welche Dokumente wie zu erstellen hat, und beschreiben Sie die Mindestinhalte jedes der Dokumente. Eine Vorlage für jedes Dokument stellt sicher, dass alle benötigten Informationen im Dokument vorhanden sind. Die folgenden Informationen sollte jedes Dokument mindestens enthalten:

- Projektname, -nummer,
- Dokumentenname, -nummer,

- Version,
- Erstellungsdatum/Änderungsdatum,
- Ersteller/Verfasser,
- Status (zum Beispiel Entwurf, Korrektur, Freigabe),
- Verteiler,
- Dokumentenablageort.

Umfangreichere Dokumente sollten die Angaben zumindest auf einem Titelblatt ausweisen und ein Inhaltsverzeichnis sowie eine Einleitung und Zusammenfassung beinhalten. Um allen Beteiligten einen möglichst schnellen Zugriff auf benötigte Dokumente zu ermöglichen und langes Suchen zu vermeiden, ist die Ablage der Dokumente zu klären. Dabei ist zu berücksichtigen, dass in der Regel nicht alle Dokumente in digitaler Form vorliegen. Sowohl die EDV-Struktur als auch die Struktur der Aktenordner ist am Anfang eines Projekts zu klären und gegenüber den Projektteammitgliedern zu kommunizieren. Achten Sie dabei möglichst darauf, dass die digitale Ablage mit der physischen Ablage korrespondiert.

Um die Ablage in Papierform zu vermeiden, können zu archivierende Dokumente alternativ gescannt werden. Dies lohnt sich aber meistens nur bei gleichzeitiger Verwendung von Dokumentenmanagementsystemen.

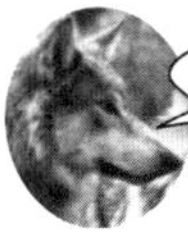

TIPPS MIT BISS

- **Überlegen Sie sich am Anfang eines Projekts, wie Sie eine strukturierte und zielgerichtete Kommunikation der Projektbeteiligten untereinander sicherstellen können.**
- **Beachten Sie die Wirkung und die Aussagen der verbalen und nonverbalen Kommunikation.**
- **Erstellen Sie E-Mails genauso sorgfältig und korrekt wie Geschäftsbriefe.**
- **Sorgen Sie von Projektbeginn an für eine strukturierte und ausreichende Dokumentation des Projektverlaufes und der im Projekt erstellten Leistung.**

10
Rangkämpfe
Wie Sie Konflikte im Projektteam lösen

Das Zusammenleben der Wölfe in einem Rudel ist, ebenso wenig wie das Zusammenleben von uns Menschen, frei von Konflikten. Da ein Rudel aus lauter Individuen mit ganz unterschiedlichen Eigenschaften, Erfahrungen und Fähigkeiten besteht, gibt es die unterschiedlichsten Anlässe, aus denen Konflikte entstehen. Mal ist es Futterneid, mal die Überschätzung von eigenen Erfahrungen oder Fähigkeiten und ein anderes Mal sind es unterschiedliche Vorstellungen über die richtige Vorgehensweise bei der Jagd. All diese Anlässe führen in einem Wolfsrudel immer wieder zu Konflikten, die es zu lösen gilt. Da sich Wölfe im Gegensatz zu uns Menschen Energieverschwendung nicht leisten können, sind sie auf eine möglichst energieschonende Konfliktlösung bedacht. Der Schlüssel dazu liegt darin, aufkommende Streitigkeiten unmittelbar und sofort ohne jede Verzögerung zu lösen.

Herr Maier, der nach der vorletzten Teambesprechung zutiefst gekränkt den Raum verließ, sinniert seitdem nur noch darüber, wie er sich bei Herrn Huber für seine Aussagen revanchieren kann. Gemeinsam mit Frau Schulz hat er beschlossen, alle zukünftigen Aussagen und Aktivitäten von Herrn Huber zu torpedieren. Zu oft wurden er und Frau Schulz zwischenzeitlich unsachlich angegriffen und vor den anderen Besprechungsteilnehmern bloßgestellt. Gemeinsam versuchen nun beide, weitere Teammitglieder auf ihre Seite zu bringen und gegen Herrn Huber zu positionieren. Schrittweise verliert dabei die eigentliche Aufgabenstellung an Bedeutung und die Diskussion über das Verhalten von Herrn Huber und mögliche Gegenmaßnahmen rückt in den Vordergrund. Dabei wäre eigentlich die Leistungsfähigkeit des Teams hoch, es sind alles gute Leute, aber der schwelende Konflikt blockiert das Projekt.

Wölfe lösen aufkommende Konflikte immer frühzeitig, nämlich möglichst sofort. Das spart Energie und ist auch für uns Menschen die beste Strategie. Nur: Wie nimmt man Konflikte frühzeitig wahr? Wie löst man sie frühzeitig? Und wie kann man Konflikten möglichst vorbeugen? In den nächsten Abschnitten erhalten Sie Antworten auf diese Fragen. Das Kapitel hilft Ihnen zu begreifen, warum Konflikte eigentlich etwas Positives sind und wie man durch konstruktive und kooperative Konfliktlösungsstrategien das Erreichen optimaler Projektergebnisse unterstützt. Gleichzeitig erhalten Sie Anregungen und Vorgehensweisen zum Aufbau einer Konfliktlösungskultur in Ihrem Projektteam.

10.1 Knurren, bellen, beißen – Wie Sie Konflikte frühzeitig erkennen

Bei flüchtiger Betrachtung und auf den ersten Blick kann man aufkommende Konflikte bei Wölfen in einem Rudel kaum erkennen. Beobachtet man die Wölfe jedoch einmal genauer und über einen längeren Zeitraum, so kann man an vielen Nuancen des Verhaltens Zwistigkeiten und deren Lösung erkennen. Gleichzeitig erkennt man, wie ausdifferenziert die Kommunikation der Tiere untereinander ist. Meistens läuft die Kommunikation im Rudel, auch das Austragen von Konflikten, lautlos ab. Die Stellung der Rute verrät ebenso wie die Mimik und Gestik eines Wolfes eindeutig, in welcher Verfassung sich der Wolf aktuell befindet und ob er sich gerade wohlfühlt. Ist die Stimmung im Rudel gelöst und freundlich, laufen die Wölfe mit erhobenem Kopf und leicht erhobenem Schwanz umher. Nähert sich ein ranghöheres Tier, wird die Rute als Zeichen der Unterwürfigkeit abgesenkt. Bei ernsthaften und größeren Konflikten sträuben sich bei dem dominanten Tier die Nackenhaare und es werden die Lefzen zurückgezogen. Somit werden eindeutige Signale in Richtung des Gegenübers ausgesandt, die häufig schon zu einer Lösung des Konfliktes ausreichen.

Bei Projektteams kommt man häufig bei flüchtiger Betrachtung zu dem Schluss, dass es keine Konflikte gibt, da die Mitarbeiter augenscheinlich zielgerichtet und harmonisch zusammenarbeiten. Dabei brodelt es unter der Oberfläche wie bei einem Vulkan kurz vor dem Ausbruch und der Projektfortschritt lässt zwangsläufig stark zu wünschen übrig.

Um diese für den Projekterfolg gefährliche Fehleinschätzung zu vermeiden, ist es daher für Projektleiter wichtig, die Zusammenarbeit im Team genauer unter die Lupe zu nehmen, Konflikte frühzeitig zu erkennen und deren Lösung zu forcieren. Für den Projektleiter heißt dies, ausreichend Zeit einzuplanen, um sich einen Eindruck über die Zusammenarbeit im Team zu verschaffen und bei Bedarf moderierend einzugreifen. Hierbei gilt es genau abzuwägen, wann ein Eingriff nötig ist oder wann die Konfliktparteien ohne Zutun einer weiteren Partei in der Lage sind, den Konflikt zu lösen.

Außerdem gilt es zu erkennen, ob der vorliegende Konflikt für das Projekt eher förderlich oder eher hinderlich ist. Förderlich könnte ein Konflikt zweier Teammitglieder sein, die sehr sachlich und kontrovers über ein fachliches Detail und dessen Realisierung streiten. Hinderlich wird dieser Konflikt erst, wenn nach einer angemessenen Zeit keine Einigung erzielt wird und wenn sich der Konflikt von der sachlichen hin zur persönlichen Ebene verschiebt.

Die bei Konflikten entstehende Reibung zwischen den Kontrahenten ist, sofern sie im Rahmen bleibt, durchaus förderlich. Das bringt Energie und Engagement in die Gruppe und hilft dabei, sich mit dem Gegenstand des Anstoßes auseinanderzusetzen, Standpunkte zu finden und Sachverhalte zu klären. Bei zu geringer Reibung entzündet sich nun mal kein Streichholz. Wird die Reibung jedoch zu groß, ist es wie bei einem Streichholz, das abknickt, anstatt sich zu entzünden: Die Produktivität ist dahin.

Konflikte im Team sind somit nicht von vornherein störend, sie können durchaus hilfreich sein und führen, vorausgesetzt, sie werden konstruktiv und für alle Beteiligten zufriedenstellend gelöst, zu besseren Teamergebnissen. Sie verdeutlichen Missstände, geben neue Impulse, führen zu Veränderungen und reinigen wie ein Gewitter die Luft. Gute Führungskräfte verstehen es sogar, gezielt Konflikte zu inszenieren, um ein Team in Bewegung zu versetzen. Aber hier macht ganz klar die Dosis das Gift.

Wie können Sie aber nun Konflikte und das Maß der darin auftretenden Reibung erkennen? Typische Anzeichen für drohende oder schon existente Konflikte sind:

- sich verschlechternde oder schlechte Stimmung im Team,
- aggressive Kommunikation im Team,
- Zurückhalten von Informationen,
- fehlende Diskussions- und Kompromissbereitschaft einzelner Teammitglieder,
- Abwesenheit von Teammitgliedern ohne vorherige Ankündigung oder ohne Entschuldigung,
- mangelndes Engagement durch Dienst nach Vorschrift,
- abnehmende Leistung einzelner Teammitglieder beziehungsweise des gesamten Teams.

Die Herausforderung für den Projektleiter liegt nun darin, einerseits früh genug sich einstellende Veränderungen im Verhalten der Teammitglieder zu erkennen, um bei vorliegenden Konflikten eingreifen zu können, andererseits aber nicht zu früh einzugreifen, um den Beteiligten selbst die Chance zu geben, den vorliegenden Konflikt zu lösen. So machen es auch Alphawölfe: sehr genau beobachten, schlechte Stimmung sofort registrieren, aber erst dann eingreifen, wenn aus einem einzelnen Konflikt Gefahr für das Ganze erwächst. Halten Sie daher, wie der Alphawolf im Rudel, mit jedem Ihrer Teammitglieder Kontakt, formell wie informell. Nur so erkennt man frühzeitig sich einstellende Veränderungen.

Beachten Sie erste Anzeichen für sich abzeichnende Konflikte. Schreiten Sie aber nicht gleich bei jedem Konflikt ein, sondern nur bei Konflikten, die von den Beteiligten nicht selbst gelöst werden können, oder bei Konflikten, die die Gesamtleistung des Teams beeinträchtigen.

10.2 Ich sehe was, das du nicht siehst, und mehr – Wodurch Konflikte entstehen

Es gibt unterschiedliche Gründe, die zu einem Konflikt führen können. Die wichtigsten Konfliktursachen bei einem Projekt sind

- unterschiedliche Wahrnehmung und Beurteilung eines Sachverhaltes,
- unterschiedliche Vorstellungen über zu erreichende Ziele,
- unterschiedliche Vorstellungen über einzusetzende und zu verwendende Methoden, Mittel und Maßnahmen,
- knappe Ressourcen und deren Verteilung,
- unklare Verantwortlichkeiten und Machtverhältnisse,
- mangelnde oder gestörte Beziehung der Konfliktparteien.

Unterschiedliche Wahrnehmung und Beurteilung eines Sachverhaltes

Ein Wahrnehmungs- oder Beurteilungskonflikt entsteht durch die unterschiedlichen Erfahrungen, Ausbildungen, Fähigkeiten und Vorlieben der am Konflikt Beteiligten. Um uns die Welt zu erschließen, sind wir auf unsere fünf Sinne – sehen, hören, fühlen, riechen, schmecken – angewiesen. Die fünf Sinne sind aber bei jedem Menschen unterschiedlich stark ausgeprägt. So wird der visuelle Typ eher Informationen, die bildhaft dargeboten werden, aufnehmen, während der auditive Typ das Gesprochene leichter verarbeitet. Informationen, die über die einzelnen Sinne aufgenommen werden, müssen im Gehirn in Sekundenschnelle verarbeitet werden. Dabei werden Informationen, die an bereits im Gehirn vorliegende Informationen anknüpfen können, schneller verarbeitet als Informationen, die keinerlei Anknüpfungspunkte finden. Genau hier liegt aber auch eines der Probleme. Bei der Verarbeitung von Informationen, die einem bekannt vorkommen, sinkt die Aufmerksamkeit und wichtige Details werden häufig nicht mehr wahrgenommen. Um dies zu vermeiden, bedarf es der Konzentration. Wir Menschen neigen außerdem dazu, die Umwelt durch unsere Brille zu betrachten und nach unseren Maßstäben zu beurteilen. Dabei haben wir alle einen unterschiedlichen Wissensstand und Erfahrungsschatz und genau daraus können sich Konflikte ergeben. Ein Projektmitarbeiter mit geringen Erfahrungen im Projektmanagement wird die Zeit, die für die Erstellung einer Risikoanalyse aufgewendet wird, eventuell als vergeudete Zeit betrachten und deshalb mit eher geringer Motivation daran mitarbeiten. Der erfahrene Mitarbeiter weiß hingegen um mögliche Gefahren und wird daher darauf drängen, eine sorgsame Analyse zu erstellen. Aufgabe des Projektleiters ist es nun bei diesem Beispiel, durch sachliche Argumentation und Hinterfragen der von den beiden Personen gemachten Aussagen bei dem weniger erfahrenen Mitarbeiter ein Bewusstsein für die Notwendigkeit und die Vorteile einer sorgfältigen Risikoanalyse zu schaffen.

Unterschiedliche Vorstellungen über zu erreichende Ziele

Für einen Kaufmann mag der Fokus in einem Projekt primär auf den Kosten liegen, während der Ingenieur sein Hauptaugenmerk auf Funktionalität und Qualität legt. Nur wenn sich beide Parteien annähern und ein gemeinsames Hauptziel verfolgen, lässt sich der Konflikt lösen. Dazu ist es aus Sicht des Projektleiters notwendig, die Ziele überhaupt erst einmal zu thematisieren, möglichst gleich zu Beginn des Projekts.

Unterschiedliche Vorstellungen über einzusetzende und zu verwendende Methoden, Mittel und Maßnahmen

Es mag durchaus ein gemeinsames Ziel geben, und trotzdem muss noch keine Einigkeit über die einzusetzenden Mittel, Methoden und Maßnahmen herrschen, um das gemeinsame Ziel zu erreichen. Auch hier gilt es wieder, die unterschiedlichen Erfahrungen, Wissensstände, Vorlieben und Fähigkeiten der Konfliktparteien zu berücksichtigen, um auftretende Konflikte zu lösen. So mag der eine Mitarbeiter regelmäßige Projektbesprechungen aufgrund sehr schlechter Erfahrungen für reine Zeitverschwendung halten, während der Projektleiter aufgrund seiner positiven Erfahrungen darauf besteht. Bei diesem Beispiel empfiehlt es sich, zuerst sachlich die Argumente auszutauschen, die für und gegen eine Besprechung sprechen. Häufig wird alleine durch die Diskussion von Pro und Kontra eine Lösung herbeigeführt. Lässt sich gar keine Lösung erzielen, muss sich der Projektleiter, wenn er von der Sinnhaftigkeit der vorgeschlagenen Maßnahmen überzeugt ist, auch einmal durchsetzen. In der Regel erkennt das Gegenüber spätestens bei der Umsetzung den Sinn und die Notwendigkeit des eingeschlagenen Weges, vorausgesetzt, es ist der richtige Weg.

Knappe Ressourcen und deren Verteilung

Ob es nun um die Arbeitszeit von Mitarbeitern, den Einsatz von Maschinen oder von Finanzmitteln geht: Sobald Ressourcen knapp sind und auf mehrere Parteien verteilt werden müssen, besteht die Gefahr eines Konfliktes. Ein jeder möchte ein möglichst großes Stück vom Kuchen, sprich von der begehrten Ressource bekommen, um die ihm gestellte Aufgabe zu lösen, und versucht daher auf den unterschiedlichsten Wegen, dieses Ziel zu erreichen. Auch hier gilt es in sachlicher Weise zuerst Pro und Kontra der unterschiedlichen Vorstellungen zu betrachten, um im Idealfall eine gemeinsame Lösung zu finden. Gelingt das nicht, helfen nur klare Prioritäten. Diese sind dann von der Unternehmensleitung oder vom Projektauftraggeber zu definieren.

Unklare Verantwortlichkeiten und Machtverhältnisse

Unklare und nicht geregelte Verantwortlichkeiten führen immer wieder zu Konflikten. Jeder verlässt sich auf den anderen und zum Schluss ist ein jeder verlassen. So dachte der Projektleiter, der Projektmitarbeiter kümmere sich um die Abstimmung mit dem Kunden, und der Mitarbeiter glaubte, der Projektleiter würde dies tun. Am Ende ergibt sich eine hitzige Debatte darüber, wer wofür verantwortlich ist und wer was hätte tun müssen. Welche Befugnisse besitzt der Projektleiter, wer hat wem was zu sagen? Wird diese Frage nicht frühzeitig geklärt, besteht die Gefahr, dass sich im Laufe des Projekts aufgrund der unklaren Machtverhältnisse immer wieder Konflikte ergeben.

Mangelnde oder gestörte Beziehung der Konfliktparteien

Auftretende Konflikte sind häufig auch ein Anzeichen für mangelnde oder gestörte Beziehungen der Konfliktparteien untereinander. Jede Beziehung zwischen zwei Menschen ist geprägt vom Wissen über den jeweils anderen und ein gewisses Vertrauen in seine Person. Je enger und positiver die Bindung zwischen zwei Personen ist, umso leichter lassen sich in der Regel auftretende Konflikte lösen, sofern es sich um sachliche Konflikte handelt. Denken Sie nur einmal daran, wie schnell Sie eine Lösung finden, wenn Sie mit einem guten Freund oder einem guten Kollegen über unterschiedliche Lösungsmöglichkeiten diskutieren, und wie positiv, trotz der sachlichen Auseinandersetzung, die Diskussion verläuft. Bei Personen, zu denen Sie keine Beziehung haben, von denen Sie nichts wissen und die Sie nicht einschätzen können, wird eine solche Diskussion sichtlich anders verlaufen. Häufig kommen aufgrund der nicht vorhandenen Kenntnisse über den anderen Ängste und Befürchtungen hinzu, die das eigene Verhalten dann negativ beeinflussen. Aus sachlichen Diskussionen werden dann schnell persönliche Fehden. Der Schlüssel zur Vermeidung solcher Konflikte liegt also darin, dafür zu sorgen, dass die Teammitglieder sich besser kennen und einander vertrauen lernen.

10.3 Gewinner und Verlierer? – Wie Sie Konflikte lösen, ohne neue zu provozieren

Im Alltag eines Wolfsrudels werden fast alle Konflikte in einer Form gelöst, die sicherstellt, dass die Konfliktparteien nicht übermäßig zu Schaden kommen. Dadurch wird gewährleistet, dass die Kontrahenten auch nach der Lösung des Konfliktes sich bei der Jagd gegenseitig unterstützen. Nur durch das Zusammenwirken aller Rudelmitglieder ist ein Jagderfolg wahrscheinlich. Konflikte müssen also im Rudel so gelöst werden, dass die Lösung in der Regel für alle Beteiligten akzeptabel ist. Denn nur wenn der Nutzen, den ein Wolf aus der Zugehörigkeit zu einem Rudel zieht, größer ist als der für ihn zu betreibende Aufwand oder die von ihm zu erduldenden Einschränkungen, wird er dem Rudel zugehörig bleiben. Andernfalls wird er sich bei der nächstbesten Möglichkeit vom Rudel absetzen und versuchen, ein eigenes Rudel zu gründen. Die Gründung eines neuen Rudels führt allerdings auch wieder häufig zu neuen Konflikten, vor allem bei knappen Jagdgebieten beziehungsweise geringem Beutetierbestand. Der Kampf zweier Rudel geht dann meist für den schwächeren Alphawolf tödlich oder zumindest mit größeren Verletzungen aus.

Der zwischen Herrn Maier und Herrn Huber schwelende Konflikt wurde zwischenzeitlich beigelegt, nachdem es bei einem gemeinsamen Mittagessen zu einer Aussprache kam. Kaum ist dieser Konflikt gelöst, entsteht schon wieder ein neuer. Frau Schulz wurmt es noch heute, dass sie sich bei einer der letzten Besprechungen hat breitschlagen lassen, auf ihr Fachkonzept zu verzichten, und stattdessen dem von Herrn Maier zugestimmt hat. Eigentlich hatte sie ja nur zugestimmt, weil der Chef es so wollte und darum gebeten hatte, nicht noch weiter darüber zu diskutieren. Es ärgert sie aber noch heute, dass sie sich hat dazu hinreißen lassen, und so dauert es auch nicht lange, bis sie bei einem von Herrn Maier ausgearbeiteten Vorschlag in Opposition geht. Sie muss sich zwar selber eingestehen, dass der Vorschlag an sich gewisse Vorteile birgt, aber da er von Herrn Maier kam und dieser beim letzten Mal der Sieger war, gilt es nun auch einmal zu siegen – zumindest wenn sie einen Gesichtsverlust vermeiden will.

Kommt Ihnen die Situation bekannt vor? Trotz eines fachlich interessanten und richtigen Konzeptes mangelt es an Zustimmung von anderen? Häufig ist dies ein Indiz für nicht zufriedenstellend gelöste Konflikte in der Vergangenheit.

Jeder Konflikt hat, ebenso wie wir Menschen, seine Historie. Konflikte in der Gegenwart können durch ungelöste oder nicht zufriedenstellend gelöste Konflikte in der Vergangenheit ausgelöst oder zumindest beeinflusst werden. Um mögliche Rachegelüste zu vermeiden, die in der Zukunft liegende Situationen negativ beeinflussen, ist es ratsam, Konflikte schon heute so zu lösen, dass es keine Verlierer gibt. Lassen Sie uns hierzu einige Strategien näher betrachten, nämlich:

- Vermeidung,
- einseitiges Durchsetzen,
- Nachgeben,
- Kompromiss,
- Kooperation.

Vermeidung

Diese Strategie ist häufig die verlockendste. Tut man doch vermeintlich keinem weh und muss sich auch mit keinem auseinandersetzen. Mit etwas Glück, so glauben viele, löst sich der Konflikt von selbst. Doch weit gefehlt. Da bei dieser Art der Konfliktbehandlung weder die Interessen und Bedürfnisse der einen noch der anderen Partei berücksichtigt werden, verschlimmert sich alles nur, denn die Lösungsfindung wird mit zunehmender Dauer des Konfliktes immer schwieriger. Das Ergebnis dieser Strategie ist, dass alle Beteiligten Verlierer sind, denn keine der Parteien ist mit der Situation zufrieden.

Einseitiges Durchsetzen

Auch diese Strategie ist reizvoll. Sie entspricht nämlich unserem Wunsch, anderen zu zeigen, dass wir im Recht sind. Mit vollem Krafteinsatz versucht man, sein Gegenüber von seinem eigenen Standpunkt zu überzeugen. Die Interessen und Bedürfnisse des Gegenübers werden dabei nicht oder nur untergeordnet berücksichtigt. Aber kommt man damit wirklich weiter? Der Sieg im Hinspiel mündet nur in ein erbittert geführtes Rückspiel. Denken Sie an die zuvor beschriebenen Rachegelüste von Frau Schulz. Bei dieser Art der Konfliktbehandlung gibt es einen Gewinner und einen Verlierer. Jedoch ist die Freude für den Gewinner nur von kurzer Dauer. Bei der nächstbesten Gelegenheit wird sich der Verlierer revanchieren.

Nachgeben

Der Klügere gibt nach ... Bei dieser Art der Konfliktbehandlung wird unterstellt, dass die Gegenpartei (der „Dümmere") nicht in der Lage ist, den wahren Sachverhalt zu erkennen. Mithilfe dieser Strategie kann ein Konflikt zwar schnell, aber selten zufriedenstellend gelöst werden. Die gegnerische Konfliktpartei fühlt sich, sofern sie die Strategie erkennt, meist brüskiert, wird sie doch eindeutig herabgesetzt, wenn der Nachgebende deutlich macht, dass er sich trotzdem im Recht und in der überlegenen Position befindet und nur um des lieben Friedens willen nachgibt. Nachdem der Konflikt nicht für alle Beteiligten zufriedenstellend gelöst ist, besteht die Gefahr des Wiederaufflammens. Hier ist der vordergründige Gewinner der eigentliche Verlierer und der vordergründige Verlierer der eigentliche Gewinner – zumindest kurzfristig.

Kompromiss

Der Kompromiss setzt voraus, dass die Konfliktparteien beiderseits von ihren ursprünglichen Positionen abrücken und jeweils auf den anderen zugehen. Gelingt es den Konfliktparteien zu gleichen Teilen, Zugeständnisse zu machen, mit denen sie leben können, so können dabei durchaus beide als Gewinner hervorgehen. Es bleibt aber häufig ein schaler Beigeschmack. Denn eigentlich wollte jede Partei doch mehr erreichen. Aus diesem Grunde kann ein Kompromiss durchaus auch zwei Verlierer produzieren. Keine der beiden Parteien ist dann mit der gefundenen Lösung zufrieden. Und ein fauler Kompromiss ist es dann, wenn die beiden Parteien nicht einen vergleichbaren Preis gezahlt haben, sondern eine Partei die andere beim Aushandeln des Kompromisses über den Tisch gezogen hat. Auch hier besteht die Gefahr des Wiederaufflammens des Konfliktes. Hinzu kommt, dass manchmal beide Standpunkte sachdienlich wären, wenn sie in Reinform umgesetzt würden, aber die Mischung aus beiden zwar einen Kompromiss, aber keine Problemlösung darstellt, weil sie schlechter funktioniert als beide antagonistischen Vorschläge. Wenn Sie sich beim Bestellen eines Getränks nicht zwischen Bier und Wein entscheiden können, ist es beispielsweise kein guter Kompromiss, beides zusammenzuschütten (besser wäre es dann, ein Mineralwasser zu bestellen ...). Dieses No-win-Muster bei Kompromissen sieht man allerdings häufig.

Kooperation

Diese Strategie ist die erfolgreichste, da sie nur Gewinner produziert. Die Konfliktparteien sind bemüht, eine für alle akzeptable und langfristige Lösung des Konfliktes zu finden. Die Interessen und Bedürfnisse einer jeden Partei werden berücksichtigt und fließen in ein gemeinsames Ziel ein. Das gemeinsame Ziel ist allerdings die unbedingte Voraussetzung für eine erfolgreiche Kooperation. Durch die Berücksichtigung aller Interessen und Bedürfnisse entstehen neue Lösungswege und Optionen für alle Beteiligten. Dies ist zwar die erfolgversprechendste Konfliktlösungsstrategie, aber zugleich auch die aufwendigste. Der betriebene Aufwand lohnt sich jedoch, da bei dieser Strategie kein Wiederaufflammen des Konfliktes zu erwarten ist und somit der Gesamtaufwand zur Lösung von Konflikten in der Regel wesentlich niedriger ist als bei einer der zuvor genannten Strategien.

Bild 10.1 zeigt einen Überblick der Konfliktlösungsstrategien. In den meisten Fällen ist es ratsam, die kooperative Strategie bei der Lösung von Konflikten anzuwenden, da nur diese zu einem dauerhaften Frieden führt. Erst wenn sich nach mehrfachem, ernsthaftem Bemühen mit dieser Strategie kein Erfolg zeigt, kann es ratsam sein, die Strate-

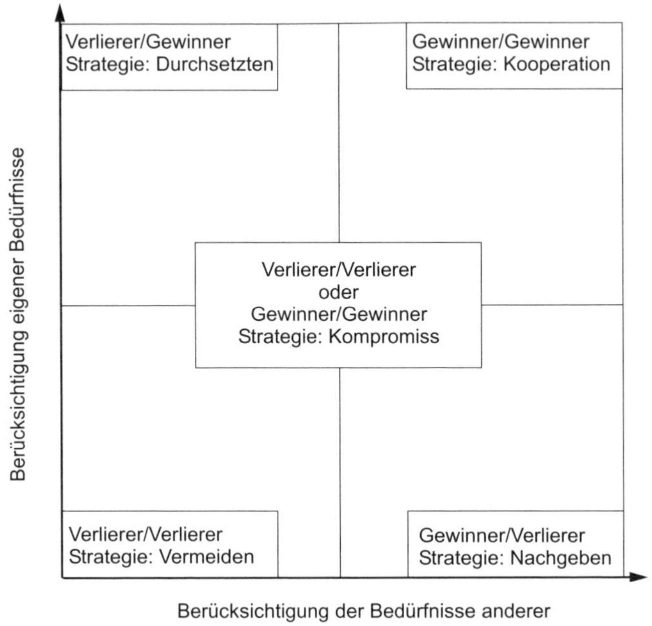

Bild 10.1 Konfliktlösungsstrategien

gie zu wechseln und zum Beispiel mithilfe von Kompromissen zu einer Lösung zu kommen. Strategien, bei denen es einen Gewinner und einen Verlierer gibt, sollten Sie tunlichst vermeiden, seien sie auch noch so verlockend. Denken Sie immer daran, dass Sie vielleicht zu einem späteren Zeitpunkt auf die Kooperation der anderen Partei angewiesen sind.

TIPPS MIT BISS

Erarbeiten Sie Konfliktlösungen, die für alle Konfliktparteien akzeptabel sind und die zu einer dauerhaften Lösung des Konfliktes führen. Nur so können Sie sich auf Wichtiges konzentrieren, ohne immer wieder Altes Aufzuwärmen und auf Nebenschauplätzen zu agieren.

10.4 Das Training der Welpen – Wie Sie Ihre Konfliktlösungskompetenz steigern

Die Welpen sind gerade einige Tage alt und schon müssen sie lernen, mit Konflikten umzugehen. Nachdem ein Wurf in der Regel aus mehreren Welpen besteht, kommt es sehr bald zum Streit um die einzige Nahrungsquelle, die Muttermilch. Früh müssen die Welpen also lernen, sich gegen ihre Geschwister zu behaupten. Am Anfang sind es nur die gleichaltrigen Geschwister, mit denen die Welpen konkurrieren. Später gilt es dann, die Konflikte mit älteren Rudelmitgliedern, dem eigenen Nachwuchs oder mit anderen Tieren zu lösen. Dabei ist es für die Wölfe wichtig, situativ und angemessen vorzugehen. Ein Wolf kann mit seinem Gebiss mühelos einen armdicken Knochen zerbeißen. Aus diesem Grunde müssen Wölfe schon im Welpenalter lernen, ihr Gebiss differenziert einzusetzen. Bei der Lösung von kleineren Konflikten mit einem Rudelmitglied muss der Wolf in der Lage sein, dem Gegenüber Grenzen aufzuzeigen, ohne es ernsthaft zu verletzen – schließlich würde er auch sich selbst schaden, wenn die Jagdfähigkeit des Rudels eingeschränkt wäre.

Wie steht es nun bei uns Menschen mit dem Erlernen der Konfliktlösungsfähigkeit? Gerade in Projekten ist eine ausgeprägte Konfliktlösungskompetenz sehr hilfreich. Wie aber kann man diese entwickeln?

Zuerst gilt es, sich seiner eigenen Wahrnehmung bewusst zu werden und die daraus resultierenden Gefahren zu erkennen. Gerade bei Konflikten besteht die Gefahr, nur die negativen Eigenschaften und Verhaltensweisen des Gegenübers zu sehen. Schnell verliert man so den Blick für das Ganze und für die positiven Aspekte. Ist man sich dieser Gefahr erst einmal bewusst, so kann man immer wieder überprüfen, ob man zu dieser einseitigen Wahrnehmung neigt. Wenn ja, so kann man diese mit gezielten Maßnahmen objektivieren.

Besteht ein Konflikt, ist es hilfreich, sich einen ersten Überblick zu verschaffen und das Wahrgenommene aufzuschreiben. Dabei sollten sowohl die positiven als auch die negativen Wahrnehmungen notiert werden. Meistens stellt man dabei schon fest, dass die negativen Punkte überwiegen. Genau dies ist ein Hinweis, sich den Sachverhalt genauer anzuschauen. Gibt es wirklich nur Negatives zu beobachten oder ist das Positive einfach nur übersehen worden?

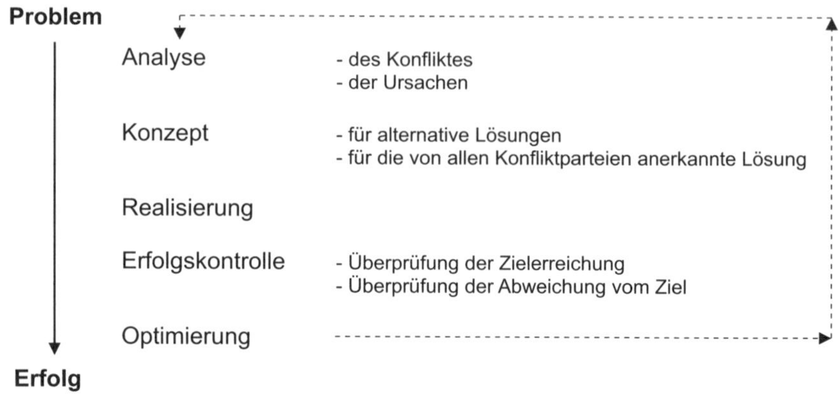

Bild 10.2 Konstruktive Konfliktlösung

Nehmen wir einmal an, Sie haben einen Konflikt mit einem Teammitglied. Bevor Sie versuchen, den Konflikt zu lösen, nehmen Sie sich etwas Zeit. Analysieren Sie die möglichen Gründe für den Konflikt. Stellen Sie sich die Frage: Was würde ich anstelle meines Gegenübers tun? Versetzen Sie sich möglichst in die Lage Ihres Kontrahenten. Häufig erkennt man dann schon die Beweggründe, aus denen eine Person handelt.

Überlegen Sie, welche möglichen Lösungen existieren und welche Lösungen für das Gegenüber akzeptabel sind. Entwickeln Sie nicht nur die eine Lösung für sich selbst, sondern möglichst mehrere Lösungen, die von allen Beteiligten anerkannt werden könnten.

Suchen Sie danach das gemeinsame Gespräch, vergewissern Sie sich, dass Sie gemeinsame Ziele haben, und stellen Sie Ihre Lösungskonzepte vor. Besprechen Sie ruhig und sachlich die Vor- und Nachteile der einzelnen Lösungen. Bitten Sie Ihren Gesprächspartner darum, die vorgeschlagenen Lösungen aus seiner Sicht zu bewerten. Treffen Sie eine Entscheidung, mit der Sie beide leben können und aus der Sie beide als Gewinner hervorgehen. Denken Sie daran: Alle anderen Strategien führen in der Regel zu einem späteren Wiederaufflammen des Konfliktes. Legen Sie fest, wie Sie gemeinsam den Erfolg der vereinbarten Konfliktlösung überprüfen können und zu welchem Zeitpunkt Sie abschließend darüber sprechen.

Überprüfen Sie gemeinsam, ob die vereinbarte Vorgehensweise zur Lösung des Konfliktes erfolgreich war, und sprechen Sie möglichst offen und sachlich über eventuelle Abweichungen. Bei vorgefundenen Abweichungen beziehungsweise bei einem noch nicht für beide Seiten zufriedenstellend gelösten Konflikt beginnen Sie noch einmal von vorne und ermitteln die Gründe für die mögliche Abweichung. Bild 10.2 zeigt im Überblick das Vorgehen bei einer konstruktiven Konfliktlösung.

Sollten Sie feststellen, dass Sie alleine den Konflikt nicht lösen können, greifen Sie auf die Hilfe von Dritten zurück. Bitten Sie Kollegen, Vorgesetzte oder neutrale Personen, zwischen Ihnen zu vermitteln.

Und denken Sie immer daran: Nur Wölfe, die keine gravierenden Verletzungen erlitten haben, können das Rudel bei der nächsten Jagd unterstützen.

TIPPS MIT BISS

- **Begreifen Sie Konflikte als etwas Positives – sie sind Teil unseres Lebens und normal.**
- **Schärfen Sie Ihren Blick, damit Sie Konflikte frühzeitig erkennen.**
- **Versetzen Sie sich in die Lage der anderen Partei und überlegen Sie, was Ihnen dann wichtig wäre.**
- **Gehen Sie den Ursachen von Konflikten auf den Grund.**
- **Lösen Sie Konflikte so, dass keine neuen entstehen.**
- **Steigern Sie Ihre persönliche Konfliktlösungskompetenz, indem Sie Konflikte aktiv lösen.**

11

Die Hatz

Wie Sie in turbulenten Situationen den Überblick behalten und Ihr Projekt erfolgreich steuern

Hat ein hungriges Wolfsrudel einmal eine Beute fixiert, geht es mit einer ausgefeilten Strategie und einer klaren Rollenverteilung zu Werke. Dazu gehört auch, dass Wölfe nicht blindlings agieren, sondern den Überblick wahren und kurzfristig auftretende Planabweichungen mit berücksichtigen. So wurde eine Jagdsituation beobachtet, in der ein Rudel aus sieben Wölfen einer Hirschkuh nachsetzte. Zwei Wölfe schlichen sich unter Ausnutzung von Deckung an die Hirschkuh heran, während drei weitere Wölfe im großen Bogen um das Tier herumliefen, um mögliche Fluchtwege abzuschneiden. Die zwei verbliebenen Wölfe schauten von einer weiter entfernten Anhöhe dem Treiben erst einmal zu und beobachteten die Beute und ihre Artgenossen. Erst als im Laufe der Jagd klar war, dass die fünf bisher aktiven Wölfe die Beute aufgrund ihrer Schnelligkeit und Wehrhaftigkeit nicht erlegen konnten, wurden die beiden Wölfe auf der Anhöhe aktiv. Dank des Überblicks über die gesamte Situation brachten sie die Jagd blitzschnell zu einem für die Wölfe erfolgreichen Ende.

Trotz ausgefeilter Planung gibt es in Projekten immer eine Vielzahl von Abweichungen von der ursprünglichen Planung. Das Sprichwort „Erstens kommt es anders, zweitens als man denkt" bewahrheitet sich regelmäßig. Die Gründe dafür sind vielfältig.

Herr Meier hat aufgrund einer Grippe die ihm zugedachten Arbeitspakete nicht erledigen können. Der Lieferant hat die falschen Teile geliefert und der Kunde hat zum wiederholten Male einen Änderungswunsch. Die Kommunikation im Projektteam läuft auch nicht optimal, weshalb es immer wieder zu zeitaufwendigen Rückfragen kommt. Außerdem gibt es da noch ein weiteres Projekt mit einer höheren Priorität, in dem der ein oder andere Mitarbeiter Ihres Projektteams immer wieder mitarbeiten muss. Sie wünschen sich nichts sehnlicher als die Verschiebung des Projektendtermins. Doch ein Blick in den Projektvertrag offenbart, dass dies von Ihrer Seite her, aufgrund der darin enthaltenen Konventionalstrafe, so gut wie unmöglich ist. Trotz all dieser Widrigkeiten ist es Ihre Aufgabe, sicherzustellen, dass die vereinbarte Leistung zum vereinbarten Projektendtermin vorliegt, und das, ohne dass die Projektkosten überschritten werden.

Deshalb gilt es, ebenso wie bei der Jagd der Wölfe, den Überblick zu wahren und bei Abweichungen möglichst zeitnah Korrekturen vorzunehmen. Gründe für Abweichungen von der ursprünglichen Planung sind zum Beispiel:

- falsche oder unrealistische Annahmen im Hinblick auf den Aufwand der durchzuführenden Arbeiten,
- Einplanung von Ressourcen, zum Beispiel von Mitarbeitern zu unrealistischen 100 Prozent oder ohne Berücksichtigung von Abwesenheitszeiten,
- nicht berücksichtigte Risiken, zum Beispiel Verarbeitungsprobleme von Materialien, Lieferantenausfall, Witterungseinflüsse,
- nicht systematisch gemanagte Änderungen des Kunden,
- nicht eingeplante Kostensteigerungen bei länger laufenden Projekten.

Um ein Projekt erfolgreich abzuwickeln, ist also nicht nur eine gute Planung vonnöten, sondern auch eine aktive Projektsteuerung. In diesem Kapitel erfahren Sie, wie man in der heißen Projektphase der Durchführung den Überblick bewahrt, Wesentliches von Unwesentlichem trennt und schnell zielsichere Entscheidungen trifft, um auftretende Abweichungen zu korrigieren.

11.1 Wichtig oder nicht? – Worauf Sie achten sollten

Wölfe sind exzellente Entscheider. All ihre Aktivitäten sind auf Effizienz und Effektivität ausgelegt. Ressourcenverschwendung können sie sich nicht leisten. Deshalb müssen Entscheidungen schnell und zielsicher getroffen werden. In den ersten paar Minuten einer Jagd erkennen die Wölfe, ob ihre Strategien und Anstrengungen Aussicht auf Erfolg haben oder nicht. Ist eine Beute von sich aus zu schnell, so nutzen die

Wölfe oftmals für sie günstige Witterungsbedingungen. Immer wieder wurden Wölfe beobachtet, die schnelle und gesunde Hirsche in Richtung eines zugefrorenen Sees trieben. Auf der eisglatten Fläche hatte der Hirsch dann kaum Möglichkeiten zu entkommen, da die Hufe der Hirsche auf den glatten Flächen besonders schnell ausgleiten. Genau diesen Umstand machten sich die Wölfe erfolgreich zunutze.

Man kann nicht nicht entscheiden. Auch Entscheidungen, die gar nicht oder zu spät getroffen werden, haben in der Regel weitreichende Konsequenzen auf die Projektarbeit und den Projekterfolg. Doch bevor man eine Entscheidung treffen kann, muss man erst einmal wissen, dass eine Entscheidung zu treffen ist. Dies wiederum bedingt, dass Informationen vorliegen, die darauf hindeuten, dass es ein zu lösendes Problem gibt und dass es überhaupt Alternativen gibt. Ohne diese Informationen ist es ganz ähnlich wie bei einer Wanderung im Wald, bei der man nur direkt vor sich auf den Boden schaut und rechts und links nichts wahrnimmt. Die Weggabelungen und Abzweigungen fallen einem nicht auf, und deshalb besteht auch die Gefahr, sich schnell zu verlaufen oder sogar vor einen Baum zu laufen. Erst wenn man den Blick hebt, sich Orientierungspunkte in etwas weiterer Entfernung sucht, aufmerksam das Umfeld betrachtet, erkennt man frühzeitig die auf dem Weg liegenden Hindernisse, Gefahren und Abzweigungen.

Kennen Sie das? Wir ziehen zwar alle an einem Strang, aber leider in unterschiedlicher Richtung. Genau das passiert häufig in Projekten. Jeder arbeitet zwar fleißig, aber leider im schlimmsten Falle genau konträr. Um das zu vermeiden, suchen Sie sich zu Beginn des Projekts Orientierungspunkte, die Sie dann später im Rahmen der Projektdurchführung für die Projektsteuerung verwenden.

Die drei wichtigsten Kenngrößen zur Steuerung eines Projekts sind die drei Zielgrößen:

- Leistung,
- Kosten,
- Zeit.

Nur wenn die zuvor definierten Ziele erreicht werden, werden der Auftraggeber und die weiteren Stakeholder zufrieden sein. Um also eine möglichst hohe Projektqualität und Zielerreichung zu gewährleisten, ist eine laufende Kontrolle beziehungsweise Überwachung und Feinjustierung der relevanten Parameter erforderlich.

Im Falle von festgestellten Abweichungen müssen Sie Gegenmaßnahmen veranlassen. Der Prozess der Projektsteuerung vollzieht sich in drei Phasen:

- Erfassung aller Daten, die den aktuellen Stand des Projekts widerspiegeln,
- Vergleich der Istdaten mit den geplanten Solldaten,
- im Fall von Abweichungen die Analyse der Gründe und das Aufzeigen von Korrekturmaßnahmen.

Die Istdaten können Sie auf verschiedenen Wegen erfassen. Neben regelmäßigen Besprechungen ist bei komplexen Projekten eine periodische Berichterstattung in schriftlicher Form unerlässlich, zum Beispiel in Form eines Projektstatusberichtes. Um den Zeitaufwand für die Erstellung und Bearbeitung so gering wie möglich zu halten, empfiehlt sich die Verwendung von einfach auszufüllenden Formularen. Für Soll-Ist-Vergleiche kann auf dieselben Instrumente wie zur Projektplanung zurückgegriffen werden.

Grundlage der Projektsteuerung sind gut definierte Meilensteine, in denen die zu erbringende Leistung und der Zeitpunkt, zu dem die Leistung erbracht sein muss, festgeschrieben sind. Das gilt sowohl für Meilensteine am Ende einer Projektphase als auch für Meilensteine, die innerhalb von Projektphasen definiert werden. Beschreiben Sie die Meilensteinergebnisse genauso klar und präzise wie Ihre Projektziele. Vermeiden Sie globale Aussagen wie: „Projektauftrag liegt vor" oder „Zukaufteile bestellt, Termin KW35". Legen Sie vielmehr eindeutig das Endergebnis einer Aktivität oder einer Kette von Aktivitäten fest, zum Beispiel durch die Formulierung „Projektauftrag liegt verabschiedet und unterschrieben vor, Termin 23.04.2006" oder „Zukaufteile bestellt und Liefertermine von den Lieferanten bestätigt, Termin 02.09.2005".

Auch die Ergebnisse von Arbeitspaketen sollten möglichst genau beschrieben sein. Hier ist es wie bei den Meilensteinen: je genauer die Ergebnisbeschreibung, umso leichter die Kontrolle.

Im Rahmen der Projektplanung wurden auch die anfallenden Kosten ermittelt. Der Vergleich der Sollkosten mit den aktuellen Istkosten bringt weitere Aussagen zum aktuellen Stand des Projekts.

Bei der Kostenüberwachung geht es um eine periodische Gegenüberstellung von Soll- zu Istkosten. Sie läuft in drei Schritten ab:

1. Ermittlung der angefallenen Kosten (Istkosten),
2. Vergleich der angefallenen Kosten mit den geplanten Kosten,
3. Feststellung der Ursachen für vorhandene Abweichungen und gegebenenfalls Einleitung von Gegenmaßnahmen.

Um eine Vergleichbarkeit der Kosten überhaupt zu ermöglichen, ist es wichtig, die Kosten auf dem gleichen Niveau zu erfassen, auf dem sie geplant wurden, zum Beispiel auf Arbeitspaketebene.

Je nach Größe des Projekts ist es erforderlich, einzelne Kostenstellen oder Kostenträger separat zu erfassen und auszuwerten. Gerade bei der Erfassung der Istdaten sollten Sie auf eine exakte Zuordnung achten. In der Praxis kommt es hierbei häufig zu Problemen, vor allem wenn nicht von vornherein die Vorgehensweise der Kosten- respektive Zeiterfassung geklärt ist. Deshalb sollten Sie auch hier wieder zu Beginn des Projekts klare Regeln vereinbaren, nach denen die einzelnen Parameter erfasst werden. Aufgeschriebene Zeiten sollten spätestens am Ende einer jeden Woche bei der auswertenden Stelle vorliegen. Durch die Verwendung oder den Aufbau eines Kontenrahmens sind die Kosten klar zuzuordnen.

Für die Bewertung der bisher im Projekt erbrachten Leistung gibt es verschiedene Möglichkeiten. So können Arbeitspakete, deren Leistung mit der verstrichenen Zeit korrespondiert, mithilfe der Zeitproportionalität ermittelt werden. Hierbei wird die verstrichene Zeit ins Verhältnis zur Gesamtdauer des Arbeitspaketes gesetzt. Diese Art der Leistungsermittlung bietet sich zum Beispiel für das Arbeitspaket „Bauleitung“ eines Bauprojekts an.

Eine andere Methode der Leistungsermittlung orientiert sich an einer im Arbeitspaket definierten Menge. Hierbei wird die fertiggestellte Menge ins Verhältnis zur zu erbringenden Gesamtmenge gesetzt. Hilfreich ist diese Methode zum Beispiel beim Erstellen von Zeichnungen oder beim Verlegen von Fußböden oder Leitungen.

Sehr lang andauernde Arbeitspakete sind am besten mithilfe von Meilensteinen zu unterteilen. Wie bei den Meilensteinen am Ende einer Phase sind auch bei Meilensteinen innerhalb eines Arbeitspaktes die bis dahin zu erbringende Leistung und der Eintrittstermin des Meilensteins zu beschreiben, um den jeweiligen Fortschritt zu messen.

Nachdem Sie die aktuellen Werte im Hinblick auf die verbrauchte Zeit, die angefallenen Kosten und die bisher erstellte Leistung ermittelt haben, können Sie diese mit den geplanten Werten ins Verhältnis setzen, um Aussagen über den aktuellen Projektstand machen zu können.

TIPPS MIT BISS

Legen Sie im Rahmen der Projektplanung fest, mithilfe welcher Vorgehensweise der Projektfortschritt ermittelt wird. Verwenden Sie zur Fortschrittsmessung bei einem Arbeitspaket immer die gleiche Methode. Vermeiden Sie globale Fragen wie: „Wie weit sind Sie denn?" Hierdurch erhalten Sie meist nur die nichtssagende Antwort: „Fast fertig!"

11.2 Alles im Blick – Wie Sie den Überblick im Projekt behalten

Wölfe sind mit außerordentlich leistungsfähigen Sinnesorganen ausgestattet. Im Gegensatz zu uns Menschen erfassen sie ihre Umwelt nicht primär über das Sehen, sondern über das Riechen. Nahe gelegene Gegenstände erkennen Wölfe nur schwer. Dagegen können Sie auf weite Entfernung und bei Dunkelheit auch kleinste Bewegungen wahrnehmen. Die beiden am besten ausgestatteten Sinnesorgane sind beim Wolf das Gehör und der Geruchssinn. Mit allen drei Sinnen sind sie in der Lage, ihre Umgebung vollständig zu erfassen und kleinste Änderungen zu lokalisieren. Selbst wenn es so aussieht, als wenn die Wölfe schlafen, weil sie regungslos daliegen, erfassen sie mit ihren hochempfindlichen Ohren die leisesten Geräusche. Wie bei einem Radarsystem bilden sie so die Informationen der Umgebung auf ihrem „Bildschirm" ab.

Um einen Überblick über das Projektgeschehen zu erhalten und relevante Zusammenhänge schnell zu erkennen, ist es ratsam, die ermittelten Istdaten gemeinsam mit den zu erreichenden Solldaten zu visualisieren. Hierdurch lassen sich dann sehr schnell mögliche Abweichungen bei den drei Zielgrößen Leistung, Kosten und Zeit erkennen.

Je nach Ausstattung des Projektteams und eingesetzter Software kann die Visualisierung der Daten durch eine Software oder aber händisch erfolgen. Gleich, wie Sie die gewonnenen Daten visualisieren, entscheidend sind die daraus abgeleiteten Erkenntnisse und Maßnahmen.

Geht es um die Visualisierung von Leistung und Terminen, so hilft hierbei der Balkenplan oder aber die Meilenstein-Trendanalyse.

Wenn Sie einen *Balkenplan* verwenden, dann müssen Sie ihn auch in regelmäßigen Abständen aktualisieren. Begonnene oder aber fertiggestellte Arbeitspakete oder Vorgänge sind entsprechend ihrem Status zu kennzeichnen. Hilfreich hierbei sind farbliche Unterscheidungen des jeweiligen Status. Der aktualisierte Balkenplan wird im Projektmeeting besprochen und anschließend jedem Teammitglied zur Verfügung gestellt.

Eine andere Form der Darstellung ist die *Meilenstein-Trendanalyse* (MTA). Grundlage der MTA sind präzise definierte Meilensteine. Die Vorgehensweise gliedert sich in fünf Schritte:

1. Definition der Meilensteine und der dazugehörigen Meilensteintermine.
2. Periodische Überprüfung der geplanten Meilensteintermine (zum Beispiel monatlich, quartalsweise).
3. Abschätzen der geänderten Meilensteintermine hinsichtlich des neuen Eintrittstermins bei auftretenden Abweichungen von der ursprünglichen Planung.
4. Eintragen der geplanten und geschätzten Meilensteintermine in das Meilenstein-Trendchart.
5. Kommentieren der Abweichungen und Analyse der möglichen Auswirkungen sowie Erarbeiten geeigneter Gegenmaßnahmen.

Zur Darstellung der jeweiligen Meilensteine und deren Termine wird ein gleichschenkliges Dreieck verwendet, dessen Katheten als Zeitachsen fungieren. Die Zeiteinteilung ist frei wählbar, in der Regel ist eine Unterteilung in Monate sinnvoll. Auf der horizontalen Achse werden die geplanten Berichtszeitpunkte eingetragen, auf der vertikalen Achse die geplanten Meilensteintermine. Anschließend wird der erwartete Eintrittstermin eines jeden Meilensteins zum jeweiligen Berichtszeitpunkt eingetragen und mit dem vorherigen Termin verbunden. Erreicht der Linienzug des Meilensteins die Hypotenuse, so ist der Meilenstein erfüllt (Bild 11.1).

Nachdem Sie jetzt sowohl die bisher erbrachte Leistung Ihres Projekts ermittelt haben als auch die aktuelle Terminsituation, gilt es nun noch den Kosten Aufmerksamkeit zu schenken.

Hierzu müssen zuerst einmal die bisher angefallenen Kosten ermittelt werden. Hilfreich ist hierbei eine projektbezogene Kostenerfassung mittels eigener Konten. Andernfalls müssen die angefallenen Kosten separat ermittelt werden. Hierbei sind sowohl die Materialkosten als

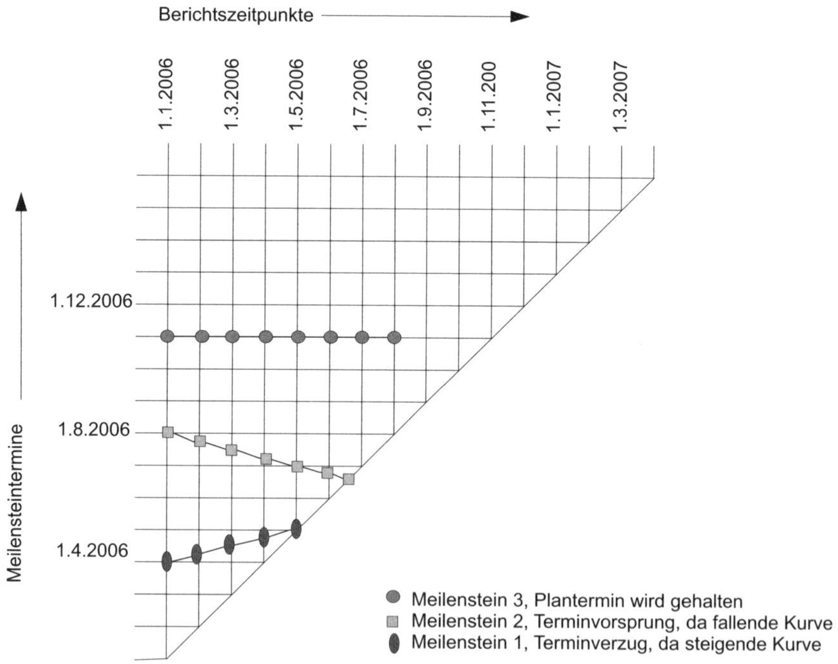

Bild 11.1 Meilenstein-Trendchart (Beispiel)

auch die Personalkosten und etwaige Nebenkosten für Lizenzen, Rechte etc. zu berücksichtigen. Der Vergleich von Sollkosten mit den bis zum Betrachtungszeitpunkt aufgelaufenen Istkosten offenbart etwaige Kostenüberschreitungen oder Kostenunterschreitungen. Die grafische Aufbereitung der Daten in Form eines Diagramms erleichtert es den Projektmitarbeitern, Zusammenhänge zu erkennen.

Nicht nur das Projektteam möchte informiert sein, sondern auch der Projektauftraggeber oder das Management. Nachdem in den meisten Unternehmen unzählige Projekte parallel laufen beziehungsweise die meisten Auftraggeber mehrere Projekte in Auftrag gegeben haben, sind der Auftraggeber oder das Management nur an verdichteten Informationen interessiert. Für sie ist vor allem wichtig zu wissen, ob ein Projekt wie geplant läuft oder ob sich Differenzen zur ursprünglichen Planung beziehungsweise den vereinbarten Zielen ergeben haben. Zur Information dieser Stakeholder bietet sich der Projektstatusbericht an. Der Projektstatusbericht gibt in übersichtlicher und kurzer Form Auskunft über den aktuellen Projektstand hinsichtlich:

- Leistung/Sachstand,
- Terminsituation,
- Kostensituation,
- sonstiger Punkte.

Mittels einer integrierten grafischen Darstellung in Ampelform kann der aktuelle Projektstatus auf einen Blick wahrgenommen werden (Bild 11.2).

Gerade zur schnellen Information des Auftraggebers beziehungsweise der übergeordneten Instanzen bietet sich der Projektstatusbericht an. Hier findet er auch in der Praxis am meisten Verwendung.

In größeren Projekten hat sich die Einrichtung eines Leitstandes bewährt. Hierunter ist ein Raum zu verstehen, in dem die wesentlichen Informationen zum Projekt an den Wänden ausgehängt werden. In diesem Raum werden dann auch die jeweiligen Besprechungen durchgeführt. Durch die zeitgleiche Darstellung der Termininformationen, zum Beispiel als Balkendiagramm oder Meilenstein-Trendchart, der Kosteninformationen, der Risiken und weiterer Informationen an einer oder auch an mehreren Wänden, lassen sich Zusammenhänge leichter erkennen als bei Betrachtung der Informationen nacheinan-

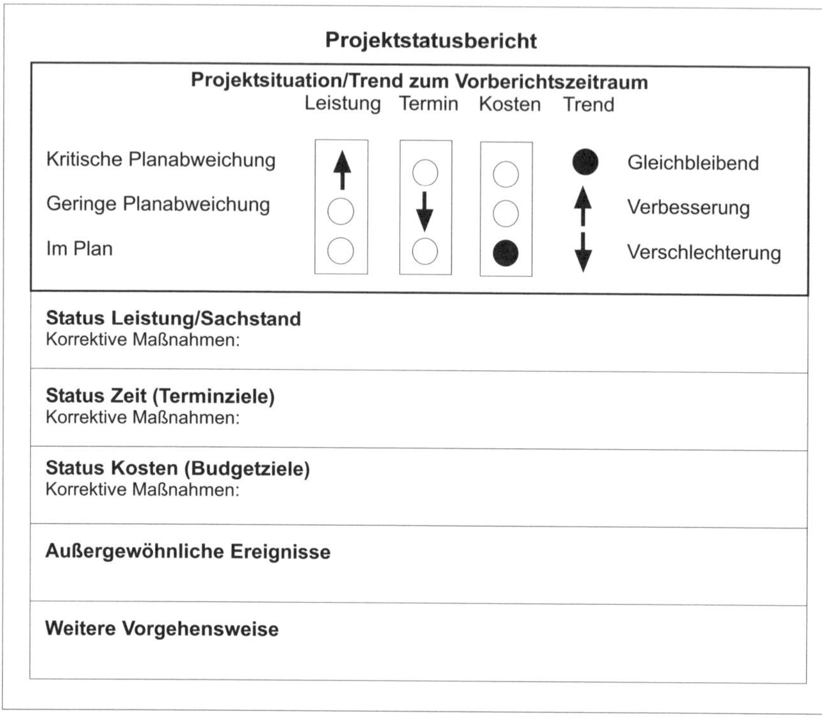

Bild 11.2 Vorlage für Projektstatusbericht

der, zum Beispiel mittels EDV und Beamer. Im Kreise der Projektteammitglieder werden damit

- Auswirkungen früher und schneller erkannt,
- Lösungen für auftretende Probleme schneller gemeinsam gefunden mit dadurch steigender Akzeptanz,
- Entscheidungen sicherer und nachvollziehbarer getroffen.

Visualisieren Sie daher kontinuierlich den aktuellen Projektstand. Denken Sie daran: Nur wer eine Landkarte und einen Kompass – oder ein GPS-gestütztes Navigationssystem hat, wird sich in unbekanntem Terrain zurechtfinden.

11.3 Wölfe auf Abwegen – Wie Sie Ihre Teammitglieder in der Spur halten

Manchmal kann man Wölfe beobachten, die sich von ihrem Rudel absondern und eine Zeit lang eigene Wege gehen. Bei großen Rudeln mit 15 bis 20 Wölfen fällt so etwas oftmals später auf als bei kleinen Rudeln mit drei bis fünf Wölfen. Ist doch hier der Verlust eines Wolfes sofort offensichtlich und meistens ungleich schmerzlicher, da der Jagderfolg stärker beeinflusst wird. Die Gründe für die Absonderung sind vielfältig. Bei großen Rudeln kann es vorkommen, dass sich die Wölfe bewusst in kleine Jagdtrupps aufteilen, um so einen höheren Jagderfolg zu erzielen. Manchmal verlässt ein Wolf das Rudel auch, um ein neues Rudel zu gründen. Hat er nach einiger Zeit damit keinen Erfolg, kann es durchaus sein, dass er sich seinem ursprünglichen Rudel wieder anschließt. Erkennt er doch, dass das Leben und Überleben alleine weit schwieriger ist als das Leben im Rudel. Im einen Fall, nämlich wenn sich das Rudel in einzelne Jagdgruppen aufspaltet, optimiert es die Zusammenarbeit, im anderen Fall, wenn ein Wolf ein kleines Rudel verlässt, wird das Rudel geschwächt.

In größeren Teams merkt man oft erst relativ spät, dass einzelne Personen nicht mehr wie geplant mitarbeiten. In kleineren Teams ist dies häufig schnell ersichtlich. Doch Vorsicht, oftmals sind die Mitarbeiter zwar körperlich anwesend, aber leider geistig nicht bei der Sache. Aus diesem Grunde ist die reine Anwesenheit, ob nun im Unternehmen oder in einer Besprechung, wenig geeignet, Aussagen über die Leistung zu treffen. Die Kenntnis der erbrachten Leistung ist aber elementar für die wirksame Steuerung eines Projekts. Wie bringen Sie die Leistung der einzelnen Projektteammitglieder in Erfahrung?

Ein kluger Leitwolf hält ständigen Kontakt zu jedem seiner Rudelmitglieder. Hierdurch erhält er Hinweise auf Stimmungen, die Leistungsfähigkeit, den Leistungswillen und die erbrachte Leistung seiner Rudelmitglieder.

Machen Sie es daher wie der Leitwolf und halten Sie mit allen Teammitgliedern Kontakt. Gerade in der Phase der Umsetzung ist dieser Kontakt wichtig. Zeigen sich doch erst jetzt die wahren Probleme und Herausforderungen. Unterscheiden Sie bei der Kontaktpflege zwischen formellen und informellen Anlässen.

Formelle Anlässe dienen dem offiziellen Informationsaustausch, zum Beispiel in Besprechungen. Hierunter fallen die Projektstartbesprechung, regelmäßige Projektbesprechungen im Kreise der Projektteammitglieder als Jour fixe oder das Statusmeeting, bei dem der jeweilige Zustand von Arbeitspaketen rapportiert wird.

Im Rahmen der Projektsteuerung sind die Statusbesprechungen von besonderer Bedeutung. Regelmäßige Statusmeetings erfüllen mehrere Funktionen. Sie dienen:

- der Rückmeldung von Istwerten,
- dem Informationsaustausch auf fachlicher Ebene,
- der Herstellung, Aufrechterhaltung und Pflege des sozialen Kontaktes der Projektbeteiligten.

Gerade in größeren und zeitkritischen Projekten wird oft versucht, auf diese aufwendige Form des Informationsaustausches zu verzichten. Der persönliche Kontakt ist allerdings durch nichts zu ersetzen. Schriftliche Abfragen eignen sich zwar auch zur Rückmeldung der Istwerte, ermöglichen aber weder den fachlichen Informationsaustausch noch die Pflege sozialer Kontakte. Daher sind sie nur als Ergänzung zu empfehlen. Viele Erkenntnisse und Lösungen ergeben sich nur im direkten Dialog und unter Einsatz visualisierter Projektdaten. Um in möglichst kurzer Zeit alle wesentlichen Dinge zu besprechen, ist es auch bei dieser Art der Besprechung wichtig, auf eine professionelle Vorbereitung, Durchführung und Nachbereitung zu achten.

Nun kann sowohl bei der schriftlichen Abfrage als auch bei der Statusabfrage in einer Besprechung der eine oder andere Mitarbeiter dazu neigen, bewusst oder unbewusst einen Sachverhalt positiver darzustellen, als er tatsächlich ist. Dies passiert vor allem dann sehr schnell, wenn einem erst in einer Besprechung als Informationspflichtiger auffällt, dass man etwas vergessen hat und man dies aber vor den lieben Kollegen und dem Projektleiter geheim halten möchte. Hat man nun als Projektleiter den leisen Verdacht, dass sich eine Situation anders darstellt, als es einem gesagt wurde, so hilft die informelle Kontaktpflege. Nachfolgendes Beispiel soll dies verdeutlichen.

Bei einem Statusmeeting am Freitagmorgen zu einem Projekt fragte ich einen Mitarbeiter, ob er die ihm zugedachten Zeichnungen komplett fertig hätte und diese dann für den kommenden Mittwoch der Fertigung zur Verfügung stünden. Dies bejahte der Mitarbeiter mit leichtem Zögern. Ich kann noch heute nicht genau beschreiben, was mich an der Aussage stutzig machte, aber irgendetwas sagte mir, dass diese Aussage nicht glaubwürdig war. Um also für mich einerseits die Sicherheit zu haben und andererseits den sowieso engen Terminplan des Projekts nicht zu gefährden, beschloss ich, die Aussage zu überprüfen. Also ging ich am Montagmorgen hinüber in das Büro, in dem der besagte Mitarbeiter saß, und bat ihn darum, mir den kompletten Zeichnungssatz einmal zu geben, da ich mir etwas anschauen wollte. Ich sehe noch wie heute das verdutzte Gesicht des Mitarbeiters, als er kleinlaut eingestehen musste, dass seine Aussage vom Freitag falsch war. Nicht dass ich ihn damit in Bedrängnis bringen wollte, mir war nur wichtig aufzuzeigen, wie wenig erfolgreich derartige Vorgehensweisen sind. Ich habe lange überlegt, woran es gelegen hat, dass der Mitarbeiter sich zu einer solchen Ausrede hinreißen ließ. Ich hab nur vage Vermutungen. Hieß doch die offizielle Statusbesprechung bei vielen Mitarbeitern auch Märchenstunde. In den darauffolgenden Statusbesprechungen wiederholten sich derartige Aussagen nicht mehr. Auftretende Verzögerungen wurden von den Teammitgliedern frühzeitig aufgezeigt und es wurden gemeinsam Lösungen erarbeitet.

Neben den formellen Besprechungen oder Anlässen ist es daher immer auch gut, auf informellem Wege miteinander zu kommunizieren. Erst die informelle Kommunikation bringt die wahren Informationen zutage. Wer von uns sagt schon im Kreise der Kollegen, dass er mit einem der Kollegen nicht auskommt. Wahre Informationen zu Stimmungen in einem Team erhält man in der Regel nur in Vieraugengesprächen, zum Beispiel in der Kaffee-Ecke.

Sie sollen Ihre Mitarbeiter nicht aushorchen, sondern sich durch die Kombination von formellen Gesprächen mit informellen Gesprächen ein möglichst breites und realistisches Bild des jeweiligen Projektstatus erstellen.

Vor-Ort-Termine vermitteln immer ein realistischeres Bild als der Blick auf das Papier oder das Verlassen auf Gesagtes. Dies gilt für alle Arten von Projekten, ganz gleich ob Investitionsprojekt, Forschungs- und Entwicklungsprojekt oder Organisationsprojekt.

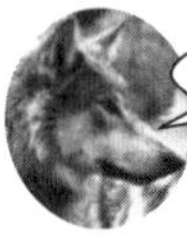

TIPPS MIT BISS

Pflegen Sie regelmäßigen persönlichen Kontakt mit Ihren Projektteammitgliedern. Nur so erkennen Sie frühzeitig unzureichende Leistung und Abwanderungsgedanken der Teammitglieder.

11.4 Die Beute schlägt Haken – Wie Sie mit Änderungen umgehen

Junge Wölfe ohne Erfahrung vergeuden des Öfteren wertvolle Kraft. Haben Sie erst einmal eine Beute ins Visier genommen, hetzen sie hinterher, bis dass sie müde und erschöpft sind. Erst wenn sie einige Male keinen Erfolg hatten und den älteren Wölfen bei der Jagd zugeschaut haben, verändern sie ihr Verhalten. Die jungen Wölfe müssen erst lernen, sich auf die vielfältigen Änderungen, die während einer Jagd auftauchen, einzustellen. Ist es doch ein Unterschied, ob man einer Beute bei herrlichem Sonnenschein oder im heftigen Schneesturm hinterhersetzt. Spätestens nach dem ersten Winter wissen die jungen Wölfe, sich auch im Schnee geschickt zu bewegen.

Unerfahrene Projektleiter denken manchmal, ihre ausgefeilte Planung würde sich auch genau so wie ursprünglich geplant realisieren lassen. Nach kurzer Zeit kommen sie jedoch alle zu der Erkenntnis, dass es auf dem Weg zur Zielerreichung unweigerlich eine Vielzahl von Änderungen gibt. Mal sind es Änderungen, die aus dem Team heraus kommen, mal sind es Änderungen, die vom Kunden kommen. Die Gründe für Änderungen sind vielfältig:

- Der Auftraggeber hat zusätzliche Wünsche.
- Es tauchen unverhofft technische oder materielle Probleme auf.
- Im Rahmen der Entwicklung werden günstigere Wege oder Materialien ermittelt.
- Wettbewerber tauchen auf einmal mit ähnlichen Leistungen auf, von denen man sich absetzen muss.

Es ist meistens weniger die Änderung selbst, die Schwierigkeiten bereitet, als vielmehr die mangelnde strukturierte Vorgehensweise beim Vorliegen einer Änderung. Oft werden Änderungen ohne Überprüfung ihrer Auswirkungen von irgendeiner Person entschieden, die sich gerade dazu berufen fühlt. Mal sagt der Vertriebsmitarbeiter dem Kunden vorschnell zu, die Änderung sei machbar, mal ist es die eigene Technik, die vorschnell über Änderungen entscheidet, ohne deren Auswirkungen auf die Kosten zu überprüfen. Und mal ist es der Projektleiter selbst, der in gutem Glauben einer vermeintlich doch so kleinen Änderung zustimmt.

In der Praxis führt diese Vorgehensweise dann meistens zu ganz neuen Problemen. Kosten steigen, ohne dass sie an den Kunden weitergegeben werden können, Schnittstellen passen auf einmal nicht mehr zueinander oder der Kunde bekommt etwas, was er nicht bestellt hat. Ganz zu schweigen von eventuellen Terminverzögerungen und technischen Problemen, die durch eine vermeintlich kleine Änderung, zum Beispiel am eingesetzten Material, hervorgerufen werden.

Die beste Waffe gegen Änderungen ist eine möglichst genaue Auftragsklärung. Je genauer die Ausgangslage und der Auftrag geklärt sind, umso weniger Änderungen treten während des Projektablaufes auf. Nun lassen sich aber auch bei noch so guter Auftragsklärung nicht alle Änderungen vermeiden. Daher ist es wichtig, die auftretenden Änderungen systematisch zu managen. Gestalten Sie daher zu Beginn des Projekts den Änderungsprozess und klären Sie die folgenden Fragen:

- Wie sieht die Veranlassung und Beantragung von Änderungen aus? Verwenden Sie möglichst ein einheitliches Formular zur Erfassung und Beantragung von Änderungen (Bild 11.3). Hiermit erleichtern Sie allen Beteiligten die Arbeit.
- Wie sieht die Bewertung und Genehmigung aus? Wer ist mit einzubinden, um die möglichen Auswirkungen einer Änderung zu bewerten, und wer entscheidet, ob eine Änderung durchgeführt oder abgelehnt wird. Was darf der Projektleiter selbst, was die Linie und was muss eine Änderungskonferenz entscheiden?
- Wie sieht die Durchführung und Verfolgung von Änderungen aus? Wer ändert benötigte Dokumente und stellt sicher, dass diese an alle betroffenen Stellen verteilt werden?

Stellen sich nun im laufenden Projekt Änderungen ein, ist es wichtig, die Auswirkungen realistisch einzuschätzen und den durch die Ände-

Änderungsantrag Nr.:

Antragsteller:

Betroffen (Erzeugnis/Baugruppe/Einzelteil):

Grund der Änderung:

Beschreibung der Änderung:

Auswirkungen der Änderung:

Zu ändernde Dokumente:

Ermittelter Aufwand für die Änderung (Stunden, Euro):
Prognostizierter Nutzen der Änderung (Stunden, Euro):

Stellungnahmen: (Datum/Name/Unterschrift)

Entscheidung (ja/nein): (Datum/Name/Unterschrift)

Änderung gültig ab:

Änderung durchgeführt am: (Datum/Name/Unterschrift)

Bild 11.3 Beispiel Änderungsantrag

rung entstehenden Aufwand sowie den aus der Änderung resultierenden Nutzen zu ermitteln. Erst danach ist eine Entscheidung über die Durchführung einer Änderung sinnvoll. Bei externen Auftraggebern ist natürlich auch noch die Frage der Kostenübernahme zu klären. Besonders dann, wenn die Änderung vom Auftraggeber veranlasst oder gewünscht wurde. Auch hier zeigt die Erfahrung, dass sich Gespräche mit dem Auftraggeber leichter gestalten, wenn man den entstehenden Aufwand transparent macht und dem Auftraggeber gegenüber sachlich nachweisen kann.

Vermeiden Sie also unnütze Kraftanstrengungen und Blindleistung, indem Sie Änderungen systematisch erfassen, bewerten, entscheiden, umsetzen und kontrollieren.

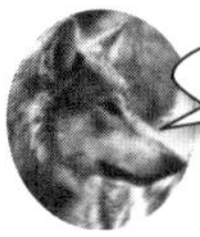

TIPPS MIT BISS

- Ermitteln Sie während des Projektablaufes kontinuierlich Abweichungen von der Planung durch einen Soll-Ist-Vergleich der drei Zielgrößen Leistung, Kosten und Zeit.
- Visualisieren Sie den jeweils aktuellen Projektstatus zur Information der Projektteammitglieder und auch für den Auftraggeber und das Management.
- Nutzen Sie formelle, aber auch informelle Gespräche zur Einholung von Informationen.
- Überprüfen Sie Aussagen der Projektbeteiligten zum Projektfortschritt stichprobenartig vor Ort.
- Bauen Sie ein systematisches Änderungswesen auf und ermitteln Sie die Auswirkungen von gewünschten Änderungen.

12
Die Beute wird verteilt
Wie Sie Projektnutzen für alle erzielen

Am Ende einer erfolgreichen Jagd wird die Beute innerhalb des Wolfsrudels aufgeteilt. Jedes Rudelmitglied erhält einen Teil der Beute – vorausgesetzt, es hat keine Fehler begangen. Ansonsten kann es schon einmal sein, dass ein Wolf von der Mahlzeit ausgeschlossen wird. In der Regel ist dies aber nicht der Fall. Die Wölfe wissen, dass sie nur gemeinsam erfolgreich sind und dass die erfolgreiche Jagd auf die wirksame Zusammenarbeit aller an der Jagd beteiligten Tiere zurückzuführen ist. Die Reihenfolge beim Fressen ergibt sich aus der Rangstellung im Rudel. Zuerst fressen in der Regel die Alphatiere, danach alle anderen. Bei der Verteilung der Beute scheint es, als würde durchaus darauf geachtet, dass jedes Rudelmitglied einen Teil bekommt, auch wenn die Alphas manchmal korrigierend eingreifen müssen. Im Normalfall ist dies auch nicht weiter problematisch, ist doch die ausgewählte Beute groß genug. Auch die nicht an der Jagd beteiligten Wölfe erhalten ihren Anteil ebenso wie die Welpen.

Wäre es nicht schön, wenn sich nicht auch so mancher Projektleiter oder Projektmitarbeiter daran erinnern würde, dass ein Erfolg immer ein Erfolg des Teams ist, also aller Teammitglieder? Nur allzu oft bleiben nach getaner Arbeit und einem erfolgreich durchgeführten Projekt frustrierte Mitarbeiter zurück, weil sie keinerlei Nutzen aus ihren Anstrengungen ziehen.

Frau Schulz ist verärgert, Herr Maier frustriert. Wieder einmal wurde nur der Projektleiter vom Geschäftsführer gelobt und stand in der Sonne. Die Anstrengungen der Teammitglieder wurden mit keinem Wort gewürdigt. Nicht einmal das Wort „Danke“ rutschte dem Projektleiter über die Lippen. Zutiefst verärgert über die fehlende Anerkennung ihrer Leistung haben sich Frau Schulz und Herr Maier schon geschworen, beim nächsten Projekt ein bisschen gebremster zu Werke zu gehen.

Genau das passiert tagein, tagaus in Projektteams. Die Gründe dafür sind vielfältig.

- Missgunst und Neid: Es könnte ja jemand mehr bekommen als man selbst ...
- Fehlende Einsicht in die Notwendigkeit: Warum teilen? Soll doch jeder sehen, wo er bleibt ...
- Angst vor vermeintlichen Konsequenzen: Warum Begehrlichkeiten wecken?

Problemlos ließe sich die Aufzählung erweitern. Sicherlich fallen auch Ihnen noch einige passenden Untugenden ein.

Wenn es um Lob und Anerkennung geht, wäre die richtige Haltung eine vorausschauende, nicht eine rückwärtsgewandte. Mit der gerechten Verteilung der Beute legen die Wölfe den Grundstein für zukünftige Jagderfolge. Nur dadurch sind alle Mitglieder des Rudels ausreichend motiviert, um auch schwierige Situationen zu durchstehen.

12.1 Eigennützige Gene – Warum man eigentlich zusammenarbeitet

Kein Wolf würde sein Leben als Einzelgänger verbringen, es sei denn, man würde ihn dazu zwingen. Frei lebende Wölfe suchen sich zumindest einen Partner, mit dem sie dann zusammenleben, gemeinsam jagen beziehungsweise Nachwuchs zeugen und aufziehen. Nur so sind das eigene Überleben, die Arterhaltung und das Wachstum des Rudels gesichert. Um seine individuellen Ziele zu erreichen, ist ein Wolf also immer auf mindestens einen anderen Wolf angewiesen. Neben den individuellen Zielen eines jeden Wolfes verfolgt das Rudel auch gemeinsame Ziele, zum Beispiel das der Arterhaltung.

Ein Projekt ist durch die Zusammenarbeit von Individuen gekennzeichnet, die sich gegenseitig ergänzen, um ein kollektives Ziel zu erreichen. Nur so lassen sich die komplexen Aufgabenstellungen unserer Zeit bewältigen und nur so sind ein Wachstum und ein Überleben von Organisationen möglich. Hin und wieder ist es ratsam, sich diesen Zusammenhang zu verdeutlichen. Gerade dann, wenn man wieder einmal von der Teamarbeit genervt und gefrustet ist. Die Zusammenarbeit birgt also für einen jeden von uns Vorteile. Vorteile der Teamarbeit sind zum Beispiel:

- Ein größeres Reservoir an Fachwissen: Damit lassen sich komplexere Aufgabenstellungen bewältigen.
- Austausch von Wissen und Erfahrungen: Dadurch steigt das Know-how der einzelnen Teammitglieder.
- Verteilung von möglichen Risiken: Dadurch steigt die Sicherheit für alle.
- Das Gewicht der Arbeit wird auf mehrere Schultern verteilt und dadurch lassen sich größere Lasten tragen.
- Soziale Kontakte und gegenseitige Ermunterung schützen vor Vereinsamung und heben die Motivation auch in schwierigen Zeiten.

Leider werden die Vorteile häufig nicht oder sehr unterschiedlich wahrgenommen und obendrein sind sie in der Regel auch ungleich unter den Teammitgliedern verteilt. Sofern es sich nur um ein kurzfristiges Ungleichgewicht handelt, akzeptieren das die meisten Menschen. Problematisch wird es erst, wenn sich das Ungleichgewicht manifestiert und einzelne Mitarbeiter den Eindruck bekommen, sie kämen kontinuierlich zu kurz. Dann kommt es schnell zu Frustration. Genau aus diesem Grund ist es ratsam, auf eine gerechte Verteilung der Vorteile zu achten.

Doch was ist gerecht und was wird als gerecht empfunden? Darunter versteht in der Regel jeder etwas anderes. Orientiert sich doch die Wahrnehmung eines Vorteils an den verfolgten individuellen Zielen eines Teammitglieds und den äußeren Einflüssen, denen ein jedes Teammitglied zusätzlich ausgesetzt ist. Dem einen ist es wichtig, möglichst viel Sicherheit zu haben, und nebensächlich, dass er größere Lasten tragen muss. Einem anderen ist wichtig, nicht so stark belastet zu werden. Wieder ein anderer legt Wert auf soziale Kontakte und wieder ein anderer auf finanzielle Vorteile.

Die individuellen Ziele eines jeden Teammitgliedes, seien sie dem Teammitglied nun bewusst oder auch nicht, beeinflussen dessen Erwartungen. Somit entsteht in einem Team ein bunter Strauß an Erwartungen. Die Kunst der wirksamen Führung liegt nun darin, die Erwartungen der Teammitglieder zu kennen und sie in Abhängigkeit der jeweiligen Situation und unter Berücksichtigung der kollektiven Ziele zu bewerten. Danach gilt es, unrealistische, der Situation oder den kollektiven Zielen nicht angemessene Erwartungen in realistische Erwartungen zu verwandeln und diese dann möglichst zu erfüllen. Zugegeben, keine leichte Aufgabe. Aber die Grundlage für eine langfristig erfolgreiche Zusammenarbeit.

Nur wenn jedes Teammitglied einen Nutzen aus der Zusammenarbeit zieht, wird es sich von selbst engagieren und seinen Beitrag zum Gelingen des Ganzen beitragen.

12.2 Hunger und dann? – Wie Sie die Erwartungen Ihrer Teammitglieder ermitteln und erfüllen können

In Kapitel 2 wurden die Eigenschaften und Verhaltensweisen des Alphawolfes vorgestellt. Darin war die Rede davon, dass ein Alphawolf mit jedem Rudelmitglied ständig Kontakt hält. Genau dieser Kontakt ist die Grundlage für die Ermittlung von Erwartungen. Woher will man wissen, was das Gegenüber denkt und erwartet, wenn man sich nicht mit ihm darüber unterhält? Erwartungen und Motive sind den Menschen ja in der Regel nicht ins Gesicht geschrieben. Daher muss man sie erkunden, und zwar möglichst durch Gespräche.

Suchen Sie daher gerade am Anfang eines Projekts das Gespräch mit allen Ihren Mitarbeitern. Nur so erkunden Sie deren wahre Motive. Räumen Sie den informellen Gesprächen ausreichend Zeit ein. Achten Sie bei den Gesprächen darauf, dass nicht Sie hauptsächlich sprechen, sondern möglichst Ihr Gegenüber. Verwenden Sie offene Fragen, die Ihren Gesprächspartner dazu animieren, nicht nur Ja oder Nein zu sagen, sondern möglichst umfangreich zu antworten. Offene Fragen beginnen mit einem W. „Was erwarten Sie sich von dem Organisationsprojekt in unserem Geschäftsbereich, Herr Müller?“ „Warum sind Sie der Meinung, dass Sie durch dieses Projekt nur Nachteile haben?“ „Wie müssten wir aus Ihrer Sicht vorgehen?“

Solche Fragen animieren Ihren Gesprächspartner dazu, umfangreicher zu antworten. Vorausgesetzt, Ihre Gestik und Mimik verraten Ihrem

Gegenüber nicht genau das Gegenteil, weil Sie es wieder einmal sehr eilig haben. Planen Sie daher für diese Art der Gespräche ausreichend Zeit ein. Sie werden feststellen, es lohnt sich.

Überprüfen Sie, ob der Mitarbeiter auch in der Lage ist, seine Erwartungen und Wünsche zu artikulieren, und ob er dazu gewillt ist. Nicht jedes Teammitglied ist geübt darin, seine eigenen Erwartungen und Regungen in Worte zu fassen. Ebenso wie alle anderen Fähigkeiten muss auch die Sprache geschult werden. Nur so ist es möglich, sachlich und differenziert miteinander zu kommunizieren. Neben der Fähigkeit, seine eigenen Erwartungen und Gefühle auszudrücken, kommt es aber noch darauf an, ob der Mitarbeiter seine Erwartungen transparent machen möchte. Nicht nur Sie überlegen sich, was Sie mit einer Frage erreichen können, sondern Ihr Gegenüber überlegt sich auch, was es mit der Antwort „anrichten" kann. Ist meine Antwort eher Karriere fördernd oder hindernd? – schießt es so manchem Mitarbeiter blitzschnell durch den Kopf. Nur wenn der Mitarbeiter den Eindruck hat, dass seine Antwort keine negativen Konsequenzen hat, wird er die gestellten Fragen ehrlich beantworten. Ansonsten wird er die Antwort an dem ausrichten, was eine „erwünschte" Antwort sein könnte.

Um nun nicht nur das zu hören, was man gerne hören möchte, ist es ratsam, einerseits ein offenes und ehrliches Gesprächsklima zu pflegen und andererseits das Gegenüber im Gespräch genau zu beobachten. Passen die verbalen Aussagen zu den nonverbalen Aussagen? Fingert Ihr Gesprächspartner nervös an seinem Reißverschluss herum, während er ihnen erzählt, dass er keine Erwartungen hat?

Sprechen Sie daher nicht nur über die eigentliche Arbeit, sondern auch über das Umfeld. Versuchen Sie, sich ein möglichst umfangreiches Bild über Ihre Teammitglieder zu verschaffen. Beziehen Sie auch Privates in Ihr Gespräch mit ein. Häufig erkennt man erst dadurch die wahre Motivation für ein Handeln und die wahren Erwartungen der Teammitglieder.

Nachdem Sie nun durch Gespräch und Beobachtung mögliche Erwartungen ermittelt haben – oder zumindest glauben, diese ermittelt zu haben –, sollten Sie diese Ihrem Gegenüber spiegeln, um zu überprüfen, ob Sie richtigliegen. „Herr Schulz, ich habe den Eindruck, für Sie ist es zurzeit sehr wichtig, pünktlich von der Arbeit nach Hause zu kommen. Sehe ich das richtig?"

Einerseits haben Sie so die Möglichkeit, zu prüfen, ob Sie richtig liegen, andererseits können Sie nun darüber sprechen, ob die Erwartungen realistisch sind. Bei einem sehr zeitkritischen Projekt ist diese Erwartung wohl eher nicht zu erfüllen. Sprechen Sie diesen Konflikt offen an. Nur so vermeiden Sie von Beginn an unrealistische Erwartungen und Hoffnungen, die bei Nichterfüllung nur demotivierend wirken. Sprechen Sie mit Ihren Teammitgliedern offen die Erwartungen an, die aufgrund der kollektiven Zielsetzung nicht erfüllt werden können, auch wenn dies zu Beginn eventuell zu etwas mehr Aufruhr führt.

Überlegen Sie sich, welche Vorteile die einzelnen Teammitglieder aus der Zusammenarbeit haben, und verkaufen Sie diese. Letztendlich sind Ihre Mitarbeiter nichts anderes als Kunden, die es an die eigene Person zu binden gilt. Stellen Sie sich dabei immer die Frage, was Sie selbst als Kunde erwarten. Das dürfte vermutlich, wie bei uns allen, die Einhaltung von Zusagen sein. Egal, ob diese explizit ausgesprochen oder durch Handlungen und Aussagen nur implizit ausgedrückt wurden.

Ermitteln Sie die Erwartungen Ihrer Teammitglieder und überprüfen Sie diese auf Erfüllbarkeit. Sprechen Sie überzogene und unrealistische Erwartungen frühzeitig offen an. Nur so vermeiden Sie spätere Enttäuschungen, die ihre Teammitglieder nur demotivieren.

12.3 Lust auf mehr – Wie Sie Ihr Projekt nach innen und außen gut verkaufen

Das Leben eines Leitwolfes ist von vielen Herausforderungen gekennzeichnet. Nicht nur dass er mutig, stark, intelligent und erfahren sein muss, er muss seine positiven Eigenschaften und seine Fähigkeiten auch gegenüber den anderen Rudelmitgliedern darstellen, um von ihnen anerkannt und unterstützt zu werden.

Getreu dem Motto „Tue Gutes und rede darüber“ gilt es auch für den Projektleiter, seine Leistungen und die seines Projektteams mithilfe des Projektmarketings darzustellen. Unter Projektmarketing versteht man die Präsentation und werbende Darstellung eines Projekts innerhalb der beteiligten Organisationen und im Umfeld. Projektmarketing zielt darauf ab, die intern und extern beteiligten oder betroffenen Personen und Organisationen so zu beeinflussen, dass sie dem Projekt positiv gegenüberstehen. Projektmarketing soll, wie das eigentliche Marketing, das „Verkaufen“ von Lösungen unterstützen. Um den Erfolg Ihres Projekts abzusichern, machen Sie sich frühzeitig Gedanken, wie Sie Ihr Projekt den Stakeholdern verkaufen. Und das lohnt sich.

Gutes Projektmarketing

- erhöht die Identifikation aller Beteiligten mit den Projektzielen und somit die Akzeptanz des Projekts,
- verbessert die Unterstützung durch die Entscheider,
- erhöht die Kundenbindung durch Transparenz,
- verbessert das Arbeitsklima im Projektteam und zu allen Projektbeteiligten.

Immer wieder wird in Projekten zwar erfolgreich gearbeitet, es wird aber kein Wort über die gute Leistung, die das Team erbracht hat, verloren. Dies führt dann häufig sowohl innerhalb des Projektteams als auch beim uninformierten Auftraggeber zu Missstimmungen. „Tue Gutes und rede darüber“ hat seine Berechtigung – ohne natürlich in Selbstbeweihräucherung zu verfallen.

Projektmarketing beginnt schon mit der Wahl eines geeigneten Projektnamens. Gerade bei internen Projekten kommt ihm eine besondere Bedeutung zu. Ein gut gewählter Projektname kann entweder positive Aufmerksamkeit erzeugen oder Ablehnung hervorrufen.

Stellen Sie sich einmal vor, Sie haben ein Restrukturierungsprojekt zu leiten, bei dem es darum geht, Kosten zu senken und die Produktivität zu erhöhen. Nehmen wir einmal an, Sie nennen Ihr Organisationsprojekt ganz sachlich „Restrukturierungsprojekt Vertrieb 13-6“. Was löst dieser Name in Ihnen aus? Positives, nichts oder eventuell sogar Ängste? Die meisten werden beispielsweise bei dem Wort „Restrukturierung“ sofort an Arbeitsplatzabbau denken.

Ein guter Projektname

- ist einprägsam, weil kurz,
- weckt positive Assoziationen,
- ist fokussiert und zielorientiert.

Für ein Organisationsprojekt im Vertrieb, bei dem es darum geht, neue Strukturen im Vertrieb aufzubauen, um zukünftig den europäischen Markt zu bedienen, bietet sich zum Beispiel die Projektbezeichnung „Fit for Europe 2007" an. Ein eigenes, gut gestaltetes Projektlogo unterstützt nochmals die positive Wahrnehmung und sollte zumindest bei größeren Projekten flankierend verwendet werden.

Nachdem der Name des Projekts festgelegt ist und das Projekt startet, gilt es, das Umfeld darüber zu informieren, um die folgenden Ziele zu erreichen:

- Der Auftraggeber soll durch aktuelle Informationen zum Projektstand von der Richtigkeit seiner Entscheidung für den ausgewählten Auftragnehmer auch weiterhin überzeugt sein.
- Das Management soll Ressourcen bereitstellen und falls nötig unterstützend tätig werden.
- Die direkt Betroffenen sollen dem Projekt gegenüber positiv eingestellt sein, um motiviert zum Projekterfolg beizutragen.
- Die nur indirekt Betroffenen sollen das Projekt unterstützen und nicht behindern.
- Personen im Unternehmen ohne Berührungspunkte sollen wissen, dass die Ressourcen im Projekt sinnvoll verwendet werden.
- Die Öffentlichkeit, zum Beispiel Presse, zukünftige Nutzer, Kunden oder die allgemeine Bevölkerung, soll auf das Projekt aufmerksam gemacht werden.

In Abhängigkeit von der Zielgruppe müssen nun die richtigen Informationen ausgewählt werden, um eine möglichst positive Stimmung zu schaffen. Das heißt nicht, dass man nur Positives berichtet und durch die rosarote Brille schaut. Es gilt vielmehr die Informationen so auszuwählen und aufzubereiten, dass die Adressaten sachlich informiert werden und dadurch Vertrauen in die Leistung des Teams und in die Projektleitung entsteht.

Inhalte und Informationen, die auf jeden Fall weitergegeben werden sollten, sind Informationen

- über Sinn und Zweck des Projekts und den Nutzen für die Zielgruppen,
- die Emotionen wecken und dabei möglichst Begeisterung erzeugen,
- die anfängliche Informationslücke füllen, zum Beispiel Zeit, Kosten, weitere geplante Schritte,
- über wichtige Entscheidungen und deren Hintergründe und Entstehung, sofern diese bekannt gegeben werden dürfen,
- über projektrelevante wichtige Personen,
- über Erfolge, die erzielt wurden.

Überlegen Sie bei der Weitergabe von Informationen immer, wie der Empfänger die Informationen interpretieren könnte. Ist der Empfänger in der Lage, aufgrund seines Hintergrundes die Informationen richtig zu interpretieren? Vermeiden Sie Selbstbeweihräucherung und übertriebene Darstellungen.

Die möglichen Medien, die Sie im Rahmen Ihres Projektmarketings einsetzen können, sind vielfältig und unterschiedlich kosten- und zeitintensiv. Die in der Regel preiswerteste Möglichkeit ist das E-Mail. Weitere Möglichkeiten zur Verbreitung der Informationen im Rahmen des Projektmarketings bestehen durch:

- Aushang am Schwarzen Brett,
- regelmäßige Projektnewsletter,
- Seiten im Intranet oder Internet,
- Mitarbeiterzeitschriften,
- Pressemitteilungen,
- Projektbroschüren,
- spezielle Events, wie Feiern und Tagungen,
- Demonstrationsveranstaltungen,
- Workshops und Vorträge,
- Diskussionsrunden.

Verwenden Sie möglichst parallel unterschiedliche Medien, um für Ihr Projekt Aufmerksamkeit zu erzielen. Achten Sie aber dabei immer auf ein möglichst einheitliches Erscheinungsbild. Nutzen Sie den Wiedererkennungseffekt durch den Aufbau einer Projektidentität, ähnlich der Corporate Identity, und durch die Verwendung eines einheitlichen Projekterscheinungsbildes, ähnlich dem Corporate Design.

Die Projektidentität ergibt sich aus dem Selbstverständnis der Projektbeteiligten. Dabei umfasst die Projektidentität die Einstellungen und Verhaltensweisen der Projektbeteiligten, die Leistungen und das Erscheinungsbild. Um einen möglichst hohen Wiedererkennungseffekt zu erzielen, ist es ratsam, alle im Rahmen der Kommunikation eingesetzten Elemente zu vereinheitlichen. Dazu gehören zum Beispiel E-Mail-Signaturen, Formulare, Präsentationen und alle erstellten Schriftstücke.

Planen Sie, ebenso wie für alle anderen Aktivitäten, auch für das Marketing eines Projekts ausreichend Zeit ein. Bei sehr großen Projekten ist dies Aufgabe einer eigenen Stelle. In kleinen Projekten fällt die Aufgabe dem Projektleiter zu. Nutzen Sie die Chance, die von Ihnen und Ihrem Team erbrachte Leistung zu verkaufen. Und denken Sie stets daran: Auch Ihr Projektteam möchte einmal im Rampenlicht stehen. Mit sehr geringen Kosten, zum Beispiel durch eine Pressemitteilung mit einem Bild des Projektteams, lässt sich häufig ein hohes Maß an Motivation auch für Folgeprojekte erzielen.

Denken Sie immer an die Wölfe: Nur der Wolf, der einen Nutzen aus seinem Handeln zieht, wird das Rudel bei der Jagd motiviert unterstützen.

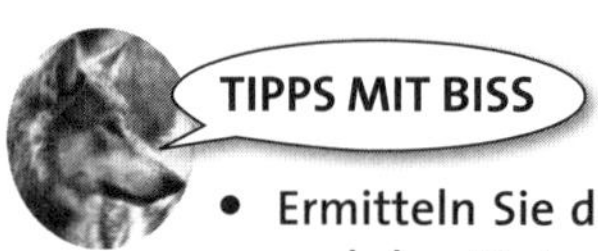

- **Ermitteln Sie die individuellen Ziele Ihrer Projektteammitglieder und den Nutzen, den sie sich von der Mitarbeit im Projekt versprechen.**
- **Sprechen Sie überzogene Erwartungen frühzeitig und ehrlich an und zeigen sie auf, welche Erwartungen realistisch sind.**
- **Verwenden Sie Projektbezeichnungen, die positive Assoziationen wecken.**
- **Verkaufen Sie Ihr Projekt sowohl nach innen als auch nach außen, indem Sie die erbrachten Leistungen im Laufe des Projekts darstellen.**
- **Erarbeiten Sie sich eine Projektidentität und ein Projektdesign.**

13

Das lernende Rudel

Wie Sie Projekte geregelt abschließen

Nach allem, was wir heute über Wölfe wissen, sind Wölfe äußerst soziale und lernfähige Tiere. Haben die Wölfe einmal schlechte Erfahrungen gesammelt, so versuchen sie, diese zukünftig zu vermeiden. Sie geben die negativen Erfahrungen ebenso wie die positiven an ihren Nachwuchs oder an andere Rudelmitglieder weiter. So beschreiben Günther und Karin Bloch in ihrem Buch „Timberwolf Yukon & Co.“, wie die von ihnen im Banff-Nationalpark in Kanada beobachteten Wölfe mit den Tücken der Zivilisation zurechtkommen und ihre Erfahrungen an die Welpen weitergeben. Eisenbahntrassen nutzen die Wölfe aufgrund positiver Erfahrungen zum Beispiel als energiesparende Wanderrouten. Beim Überqueren von Straßen lassen sie in der Regel aufgrund schlechter Erfahrungen äußerste Vorsicht walten.

Wölfe vermeiden, wo immer es geht, die Wiederholung von Fehlern. Über Generationen sorgen sie dafür, dass angesammeltes Wissen an den Nachwuchs weitergegeben wird. Dies ist auch der Grund für die Scheu vor den Menschen. Nur in Gebieten, in denen der Wolf vom Menschen früher nicht intensiv gejagt wurde, ist es heute noch möglich, Wölfe frei zu beobachten. Die schlechten Erfahrungen, die der Wolf mit dem Menschen gesammelt hat, haben ihn vorsichtig und fast unsichtbar werden lassen.

Frau Schulz kommt aufgeregt ins Besprechungszimmer gerannt und beschwert sich darüber, dass der Kunde wieder einmal eine Änderung gewünscht hat, die nicht berücksichtigt wurde. Herr Maier kommentiert ihre Aussagen nur mit dem lapidaren Satz: „Das ist doch bei den letzten beiden Projekten auch schon passiert.“

Wäre es nicht schön, wenn man aus den Erfahrungen abgeschlossener Projekte und den Erfahrungen anderer schöpfen könnte, um so manches Problem zu vermeiden oder zumindest frühzeitig zu erkennen? Viele Projekte würden dadurch in ruhigeres Fahrwasser kommen und manch frustrierende Situation bliebe sowohl dem Projektleiter als auch den Projektteammitgliedern erspart. Nur allzu häufig werden Fehler mit schöner Regelmäßigkeit wiederholt. Projektbeteiligte monieren immer wieder die gleichen Punkte. Oder Auftraggeber gewinnen schrittweise den Eindruck, es würde langsam Zeit, sich nach anderen Partnern umzuschauen, weil die gleichen Fehler zum wiederholten Male auftauchen. Die Gründe für die Wiederholung von Fehlern oder für so manch zusätzliches Problem liegen in der Regel in

- der fehlenden oder mangelhaften Auswertung von durchgeführten Projekten,
- einer unzureichenden Dokumentation der gemachten Erfahrungen und Vorkommnisse,
- der fehlenden Bereitschaft von Projektbeteiligten, vorhandenes Wissen abzurufen.

Für Organisationen ist es wichtig, mit den vorhandenen Ressourcen sorgsam umzugehen. Es gilt Positives beziehungsweise Stärken zu verstärken und Negatives beziehungsweise Schwächen abzuschwächen.

In diesem Kapitel erfahren Sie, warum ein geregelter Projektabschluss wichtig ist, was er neben der Übergabe des Projektergebnisses an den Auftraggeber enthalten sollte und wie Sie die Erfahrungen aus einem Projekt in der Projektabschlussbesprechung zur Sprache bringen und für Nachfolgeprojekte nutzbar machen.

13.1 Die Jagd ist vorbei – Worauf Sie am Projektende achten sollten

Die Jagd ist zu Ende, das Werk ist vollbracht. Der Auftraggeber hat die bestellte Leistung, zumindest im Idealfall, wie im Projektauftrag definiert erhalten und abgenommen. Nun stellt sich die Frage: War unser Projekt ein Erfolg? Doch woran misst man den Erfolg? Am erzielten Gewinn? An eingehaltenen Terminen? An einer problemlosen Abnahme durch den Auftraggeber? Oder ist es vielleicht eher ein subjektives Erfolgsgefühl, weil man sich doch so angestrengt hat?

Bei den Wölfen ist es relativ einfach. Sind alle Tiere eines Rudels satt geworden, kann man von einem Jagderfolg sprechen. Den Erfolg von

Projekten gilt es differenzierter zu betrachten: Können einerseits die erbrachte Leistung in Form des Projektgegenstandes und andererseits der Ablauf des Projekts als Erfolg gewertet werden?

Ob die Leistung des Projekts als Erfolg gewertet werden kann, lässt sich in der Regel sehr objektiv anhand der vereinbarten Ziele und auf Grundlage des Projektauftrages oder eines geschlossenen Vertrages überprüfen. Je genauer die Ziele und Anforderungen zu Beginn des Projekts definiert wurden, umso leichter gestaltet sich jetzt die Erfolgsmessung. Achten Sie daher schon zu Beginn des Projekts darauf, dass die Abnahmekriterien für die geforderte Leistung im Projektauftrag, im Lasten- oder Pflichtenheft oder dem geschlossenen Vertrag klar und eindeutig definiert sind. Dadurch ersparen Sie sich langwierige Diskussionen, ob die erbrachte Leistung als zufriedenstellend zu bewerten ist.

Schwieriger ist hingegen zu beurteilen, ob mit der im Projekt erbrachten Leistung die Ziele erreicht werden, die nach Beendigung des Projekts mit der im Projekt erstellten Leistung zu erreichen sind. So lassen sich bei einem Entwicklungsprojekt am Ende nur Aussagen darüber machen, ob das entwickelte Produkt oder die entwickelte Dienstleistung der Spezifikation entspricht. Ob das Produkt ein wirtschaftlicher Erfolg wird und der angestrebte Umsatz damit erreicht wird, lässt sich nur zeitverzögert messen.

Neben der Bewertung der erbrachten Leistung ist die Art und Weise, wie diese Leistung erbracht wurde, zu bewerten. Damit sind wir bei der Bewertung der Projektprozesse. Dieser Aufgabe wird erfahrungsgemäß am Projektende sehr wenig Aufmerksamkeit geschenkt.

Viele Projektbeteiligte sehen nicht ein, warum sie sich über Vergangenes noch einmal unterhalten sollten – außerdem warten häufig schon neue Projekte und die Zeit drängt. Damit bringen sich die Projektbeteiligten regelmäßig um wichtige Erkenntnisse. Es kann beispielsweise ohne entsprechende Reflexion nur sehr schwer aus begangenen Fehlern gelernt werden, aber auch das, was im Projekt besonders gut gelaufen ist, gerät schnell in Vergessenheit.

Bei der Bewertung des Projektablaufes ist es hilfreich, zweierlei Sichten einzunehmen: die Außensicht und die Innensicht (Bild 13.1).

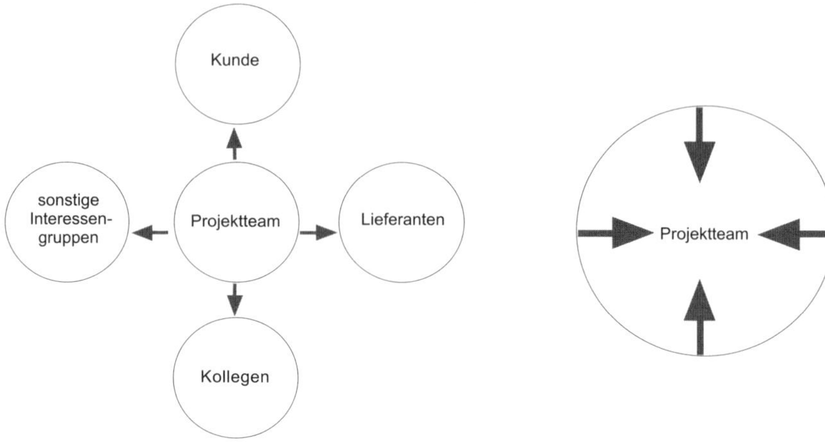

Bild 13.1 Projekterfolg – Außensicht und Innensicht

Bei der Außensicht wird die Zusammenarbeit mit allen Interessengruppen hinterfragt, die nicht zum Projektteam gehören. Hier sind zum Beispiel Fragen zu stellen wie:

- Wie zufrieden war unser Kunde mit der Betreuung während des Projektablaufes?
- Wo gäbe es Optimierungspotenzial bei der Zusammenarbeit mit Lieferanten?
- Wie könnte man die Zusammenarbeit mit Kollegen zum Beispiel aus der Linie und aus anderen Projekten optimieren?

Bei der Innensicht geht es um die Zusammenarbeit der Projektteammitglieder:

- Wie zufrieden waren wir mit der Zusammenarbeit zwischen Projektleitung und Teammitgliedern?
- Wie zufrieden waren wir mit der Zusammenarbeit zwischen den Teammitgliedern?
- Wodurch könnte man die Zusammenarbeit im Projektteam verbessern?

Letztendlich dreht sich alles um die Frage: Was können wir in Folgeprojekten besser machen?

Die benötigten Informationen können auf unterschiedlichen Wegen gewonnen werden. Am sinnvollsten ist meistens das direkte Gespräch mit den Stakeholdern. Der Vorteil liegt darin, dass man in einem Gespräch die erhaltenen Informationen direkt hinterfragen kann und so eine Fehlinterpretation der Aussagen vermeiden oder zumindest verringern kann. Das Gespräch kann in einem Vieraugengespräch oder auch in Form einer größeren Runde abgehalten werden. Gerade in größeren Runden ist aber die Zusammensetzung der Teilnehmer zu berücksichtigen. Nicht jeder Teilnehmer traut sich im Beisein anderer, seine ehrliche Meinung zu sagen. Meistens ist es daher ratsamer, die Personen einzeln zu befragen.

Neben dem direkten Gespräch bietet sich gerade bei größeren räumlichen Entfernungen das Telefon an, um ein Feedback einzuholen. Das Telefon hat jedoch bekanntermaßen den Nachteil, dass man sein Gegenüber nur hört, aber nicht sieht. Dadurch ergeben sich wieder mehr Interpretationsmöglichkeiten, fehlt doch die Möglichkeit, die Aussagen anhand der Körpersprache des Gegenübers nochmals zu überprüfen.

Eine weitere Möglichkeit ist die schriftliche Befragung der Kunden, Lieferanten und der weiteren Beteiligten, zum Beispiel durch Einsatz von Fragebögen. Sicherlich ist diese Methode immer noch besser, als wenn man keinerlei Feedback erhält, aber die Erfahrung zeigt, dass die Informationsqualität darunter leidet. Häufig werden Feedbackbögen zur leichteren Auswertung mit geschlossenen Fragen, die nur durch Ja oder Nein beantwortet werden können, verwendet. Oder es findet das Schulnotensystem Verwendung.

Im Gegensatz zum persönlichen Gespräch lassen sich dabei kaum Zwischentöne heraushören beziehungsweise -lesen. Auch der Einsatz von offenen Fragen erbringt hier nicht die Qualität eines persönlichen Gespräches. Immer wieder zeigt sich, dass sich die Befragten schwertun, die Fragen differenziert in kurzer Form zu beantworten. Auch scheut sich so mach Befragter davor, etwas aufzuschreiben, da das Geschriebene im Gegensatz zum Gesprochenen später leichter nachzuvollziehen ist. Daher kommen bei persönlichen Gesprächen regelmäßig Punkte zur Sprache, die in einem Feedbackbogen nicht angesprochen werden würden.

Auch wenn es darum geht, die Zusammenarbeit innerhalb des Projektteams zu bewerten, ist das persönliche Gespräch der schriftlichen Befragung vorzuziehen. Ebenso wie man bei der Projektstartbesprechung das Projektteam über die zu erreichenden Ziele, die einzusetzenden Mittel und die Rahmenbedingungen informiert hat, informiert man nun alle Projektteammitglieder über das Ergebnis des Projekts. Gleichzeitig ermittelt man mit den schon erwähnten Fragen die Einschätzung der Teammitglieder in Bezug auf die Projektprozesse.

Natürlich hängt das Ergebnis dieser Zusammenkunft stark vom im Projekt vorherrschenden Führungsstil und Klima ab. Wohl kaum ein Teammitglied wird dem autoritär führenden und aufbrausenden Projektleiter seine ehrliche Meinung sagen. Bei einem solchen Führungsstil ist vielmehr zu befürchten, dass die Anwesenden sich in Allgemeinplätzen ergehen wie „War ganz zufrieden" oder „Hat schon gepasst" oder aber nur die Dinge sagen, von denen sie vermuten, dass der Projektleiter sie gerne hören würde. Aus diesem Grunde sei allen Projektleitern geraten, sich schon am Anfang eines Projekts und auch im laufenden Projekt Gedanken darüber zu machen, welche Verhaltensweisen für ein Lernen am Ende des Projekts hilfreich sind und welche nicht.

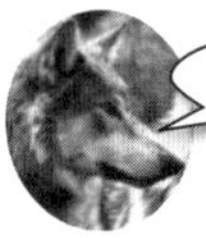

TIPPS MIT BISS

Sorgen Sie für kontinuierliche Verbesserungsprozesse (KVP) im Projektmanagement, indem Sie ein Feedback der Stakeholder einholen, auswerten und daraus resultierend Optimierungsmaßnahmen für Ihre Projekte festlegen. So arbeiten Sie sich wie ein Spitzensportler schrittweise an die Spitze.

13.2 Spuren im Schnee – Wie Sie Nachfolgeprojekten den Weg ebnen

Laufen im Schnee ist anstrengend – auch für Wölfe. Wölfe verringern die Anstrengung, indem sie sich gegenseitig den Weg bahnen. Wie an einer Perlenkette aufgezogen laufen sie oft kilometerlang hintereinander her. Das erste Tier bahnt den Weg und die anderen treten in die schon vorgefertigte Spur. Bemerkenswert ist, dass der

erste Wolf nicht seine eigenen Kräfte schont, sondern die des restlichen Rudels. Die Einteilung der Energie ist für die Wölfe gerade im harten Winter überlebensnotwendig.

„Hatten wir das Problem nicht schon beim letzten Projekt", fragt Herr Maier in der Besprechung. Alle Anwesenden nicken mit dem Kopf, aber keiner kann sich erinnern, wie es damals gelöst wurde. „Hätten wir doch nur eine anständige Dokumentation erstellt", hört man Frau Müller sagen.

Der Spruch „Wer pünktlich ankommen will, darf keine neuen Wege gehen" hat auch in Projekten durchaus seine Berechtigung. Gerade weil ein Projekt ein Vorhaben ist, das im Wesentlichen durch die Einmaligkeit seiner Bedingungen in ihrer Gesamtheit gekennzeichnet ist, ist es hilfreich, auf erfolgreich angewendete Vorgehensweisen zurückzugreifen und Standards zu benutzen.

Sorgen Sie dafür, dass die Erkenntnisse, die Sie durch das Feedback aller Stakeholder gewinnen, auch für Nachfolgeprojekte zur Verfügung stehen, und sorgen Sie dafür, dass die als verbesserungswürdig erkannten Punkte auch verbessert werden. Es gibt nichts Schlimmeres, als wenn die Feedbackgeber auch beim nächsten Projekt wieder die gleichen Schwachpunkte entdecken.

Dokumentieren Sie die gewonnenen Erkenntnisse. Sofern das Feedback nicht sowieso schon schriftlich vorliegt, halten Sie es am besten in Form von Besprechungsprotokollen fest. Egal ob Telefonat, Besprechung oder Workshop: Erfassen Sie die Aussagen und mögliche Verbesserungsvorschläge schriftlich!

Aussagen, die nicht direkt aus dem Projektteam stammen, sollten Sie im Rahmen der Abschlussbesprechung im Projektteam ansprechen, um einerseits die Teammitglieder über das jeweilige Feedback zu informieren und andererseits die darin enthaltenen Hinweise auf Verbesserungen zu diskutieren. Für die Durchführung einer solchen Veranstaltung gelten die Regeln, die in Kapitel 6 schon genannt wurden (siehe Seite 92 ff.).

Nachdem die im Feedback enthaltenen Verbesserungsansätze diskutiert wurden, müssen diese in konkreten Maßnahmen beschrieben und ebenfalls in einem Maßnahmenprotokoll festgehalten werden, das später auf Umsetzung hin überprüft werden kann.

Im Rahmen des Projektabschlusses muss auch die Dokumentation des Projekts noch einmal überprüft werden. Dabei ist darauf zu achten, dass sowohl die Produktdokumentation, also die Dokumentation, die die erstellte Leistung beschreibt, zum Beispiel Stücklisten, Zeichnungen, Testprotokolle, als auch die Prozessdokumentation, die Dokumente wie Projektauftrag, Terminpläne, Projektberichte enthält, vollständig sind. Fehlende Dokumente sollten spätestens jetzt erstellt beziehungsweise der Projektakte hinzugefügt werden.

Dokumente, die nicht spätestens jetzt erstellt werden, werden meistens nie mehr erstellt – was dann bei Nachfolgeprojekten häufig schmerzlich festgestellt wird.

Den krönenden Abschluss der Projektdokumentation bildet der Projektabschlussbericht. Darin stehen die wesentlichen Informationen über das Projekt und den Projektverlauf. In kurzer und knapper Form informiert der Projektabschlussbericht den Leser über

- die wichtigsten Leistungs-, Kosten- und Terminziele des Projekts und deren Erreichungsgrad,
- die wesentlichen Rahmenbedingungen, unter denen das Projekt durchgeführt wurde,
- erfolgreich oder nicht erfolgreich eingesetzte Methoden und Vorgehensweisen,
- besondere Herausforderungen und deren Bewältigung in sachlicher und sozialer Hinsicht,
- zu ziehende Konsequenzen für Nachfolgeprojekte.

Erst wenn dieser Bericht vorliegt, alle Restarbeiten, die vom Projektteam zu erledigen sind, abgearbeitet sind, die Leistung an den Auftraggeber oder an Folgeverantwortliche übergeben wurde und der Auftraggeber endgültig die Leistung abgenommen hat, sollte das Projekt als abgeschlossen gelten.

Durch die erstellte Abschlussdokumentation haben Sie den Grundstein für ein Lernen aus abgeschlossenen Projekten gelegt. Die Informationen zum Projekt sind gesichert und stehen zum Abruf bereit. Doch oftmals entpuppt sich die Dokumentation als WOM. Ein WOM ist das Gegenteil des aus der Computertechnik bekannten ROM (Read Only Memory). Bei einem WOM handelt es sich um Write Only Memory. Kennen Sie das? Man erstellt mühsam eine Dokumentation für die Nachwelt und keiner ruft sie ab. Genau das ist in vielen Organisationen der Fall.

Heinrich von Pierer, der ehemalige Vorstandsvorsitzende von Siemens und heutige Aufsichtsratsvorsitzende soll einmal gesagt haben: „Wenn Siemens wüsste, was Siemens weiß." Diesen Ausspruch, auch wenn er sich auf etwas anderes bezog, kann man auch auf das Lernen aus abgeschlossenen Projekten unter Verwendung von Projektdokumentationen anwenden.

Darum ist es hilfreich, die Projektdokumentation nicht nur zu erstellen und abzulegen, sondern die Erfahrungen und Erkenntnisse im Kreise von Projektleitern und gegebenenfalls auch Projektmitarbeitern, die nicht am Projekt beteiligt waren, in kurzer Form zu präsentieren. Dadurch wird zumindest ein erster Erfahrungsaustausch ermöglicht und die Teilnehmer erhalten einen Überblick über die für Sie vielleicht zu einem späteren Zeitpunkt relevanten Informationen. Diese Art von Veranstaltung fördert übrigens auch den Aufbau und die Nutzung von Wissensdatenbanken.

Denken Sie an die Wölfe! Die Nutzung von vorhandenen Spuren und erfolgreich begangenen Pfaden spart Energie und bringt Sie schneller zum Ziel.

13.3 Gemeinsames Heulen – Wie Sie langfristige Bindungen schaffen

Wölfe kommunizieren untereinander über verschiedene Kanäle. Lautlos schauen sie einander bei der Jagd an und wissen sofort, was zu tun ist. Ist das Rudel entspannt, wird überwiegend in taktiler Form kommuniziert. Gegenseitige Berührungen dienen dem Austausch von Informationen. Die für uns Menschen jedoch faszinierendste Form der Kommunikation zwischen Wölfen ist das gemeinsame Heulen.

Kaum ein Mensch, der jemals ein Wolfsrudel heulen gehört hat, konnte sich der Faszination entziehen. Warum heulen Wölfe aber gemeinsam, wo sie doch sonst eher lautlos miteinander kommunizieren? Durch umfangreiche For-

schungen und Beobachtungen von frei lebenden Wölfen und Gehegewölfen hat man festgestellt, dass das gemeinsame Heulen die Bindungen der Wölfe untereinander festigt. Adolf Murie nannte das freundliche Zusammenkommen und gemeinsame Chorheulen des von ihm beobachteten Rudels im Mount McKinley-Nationalpark in Alaska „the friendly get together". Auch andere Beobachtungen haben gezeigt, dass Wölfe sich durch diese gemeinsame Zeremonie ihre freundliche, kooperative Stimmung bestätigen und so den Zusammenhalt stärken.

Keine Angst, Sie sollten nicht dazu animiert werden, gemeinsam mit Ihrem Projektteam zu heulen. Aber was halten Sie von einem abschließenden „friendly get together", bei dem der Erfolg des Projekts gefeiert wird? Wie bei den Wölfen verbessert eine solche Zusammenkunft auch bei uns Menschen die Beziehungen untereinander.

Viele Projektteams lösen sich schleichend auf und verpassen die Chance, sich einmal in ruhiger und ungezwungener Atmosphäre zu unterhalten. Egal, ob Sie sich für eine Minifeier in Ihrem Projektbüro entscheiden und dabei lediglich ein Glas Sekt oder eine Tasse Kaffee auf das Projekt erheben oder ob Sie die De-luxe-Version, den dreitägigen Hotelaufenthalt mit ausschweifendem Freizeitprogramm, bevorzugen. Eine gemeinsame Abschlussfeier schweißt die Menschen zusammen.

Im Laufe des Projekts stand das Fachliche im Vordergrund. Persönliche Gespräche kamen häufig zu kurz. Gerade aus diesem Grund ist es wichtig, den Mitarbeitern spätestens am Ende eines Projekts noch Raum zu geben für persönliche Gespräche. Hierdurch entstehen Netzwerke und Beziehungen, die für spätere Projekte sehr hilfreich sind.

Nutzen Sie also die letzte Chance zur Herstellung langfristiger Beziehungen. Überlegen Sie sich, wem Sie den Projekterfolg zu verdanken haben, und laden Sie die Personen frühzeitig ein. Da wären zum Beispiel:

- die Projektmitarbeiter, die so manche Strapaze ertragen mussten und sich für das Erreichen des Projektziels engagiert haben,
- Führungskräfte aus der Linie, die durch Unterstützung und Bereitstellung von Ressourcen zum Projekterfolg beigetragen haben,

- der Auftraggeber, der zumindest die finanziellen Mittel bereitgestellt hat und somit das Projekt erst ermöglichte,
- Lieferanten, die eventuell durch Eillieferungen so manchen Terminverzug verringert hatten.

Bedanken Sie sich als Projektleiter bei allen Projektbeteiligten, denn jeder hat auf seine Art am Projekterfolg mitgewirkt. Denken Sie daran, im Leben sieht man sich mindestens zweimal. Schlagen Sie keine Türen hinter sich zu, die Sie vielleicht später noch einmal öffnen müssen. Würdigen Sie die Leistungen aller, auch wenn sie sicherlich unterschiedlich hoch waren.

Sorgen Sie dafür, dass allen Beteiligten das Projekt in guter Erinnerung bleibt. Durch den gemeinsamen Ausklang des Projekts relativiert sich so manche durchlittene Strapaze. Nach der Jagd ist vor der Jagd.

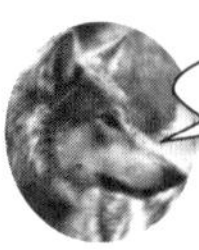

TIPPS MIT BISS

- Schließen Sie Ihre Projekte geregelt ab und führen Sie eine Projektabschlussbesprechung durch.
- Ermitteln Sie, ob Ihr Projekt erfolgreich war, nicht nur anhand der Zielerreichung, sondern auch anhand der Zufriedenheit der Projektbeteiligten.
- Werten Sie sowohl positive als auch negative Erfahrungen aus dem Projektablauf aus.
- Erstellen Sie einen Projektabschlussbericht, in dem die wesentlichen Informationen über die Zielerreichung und den Projektablauf enthalten sind.
- Bedanken Sie sich bei allen Projektbeteiligten für Ihre Mitarbeit.
- Intensivieren Sie Netzwerke und schaffen Sie langfristige Bindungen durch eine gemeinsame Projektabschlussfeier.

Alle Tipps auf einen Blick

TIPPS MIT BISS

Beschreiben Sie das von Ihnen angestrebte Projektportfolio und verschaffen Sie sich einen Überblick über Ihre laufenden Projekte mithilfe einer Projektportfoliodarstellung. Ermitteln Sie die Auswirkungen neuer Projekte auf die schon im Portfolio befindlichen Projekte und sichern Sie damit Ihre Entscheidungen ab.

TIPPS MIT BISS

- Ermitteln Sie möglichst genau die Gründe, die ein Projekt ausgelöst haben.
- Ermitteln Sie die Auswirkungen neuer Projekte auf den Ablauf bereits gestarteter Projekte.
- Verwenden Sie Projektklassifikationen, um Gemeinsamkeiten zu erkennen und zu nutzen.
- Erarbeiten Sie, falls nicht schon vorhanden, gemeinsam mit dem Auftraggeber ein Lastenheft.
- Visualisieren Sie komplexe Sachverhalte schon zu Beginn des Projekts, um deren Auswirkungen begreifbar zu machen.

TIPPS MIT BISS

Ermitteln Sie regelmäßig die in Ihrem Unternehmen vorherrschenden Anforderungen an das Projektpersonal, gleichen Sie diese mit den vorhandenen Kompetenzen ab und entwickeln Sie fehlende Kompetenzen Ihres Projektpersonals frühzeitig und systematisch.

TIPPS MIT BISS

- Wählen Sie Projektleiter systematisch und kompetenzorientiert aus.
- Ermitteln Sie die Erwartungen, die man an Sie als Projektleiter stellt.
- Ermitteln Sie Ihr persönliches Kompetenzprofil und runden Sie Ihre Kompetenzen ab.

- Weisen Sie Ihre Kompetenzen und Erfolge nach, zum Beispiel durch erworbene Zertifikate.
- Vermitteln Sie den Sinn des Projekts oder einer Aufgabe, bauen Sie Vertrauen auf und geben Sie Ihren Teammitgliedern klare eindeutige Vorgaben.
- Seien Sie Ihren Mitmenschen gegenüber offen und zeigen Sie echtes Interesse an Ihrem Gegenüber.
- Notieren Sie sich Ihre Erfolge, genießen Sie sie und motivieren Sie sich in schwierigen Situationen damit, dass Sie sich vergangene Erfolge vergegenwärtigen.

TIPPS MIT BISS

Verwenden Sie bei der Ermittlung von Zielen verschiedene Zielklassen. Zielklassen erleichtern Ihnen das Ermitteln und Beschreiben von Zielen und Sie verschaffen sich dadurch einen besseren Überblick über die Ziele. Überprüfen Sie nach der Ermittlung der einzelnen Ziele die Beziehungen der ermittelten Ziele untereinander.

TIPPS MIT BISS

- Legen Sie am Anfang des Projekts gemeinsam mit dem Auftraggeber Projektziele fest.
- Denken Sie über die eigentlichen Projektziele hinaus und ermitteln Sie die Nutzungsziele.
- Erarbeiten Sie Teilziele und bauen Sie eine Zielhierarchie auf.
- Nutzen Sie gegebenenfalls Kreativitätstechniken zur Ermittlung von Zielen.
- Beschreiben Sie die Projektziele eindeutig und überprüfbar, denken Sie an das Akronym WOLF.
- Überprüfen Sie die definierten Ziele von Zeit zu Zeit und korrigieren Sie sie wenn nötig.

TIPPS MIT BISS

Klären Sie immer erst, ob es den Aufwand überhaupt lohnt, ein Team zu bilden. Teambildung an sich löst kein einziges Problem. Im Extremfall verschwenden Sie Ressourcen, ohne einen Schritt weiterzukommen.

TIPPS MIT BISS

Stellen Sie gemeinsam mit den Projektverantwortlichen und -beteiligten verbindliche Regeln auf und dokumentieren Sie diese in einem Projektmanagementhandbuch. So können alle nachlesen, wie Projekte abzuwickeln und welche Vorgaben einzuhalten sind. Sie als Projektleiter werden entlastet.

In einem Projektmanagementhandbuch sollten die Methoden, Verfahren, Regeln und Richtlinien wie auch die Projektorganisation und die Projektbeteiligten (als Rollen) definiert werden.

TIPPS MIT BISS

Bilden Sie in jedem Projekt Teams mit fünf bis neun, im Idealfall sieben Teilnehmern. Mit solchen Subteams entstehen auch in großen Projekten schlagkräftige Einheiten, deren Abstimmungsbedarf überschaubar bleibt und in denen Teamarbeit erfolgreich sein kann.

TIPPS MIT BISS

Kommunizieren und visualisieren Sie gegenüber den Teammitgliedern den Aufbau Ihres Projektteams. Nur so kennt jeder eindeutig seinen Platz und die damit verbundenen Verpflichtungen.

TIPPS MIT BISS

Erkennen Sie Ihre eigene Persönlichkeit. Setzen Sie Ihre Stärken bewusst ein und beachten Sie die Auswirkungen Ihres Verhaltens auf Ihre Umwelt. Achten Sie bei der Auswahl von Mitarbeitern darauf, dass sie Ihre Schwächen kompensieren.

TIPPS MIT BISS

- Ermitteln Sie die Anforderungen an die Teammitglieder.
- Bilden Sie kleine Teams und Subteams.
- Schaffen Sie klare Strukturen.
- Setzen Sie die Teammitglieder stärkenorientiert ein.
- Schaffen Sie Gemeinsamkeiten durch Spielregeln.

TIPPS MIT BISS

Nutzen Sie den Eigenantrieb Ihrer Projektmitarbeiter, fordern und fördern Sie Nachwuchstalente und geben Sie Ihnen Freiräume, um eigene Erfahrungen zu sammeln.

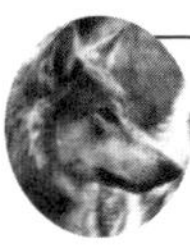

TIPPS MIT BISS

Fördern Sie einen gesunden Wettbewerb der Projektteams untereinander durch eine systematische Projektbewertung. Sowohl die Projektteams als auch die Unternehmensleitung erhalten dadurch wertvolle Hinweise zur Optimierung des Projektmanagements.

TIPPS MIT BISS

- Beginnen Sie frühzeitig mit der Qualifizierung von Mitarbeitern im Projektmanagement.
- Nutzen Sie die intrinsische Motivation Ihrer Mitarbeiter und verschaffen Sie Ihnen Erfolgserlebnisse durch bewusste Projektzuordnung.
- Ermöglichen Sie Beobachtungslernen durch Lernen von den „Alphas“.
- Fördern Sie internen Wettbewerb durch den Einsatz von Projektbewertungssystemen.
- Betreiben Sie gezielte Personalentwicklung und nutzen Sie interne und externe Quellen.

TIPPS MIT BISS

Bereiten Sie Ihr Kick-off-Meeting oder Ihren Projektstartworkshop sorgfältig vor, hiermit legen Sie den Grundstein für einen reibungslosen und professionellen Ablauf. Denken Sie daran, Sie wollen Ihr Projekt verkaufen und der erste Eindruck zählt!

TIPPS MIT BISS

- Starten Sie Ihr Projekt geregelt und systematisch mit einer Projektstartveranstaltung.
- Überlegen Sie, wen es nur zu informieren gilt und mit wem die Grundlagen des weiteren Projektablaufes erarbeitet werden müssen.
- Bereiten Sie Ihre Projektstartveranstaltungen sorgfältig vor.

- Führen Sie Ihre Projektstartveranstaltung straff durch, geben Sie aber auch informellen Gesprächen ausreichend Raum, zum Beispiel durch das Einplanen von Pausen.
- Bereiten Sie Ihre Projektstartveranstaltung nach und halten Sie gemachte Zusagen akribisch ein.
- Planen Sie bei neu zusammengestellten Teams ausreichend Zeit für teambildende Aktivitäten ein.

TIPPS MIT BISS

Beschäftigen Sie sich am Anfang Ihres Projekts mit den Einflussfaktoren, die auf das Projekt sowohl bei der Definition als auch bei der Durchführung einwirken. Sie können dadurch förderliche Einflüsse besser nutzen und hinderliche frühzeitig berücksichtigen.

TIPPS MIT BISS

- Ermitteln Sie am Anfang des Projekts die Einflüsse, die sich aus dem Projektumfeld auf Ihr Projekt ergeben.
- Lokalisieren Sie die Stakeholder Ihres Projekts und deren Beziehung zum Projekt.
- Erarbeiten Sie frühzeitig Strategien zur aktiven Führung der Stakeholder und setzen Sie diese um.
- Ermitteln Sie die Risiken, die sich für Ihr Projekt ergeben.
- Nutzen Sie bei der Umfeld-, Stakeholder- und Risikoanalyse das Know-how Ihres Projektteams beziehungsweise das von Experten.

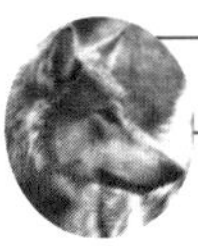

TIPPS MIT BISS

Verschaffen Sie sich einen Überblick über die anfallenden Arbeiten im Projekt durch den Aufbau eines Projektstrukturplans. Der Projektstrukturplan unterstützt sie in vielfältiger Weise bei der weiteren Projektplanung. So können Sie zum Beispiel die Kosten des Projekts auf Grundlage des PSP leichter und exakter ermitteln.

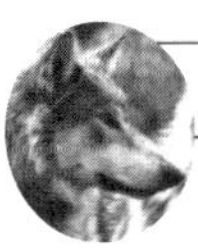

TIPPS MIT BISS

Orientieren Sie sich bei der Darstellung Ihres Projektablaufes und der Termine an der Projektgröße und am Kenntnisstand Ihrer Projektmitarbeiter. Nicht für jedes Projekt muss gleich ein Netzplan erstellt werden. Achten Sie vielmehr darauf, dass der am Anfang erstellte Terminplan im Laufe des Projekts regelmäßig aktualisiert wird.

TIPPS MIT BISS

- Reduzieren Sie die Komplexität Ihres Projekts durch Einteilung des Projekts in einzelne Phasen.
- Verwenden Sie eindeutig beschriebene Meilensteine als Kontrollpunkte.
- Ermitteln und beschreiben Sie mit Ihrem Team alle anfallenden Arbeitspakete.
- Überprüfen Sie, welche der Arbeitspakete/Vorgänge auf dem kritischen Weg liegen.
- Ermitteln Sie die für das Projekt benötigten Kapazitäten und berücksichtigen Sie deren Verfügbarkeit in Ihrer Projektplanung.
- Ermitteln Sie die anfallenden Kosten und stellen Sie sicher, dass ausreichende Finanzmittel vorhanden sind.

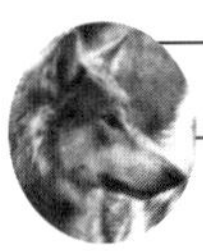

TIPPS MIT BISS

Sorgen Sie für eine positive Gesamtwahrnehmung Ihrer Person. Achten Sie bei der Kommunikation mit anderen Menschen sowohl auf die sorgfältige Auswahl der Inhalte als auch auf die verbalen und nonverbalen Signale, die Sie übermitteln. Sie sind der wichtigste Botschafter Ihres Projekts.

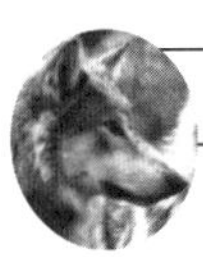

TIPPS MIT BISS

Verwenden Sie E-Mails im Rahmen der Projektkommunikation wohldosiert. Eine E-Mail kann Ihnen niemals all die Informationen liefern, die Sie durch ein persönliches Gespräch erhalten. Sorgen Sie daher für einen ausgewogenen Mix zwischen persönlichen Gesprächen, Telefonaten und schriftlicher Kommunikation.

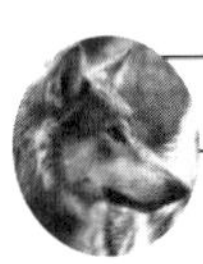

TIPPS MIT BISS

- Überlegen Sie sich am Anfang eines Projekts, wie Sie eine strukturierte und zielgerichtete Kommunikation der Projektbeteiligten untereinander sicherstellen können.
- Beachten Sie die Wirkung und die Aussagen der verbalen und nonverbalen Kommunikation.
- Erstellen Sie E-Mails genauso sorgfältig und korrekt wie Geschäftsbriefe.
- Sorgen Sie von Projektbeginn an für eine strukturierte und ausreichende Dokumentation des Projektverlaufes und der im Projekt erstellten Leistung.

TIPPS MIT BISS

Beachten Sie erste Anzeichen für sich abzeichnende Konflikte. Schreiten Sie aber nicht gleich bei jedem Konflikt ein, sondern nur bei Konflikten, die von den Beteiligten nicht selbst gelöst werden können, oder bei Konflikten, die die Gesamtleistung des Teams beeinträchtigen.

TIPPS MIT BISS

Erarbeiten Sie Konfliktlösungen, die für alle Konfliktparteien akzeptabel sind und die zu einer dauerhaften Lösung des Konfliktes führen. Nur so können Sie sich auf Wichtiges konzentrieren, ohne immer wieder Altes Aufzuwärmen und auf Nebenschauplätzen zu agieren.

TIPPS MIT BISS

- Begreifen Sie Konflikte als etwas Positives – sie sind Teil unseres Lebens und normal.
- Schärfen Sie Ihren Blick, damit Sie Konflikte frühzeitig erkennen.
- Versetzen Sie sich in die Lage der anderen Partei und überlegen Sie, was Ihnen dann wichtig wäre.
- Gehen Sie den Ursachen von Konflikten auf den Grund.
- Lösen Sie Konflikte so, dass keine neuen entstehen.
- Steigern Sie Ihre persönliche Konfliktlösungskompetenz, indem Sie Konflikte aktiv lösen.

TIPPS MIT BISS

Legen Sie im Rahmen der Projektplanung fest, mithilfe welcher Vorgehensweise der Projektfortschritt ermittelt wird. Verwenden Sie zur Fortschrittsmessung bei einem Arbeitspaket immer die gleiche Methode. Vermeiden Sie globale Fragen wie: „Wie weit sind Sie denn?“ Hierdurch erhalten Sie meist nur die nichtssagende Antwort: „Fast fertig!“

TIPPS MIT BISS

Pflegen Sie regelmäßigen persönlichen Kontakt mit Ihren Projektteammitgliedern. Nur so erkennen Sie frühzeitig unzureichende Leistung und Abwanderungsgedanken der Teammitglieder.

TIPPS MIT BISS

- Ermitteln Sie während des Projektablaufes kontinuierlich Abweichungen von der Planung durch einen Soll-Ist-Vergleich der drei Zielgrößen Leistung, Kosten und Zeit.
- Visualisieren Sie den jeweils aktuellen Projektstatus zur Information der Projektteammitglieder und auch für den Auftraggeber und das Management.
- Nutzen Sie formelle, aber auch informelle Gespräche zur Einholung von Informationen.
- Überprüfen Sie Aussagen der Projektbeteiligten zum Projektfortschritt stichprobenartig vor Ort.
- Bauen Sie ein systematisches Änderungswesen auf und ermitteln Sie die Auswirkungen von gewünschten Änderungen.

TIPPS MIT BISS

Ermitteln Sie die Erwartungen Ihrer Teammitglieder und überprüfen Sie diese auf Erfüllbarkeit. Sprechen Sie überzogene und unrealistische Erwartungen frühzeitig offen an. Nur so vermeiden Sie spätere Enttäuschungen, die ihre Teammitglieder nur demotivieren.

TIPPS MIT BISS

- Ermitteln Sie die individuellen Ziele Ihrer Projektteammitglieder und den Nutzen, den sie sich von der Mitarbeit im Projekt versprechen.
- Sprechen Sie überzogene Erwartungen frühzeitig und ehrlich an und zeigen sie auf, welche Erwartungen realistisch sind.
- Verwenden Sie Projektbezeichnungen, die positive Assoziationen wecken.
- Verkaufen Sie Ihr Projekt sowohl nach innen als auch nach außen, indem Sie die erbrachten Leistungen im Laufe des Projekts darstellen.
- Erarbeiten Sie sich eine Projektidentität und ein Projektdesign.

TIPPS MIT BISS

Sorgen Sie für kontinuierliche Verbesserungsprozesse (KVP) im Projektmanagement, indem Sie ein Feedback der Stakeholder einholen, auswerten und daraus resultierend Optimierungsmaßnahmen für Ihre Projekte festlegen. So arbeiten Sie sich wie ein Spitzensportler schrittweise an die Spitze.

TIPPS MIT BISS

- Schließen Sie Ihre Projekte geregelt ab und führen Sie eine Projektabschlussbesprechung durch.
- Ermitteln Sie, ob Ihr Projekt erfolgreich war, nicht nur anhand der Zielerreichung, sondern auch anhand der Zufriedenheit der Projektbeteiligten.
- Werten Sie sowohl positive als auch negative Erfahrungen aus dem Projektablauf aus.
- Erstellen Sie einen Projektabschlussbericht, in dem die wesentlichen Informationen über die Zielerreichung und den Projektablauf enthalten sind.
- Bedanken Sie sich bei allen Projektbeteiligten für Ihre Mitarbeit.
- Intensivieren Sie Netzwerke und schaffen Sie langfristige Bindungen durch eine gemeinsame Projektabschlussfeier.

Literatur

Askins, Renée: Der Ruf der Wolfsfrau – Mein Leben für die Wildnis, Droemer, München 2004

Bechler, Klaus J.; Lange, Dietmar: DIN-Normen im Projektmanagement, Beuth, Berlin 2005

Belbin, Meredith: Management Teams – Why they succeed or fail, Butterworth Heinemann, Oxford UK 2002

Bender, Susanne: Teamentwicklung – Der effektive Weg zum „Wir", Deutscher Taschenbuch Verlag, München 2002

Bloch, Günther; Bloch, Karin: Timberwolf Yukon & Co., Kynos, Mürlenbach/Eifel 2002

Freund, Gerd; Wolff, Ulrich: Projektmanagement-Fachmann, RKW, München 2003

GPM Deutsche Gesellschaft für Projektmanagement e. V.: (Kompetenzsäulen des Projektleiters) ProjektManager, GPM Deutsche Gesellschaft für Projektmanagement e. V. Nürnberg

Hoffmann, Hans-Erland; Schoper, Yvonne-Gabriele; Fitzsimons, Conor John: Internationales Projektmanagement, Deutscher Taschenbuch Verlag, München 2004

IAB, Institut für Arbeitsmarkt- und Berufsforschung, IAB Colloqium „Praxis trifft Wissenschaft – Eine Frage des Alters, Herausforderungen für eine zukunftsorientierte Beschäftigungspolitik", Lauf 2003

Jenny, Bruno: ProjektManagement – Das Wissen für eine erfolgreiche Karriere, vdf, Zürich 2005

Ménatory, Anne: Wölfe, Karl Müller, Köln 2004

Mowat, Farley: Ein Sommer mit Wölfen, Rowohlt, Reinbek 2005

Okarma, Henryk; Langwald, Dagmar: Der Wolf – Ökologie, Verhalten, Schutz, Parey, Berlin 2002

Pierer, Heinrich von: Pressekonferenz „Siemens – The E-Driven Company", 10. Oktober 2000

Project Mangement Institute: A Guide to the Project Management Body of Knowledge, Project Management Institute, Pennsylvania USA, 2004

Radke, Ph., Stocker, S., Bellabarba, A.: Pocket Power, Kommunikationstechniken, Hanser, München 2002

Radinger, Elli H.: Die Wölfe vom Yellowstone, von Döllen, Worpswede 2004

Schelle, Heinz; Ottmann, Roland; Pfeiffer, Astrid: ProjektManager, GPM Deutsche Gesellschaft für Projektmanagement e. V., Nürnberg 2005

Schelle, Heinz: Projekte zum Erfolg führen, Deutscher Taschenbuch Verlag, München 2004

Scherf, Gertrud: Wolfsspuren in Bayern – Kulturgeschichte eines sagenhaften Tieres, Buch & Kunstverlag, Amberg 2001

Sprenger, Reinhard: Mythos Motivation, Campus Verlag, 2002

Zimen, Erik: Der Wolf – Verhalten, Ökologie und Mythos, Knesebeck, München 1997

Gesellschaft zum Schutz der Wölfe e. V.: www.gzsdw.de

Stichwortverzeichnis

Über den Autor

Seit Jahren beobachtet Johannes Voss mit großer Begeisterung Wölfe und ihr Verhalten an mehreren Orten in Europa, wo Wölfe in großen Gehegen in ihrer natürlichen Umgebung leben. „In vielerlei Hinsicht können wir uns an den Wölfen ein Beispiel nehmen“, so der Diplomingenieur und Projektmanagementspezialist. Was genau Menschen von Wölfen lernen können, das zeigt er regelmäßig in Vorträgen und Workshops für Projektmanager – und in diesem Buch.

Johannes Voss ist einer der Gründer und Geschäftsführer der auf Projektmanagement, Büromanagement und Organisationsentwicklung spezialisierten Unternehmensberatung VOSS CONSULTING GbR in Ochsenfurt. Er ist zertifizierter Senior Projektmanager (GPM/IPMA) und zertifizierter Projektmanagementtrainer (GPM), außerdem Leiter der Regionalgruppe Würzburg-Schweinfurt der Deutschen Gesellschaft für Projektmanagement e. V. (GPM) und Gründer sowie amtierender Vorstand der Initiative BeraterNetz Mainfranken e. V. Darüber hinaus besitzt er Lehraufträge an den Berufsakademien Stuttgart und Mosbach.

Wenn er gerade nicht trainiert und lehrt, berät oder beobachtet, dann steckt Johannes Voss – zumindest im Sommer – mit großer Wahrscheinlichkeit in der Lederkombi und ist mit seinem Motorrad auf Tour.

Kontakt:

VOSS CONSULTING GbR
Tückelhäuser Str. 10
97199 Ochsenfurt
Tel. 0 93 31-9 83 28-0
info@voss-consulting.de
www.voss-consulting.de